APAGUIDES

Titel in deutscher Sprache

LÄNDER & REGIONEN

Ägypten
Argentinien
Australien
Bali
Brasilien
Burma
Florida
Frankreich
Griechenland
Großbritannien
Hawaii
Hong Kong
Indien
Indonesien
Irland
Israel
Italien
Jamaika
Java
Kalifornien
Kanada
Kenia
Korea
Malaysia
Mexiko
Nepal
Neuseeland
New York
Philippinen
Portugal
Schottland
Singapur
Spanien
Sri Lanka
Taiwan
Thailand
Türkei
USA Südwest
USA

STÄDTE

Bangkok
Berlin
Istanbul
Lissabon
London
Paris
Rio
Rom
San Francisco
Venedig
Wien

Titel in englischer Sprache

COUNTRIES & REGIONS

Alaska
American Southwest
Australia
Bahamas
Bali
Barbados
Burma
California
Canada
Caribbean (The lesser Antilles)
Channel Islands
Continental Europe
Crossing America
East Asia
Egypt
Florida
France
Germany
Great Britain
Greece
Hawaii
Hong Kong
India
Indonesia
Ireland
Isreal
Italy
Jamaica
Kenya
Korea
Malaysia
Mexico
Nepal
New England
New York State
New Zealand
Northern California
Philippines
Portugal
Puerto Rico
Rajasthan
Scotland
Singapore
South Asia
Southern California
Spain
Sri Lanka
Taiwan
Texas
Thailand
The Pacific Northwest
The Rockies
Trinidad and Tobago
Turkey

CITYGUIDES

Bangkok
Berlin
Buenos Aires
Dublin
Istanbul
Lisbon
London
Paris
Rio de Janeiro
Rome
San Francisco
Venice
Vienna

ADVENTURE

Indian Wildlife

Bali: ISBN: 3-88618-954-6
Sechste unveränderte Auflage 1989
Satz: AdLitteras, München
Druck: APA Press (Pte) Ltd
Printed in Singapore

Bali

Herausgegeben von
Hans Johannes Höfer
Texte:
Star Black und Willard A. Hanna
Fotos:
Werner Hahn und Hans Johannes Höfer

NELLES VERLAG
1989

Als die Erstauflage dieses Bali-Führers 1970 der Öffentlichkeit vorgestellt wurde, war die Überraschung in der Branche groß: Hatte da jemand „aus dem Stand" und offenbar ohne die schmerzhaften Geburtswehen, die oft genug einer Buchveröffentlichung vorausgehen, ein farbenfrohes, mit attraktiven Bildern und einem einprägsamen, höchst lesenswerten Text ausgestattetes Buch geschaffen? Offensichtlich waren hier Profis der Reiseliteratur am Werk.

Die Fachwelt sprach von einem „Durchbruch zu neuen Ufern bei der Gestaltung von Reiseführern", und für den gelungenen Einsatz der Fotos zur Förderung von Fernreisen bekam der Herausgeber die begehrte Goldmedaille der ASTA.

Der Bali-Führer sollte in der Tat ein zukunftsträchtiges Buch werden — sind doch in der Zwischenzeit nahezu zwei Dutzend Apa Guides erschienen, die auf dem Bali-Konzept basieren: Indonesien, Singapur, Malaysia, Thailand, Philippinen, Hong Kong, Nepal, Sri Lanka, Taiwan (als asiatische Reiseziele), Florida, Mexiko, Jamaika, Kalifornien, USA Südwest (als außerasiatische Reisegebiete), dazu Bände über Hawaii, Neuseeland, Australien. Apa Guides sind in 25 Ländern erhältlich und in mehrere Sprachen übersetzt worden. Der Bali-Führer, dessen dritte deutsche Auflage Ihnen vorliegt, erlebte eine Gesamtauflage von 250 000 Exemplaren.

Zurück zur Entstehung dieses Bandes: Bis es 1970 soweit war, litten die wenigen, die das aufwendige Projekt betrieben, unter nicht geringem Lampenfieber. Keiner hatte je ein Buch herausgegeben — Anlässe, das Handtuch zu werfen, gab es genug!

Hans Höfer, ein junger Fotograf und Designer aus Krefeld, war Ende 1967 nach Bali gekommen. In seinem Reisegepäck befanden sich eine Anzahl Zeugnisse und Diplome, die er bei seiner gründlichen Ausbildung in der Tradition des Bauhauses erworben hatte. Bali sollte auf seiner Reise durch den indonesischen Archipel nach Australien eine Zwischenstation werden. In Ubud mietete sich Höfer in einem Haus ein; bald hatte er sein eigenes Studio und begann zu malen.

„Ich malte viel in Ubud und der Umgebung", so Höfer heute, „dazu durchquerte ich mit dem Fahrrad die ganze Insel. Ich las und erkannte immer mehr, daß es stimmte, was die ersten Bali-Bücher verkündet hatten. Ich war überrascht, welch große Rolle die Religion im Alltag der Menschen spielte, und angenehm überrascht davon, ein reiches, eigenständiges kulturelles Leben vorzufinden.

Also blieb ich da, begleitete die Tänzer auf ihren Tourneen quer durch die Insel, befaßte mich intensiv mit der Musik und den Zeremonien; so erlebte ich Tempelfeste an Orten, die noch kein Tourist erblickt hatte. Vor allem aber wurde mir klar, daß das damals gängige Bali-Bild — verkörpert von der Balinesin mit dem nackten Busen — oberflächlich und irreführend war. Falsche Erwartungen wurden geweckt und, was das Wesen Balis ausmacht — die enorme Vitalität seiner Kultur — kam darin nicht vor.

Hoefer

Black

Hahn

Welche Folgen würde der Massentourismus für diese Kultur mit sich bringen? Ich nahm mir vor, alle, die nach Bali reisen wollten, mit dem Bild des authentischen Bali zu konfrontieren, damit sie nicht von vornherein enttäuscht wären und Verständnis für das aufbrachten, was ich als ‚die Seele Balis' entdeckt hatte.

Miguel Covarrubia, Beryl de Zoete, Walter Spies und Vicki Baum waren damals aufgrund der Bücher, die sie in den 30er Jahren über Bali veröffentlicht hatten, meine großen Vorbilder. Leider waren diese Bücher nicht sehr verbreitet. So entstand der Traum, in einem neuen Buch das Wesen Balis und sein einzigartiges kulturelles Erbe dem Besucher der 70er Jahre vor Augen zu führen.“

Einen ersten Entwurf des Buches legte Höfer dem damaligen Geschäftsführer des Intercontinental-Hotels Bali Beach, Siegfried Beil, vor. So wurde aus Beil, dem Hotelier, ein Verleger. Arbeitsgruppen wurden gebildet; die Vertreter des Staates, der Fremdenverkehrsverbände und religiöser Gruppen überprüften alle Details der vorliegenden Texte.

Inzwischen durchstreifte Höfer gemeinsam mit seinem Freund Werner Hahn, den er von

Fox

Hanna

Zach

früheren Erkundungsreisen durch Bali kannte, die Insel mit der Kamera. Für die Zusammenstellung der Texte wurde Star Black aus Bangkok gewonnen.

Die aus Kalifornien stammende Publizistin hatte in Wellesley Kunst und englische Literatur studiert und viele Monate auf Bali verbracht, dessen Reichtum sie erfaßt und in ihren zahlreichen Berichten über Asien entsprechend gewürdigt hatte. Die Bücher über Singapur, Malaysia und Thailand sollten später ihr Werk werden — doch soweit sind wir noch nicht ...

Höfer, Hahn und Black untersuchten mit Akribie alle Aspekte des faszinierend bunten Lebens auf Bali, die Grundlage für den großen Erfolg des *Bali-Führers,* der, kaum hatte er die Druckerpresse verlassen, bereits zum Bali-Klassiker avancierte. *Bali* wurde zwar verschiedentlich überarbeitet, das Konzept des ursprünglichen Buches blieb jedoch erhalten.

In die vorliegende Ausgabe wurde der vorzügliche Überblick über die Geschichte der Insel aus der Feder Dr. Willard A. Hannas aufgenommen, eine Kurzfassung seiner unerreichten *Bali Chronicles,* die demnächst von Apa Productions herausgegeben werden. Seit 1932 veröffentlicht Dr. Hanna Artikel und Bücher über Asien; er ist Mitglied des American Universities Field Staff, Inc.

Made Wijaya hat in Zusammenarbeit mit Eric Oey die Reiseinformationen des Kurzführers auf den neuesten Stand gebracht. Wijaya, der in Australien geboren ist, brachte die letzten zehn Jahre auf dem sonnigen Bali zu. Er studierte an der Universität von Sydney das Fach Environmental Science (Umweltprobleme) und verfaßt regelmäßig die Kolumne „Stranger in Paradise“ für die *Sunday Bali Post.*

Oey, amerikanischer Staatsbürger, hat einen indonesisch-chinesischen Vater. Er studiert indonesische Literatur und Geschichte an der University of California in Berkeley.

Der Ausbau des Bali-Tourismus hat insbesondere Sanur und Kuta erfaßt, so daß der ursprüngliche Text entsprechend geändert werden mußte. Dies besorgten David Stuart-Fox, Paul Zach, June Jacob, Sin Yoke Fund und Lai Kwok Kin.

Dafür, daß er mit seinem Vertrauen und seiner Begeisterung das Erscheinen dieses Buches ermöglichte, sind wir Siegfried Beil zu besonderem Dank verpflichtet. Unser Dank gilt aber auch den folgenden Freunden und Förderern des Bali-Führers: Dem Gouverneur von Bali, G.P. Rijasse, P.T. Hotel Indonesia International, I.B. Pt. Badra, Donald Friend, Ketut Ginarse, Njoman Oka, A.A.G. Rai, Wakid Basudewa, Drs. I. Gst. Bg. N. Pandji, Wija Wawo Runtu, Djoti Mantjica, Arie Smith, Jimmy Pandy, Han Snel, Warwick & Lisa Purser, Chris Carlisle, Sani Soemakno, Antonie Yazbeck, Ramond Khalife, Charles & Suarti Levine, Victor Mason, Annabelle Morgan, Helen Cheng, Suzanna Range, Mrs. Renata Meletzke, vor allem aber dem balinesischen Volk. Brent Hesselyn (Titel) sowie Leonard Lueras (S. 86-87) steuerten Fotos bei.

Nelles Verlag

Teil Drei · Musik, Tanz und Drama

Teil Vier · Kurzführer

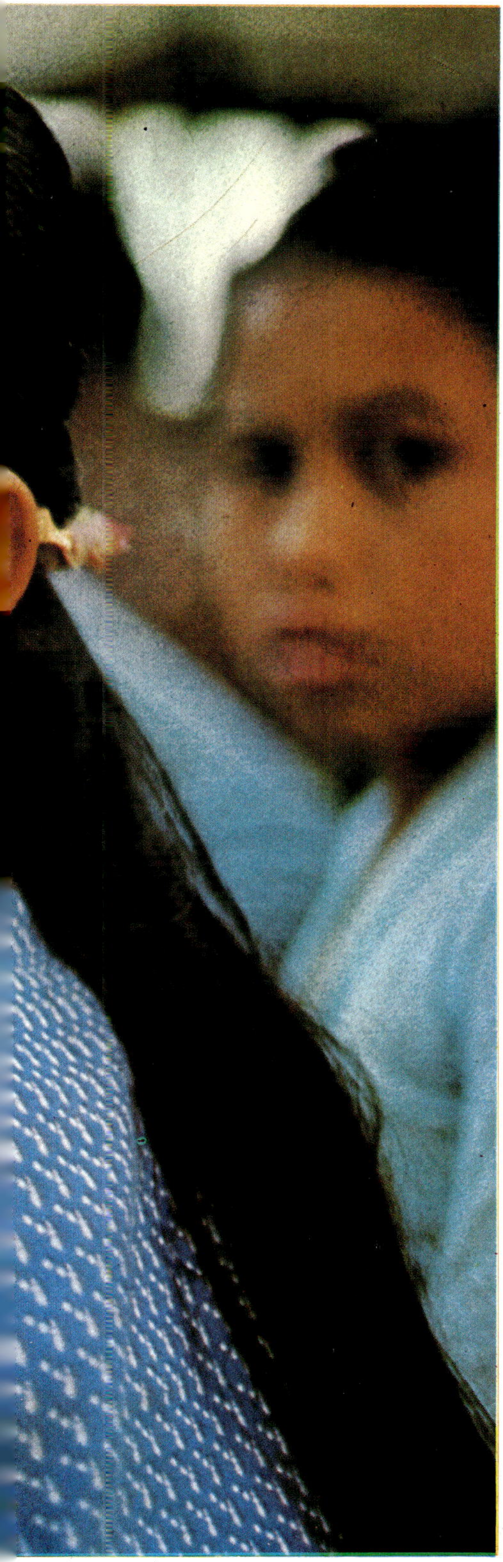

BALI HAT VIELE GESICHTER

Ein anmutiges junges Mädchen im Festgewand, ein alter Geschichtenerzähler, dem der Schalk aus den Augen blitzt — Bali zeigt sich uns fortwährend von neuen und anderen Seiten. Erst seit einigen Jahrzehnten ist der Welt bewußt, welch faszinierende, lebendige Kultur dieser Insel zu eigen ist; eine Kultur, deren Wurzeln bis in alte Zauberkulte zurückreichen und deren lebendige Gegenwart der starken Religion ihrer Menschen zu danken ist. Wichtigste Prägung erfuhr Bali, als es mit dem Niedergang der mittelalterlichen Hindureiche auf Java und dem Vordringen des Islam zu einem letzten Zufluchtsort für die vertriebene Elite Javas und ihre hochentwickelte Kultur wurde.

Den „Nabel der Welt" sahen die Menschen von Bali während ihrer jahrhundertelangen Abgeschiedenheit in ihrem verehrten Vulkan Gunung Agung. Mit der Eroberung Balis durch die Holländer Anfang dieses Jahrhunderts fand die Herrschaft der einheimischen Könige und Fürsten ein gewaltsames Ende. Nach einer kurzen Kolonialherrschaft und späteren Befreiung und Eingliederung in einen neuen Staatsverband hat Bali eine lebendige, dynamische Gemeinschaft hervorgebracht, in der alte Traditionen erhalten bleiben, jedoch der Stil fortlaufend wechselt und neue Gegensätze gebildet werden.

Um ein richtiges Bild seiner Menschen zu gewinnen, muß man Bali bei aller natürlichen und kulturellen Einzigartigkeit immer als Teil eines größeren Ganzen sehen, als eine der mehr als 3000 Inseln Indonesiens. Die ersten Berichte über Indonesien erzählten vom Reichtum eines fernen, gewaltigen Inselreiches. Und dieses Riesenreich mit einer Gesamtfläche von fast 2 Mio. qkm wächst noch immer. Ein Viertel seiner 400

Vorherige Seiten: Prozession in Bona — der Tanz der „verehrten Engel"; die Silhouetten mehrdachiger *merus* im Batur-Tempel in Kintamani; die mythologische Figur des *Barong*-Tänzers. Links: Mädchen mit geweihten Reiskörnern auf der Stirn.

Vulkane — zwei davon auf Bali — sind noch tätig.

Die Inseln in Ost und West sind Reste zweier versunkener Kontinente. Vor der letzten Eiszeit, als der Meeresspiegel bedeutend niedriger lag, bildeten die Inseln Sumatra, Kalimantan (Borneo), Java und Bali eine Landeinheit mit Asien, während im Osten Irian mit Australien verbunden war. Die von den Schiffern Balis und Lomboks gefürchtete tiefe Straße von Lombok wird als die geologische Trennungslinie zwischen Asien und Australien angesehen. Die Verschiedenheit der Inseln ist offensichtlich. Während Bali von einer tropisch-verschwenderischen Vegetation verwöhnt wird, ähnelt das von Winden ausgedörrte Lombok mehr den australischen Savannen. Seltene Beuteltiere, Kakadus, Papageien und Rieseneidechsen durchstreifen die karge Landschaft der östlichen Inseln, während auf den westlichen im dichten Tropenwald Tiger, Orang-Utans und Pythonschlangen heimisch sind.

Die Menschen dieses vielgesichtigen Inselreichs sind gleichermaßen verschieden. Durch die Entdeckung des *Pithecanthropus erectus,* des „Affenmenschen" von Java, gilt Indonesien als Heimat einer der ältesten Menschenrassen. Seither sind Stämme der verschiedensten Rassen über die Inseln gezogen: jagende Urmenschen, primitivie Negritos, höher entwickelte Protomalaien. Und zu Beginn unserer Zeitrechnung wanderten in einer plötzlichen Expansion von Hinduismus und Buddhismus Seeleute, Krieger, Priester und Handwerker aus Indien ein. Während all dieser Zeit haben sich die Rassen gemischt. Nicht dagegen die etwa 170 Sprachen der verschiedenen Kulturgruppen, für die jetzt die Nationalsprache *Bahasa Indonesia* eine Mittleraufgabe erfüllt. 90 % der 120 Mio. Indonesier sind Mohammedaner, der Rest Christen, Hindus und Buddhisten.

Das harmonische Zusammenleben dieser verschiedenen Gruppen hat Indonesien befähigt, jahrhundertelang den Zustrom fremder Einflüsse aufzunehmen.

Der erste Europäer, der 1292 indonesischen Boden betrat, war kein anderer als Marco Polo, der damalige Gesandte des großen Mongolenkhans. Die ersten Europäer, die auf Bali an Land gingen, waren holländische Seeleute, die 1597 mit einer kleinen Flotte unter Kapitän Cornelis Houtman einliefen. Hier gefiel es den Seeleuten sehr, und sie konnten sich so schnell nicht von Bali trennen.

Bald waren sie auch mit dem König befreundet, der, jovial und wohlbeleibt, von vielen schönen Frauen umgeben war. Nach mehrmaligen Aufschüben setzte der Kapitän endgültig die Abreise fest. Sehr zu seinem Verdruß weigerten sich einige der Leute, an Bord zu gehen. So kam er schließlich nur mit einem Teil seiner Besatzung nach Holland zurück. In Europa erregten die Nachrichten über die Entdeckung eines „neuen Paradieses" sehr viel Aufsehen, und der holländische Kaufmann Heemskerck wurde umgehend mit Geschenken für den König nach Bali entsandt.

Während der folgenden 200 Jahre wurde die Verbindung zu Bali durch Reisende aufrechterhalten. Auch holländische Beamte und Gelehrte kamen, und daheim füllten sich die Büchereien mit Schriften über Archäologie, Literatur und Religion der Insel. Ihr Debüt in der Filmwelt erfolgte 1920 durch eine Reihe von Dokumentarfilmen. Diese inspirierten einige namhafte Persönlichkeiten, sich Villen in Sanur und Ubud zu bauen. In den 30er Jahren kam eine Gruppe von Künstlern, Musikern und Anthropologen nach Bali und widmete sich dem Studium seiner Kultur.

In unserer Zeit des Welttourismus ist Bali zu einem Zauberwort geworden. Obwohl in vielen ländlich dahinträumenden Gegenden noch kein Autolärm die Stille zerreißt, kann die Insel stolz einen neuen internationalen Jetflughafen und ein luxuriöses Intercontinental-Hotel vorweisen. Große Pläne liegen bereit für die weitere Entwicklung der Strände für den Fremdenverkehr. Doch noch ist der Balibesucher ein Entdeckungsreisender, der unbekannte Gegenden erforschen und unvermutet Zeuge exotischer Rituale werden kann, die hier noch nichts von ihrer Ursprünglichkeit eingebüßt haben.

Eben noch flog die Welt unter uns dahin mit Jetgeschwindigkeit — schon finden wir uns in Sporthemd und Sandalen auf schattigen Straßen; vergessen sind Krawatte und Straßenschuhe. Keine warmen Kleider sind nötig zum Schutz vor Kälte und keine umständlichen Formeln zur Begrüßung, sondern nur ein Lächeln. Jeder Gast wird mit Freude begrüßt und mit Aufmerksamkeit und Respekt behandelt.

Bali ist voller Winkel und Plätzchen, Seitenwege und Toreingänge zum Herzen seiner Menschen. Es ist schwer, auf den Fahrten über die Insel geradeaus zu schauen. Welche Fülle von Eindrücken links und rechts der Straße! Was heißt „Straße"? Sie ist Gehweg, Landstraße, Spielplatz, Versammlungsort, Versorgungsader und Weg für festliche Prozessionen; zu beiden Seiten Tempel und Schreine, Märkte und Felder! Bald führt uns ein Seitenweg zu einem Dorf, in dem Kunsthandwerker Schnitzarbeiten im primitiven Stil fertigen, bald zu alten, halb versunkenen Königsgräbern, Zeugen einer legendären Vergangenheit. Vielleicht halten wir bei dem Restaurant, wo wir einen Steilhang hinabschauend die geheimnisvolle Elefantenhöhle erspähen können, oder wir verweilen im Schatten eines gewaltigen Banyanbaumes zu einer Teepause.

„...Und das Nachtleben?" — So lautet die erste Frage mancher Asienreisender, die soeben aus „Bangkok by night" oder aus Hongkongs Vergnügungsviertel emporgetaucht sind. Es dunkelt früh auf Bali. In seinen ländlichen Städtchen und Dörfern liegen die Einheimischen vor 23.00 Uhr bereits in tiefstem Schlaf. Ausnahmen sind die Vollmondnächte, da werden Tranceritual und Dramen — bald magischen, bald romantischen Inhalts — aufgeführt, die bei Tempelfesten die ganze Nacht währen. Ruhe und Entspannung findet der dem Getriebe der Weltstädte entronnene Besucher abends an den friedlichen Stränden Sanurs. Beim Fackelschein der Fischerboote an stiller Küste kommt uns der nächtliche Himmel wieder näher. Verstreut liegen längs des Strandes Hotels und Restaurants, in denen einige der besten Tanzgruppen der Insel auftreten. Festliche Tafeln mit indonesischen Speisen sind aufgebaut, Gamelanmusik erklingt, und in diesem Zusammenklang erleben wir die feierlich-heitere Stimmung eines balinesischen Tempelfestes.

Wer Bali einmal liebgewonnen hat, denkt mit Bangen an die Zukunft, wenn der Tourismus tiefer in das Leben der Inselbevölkerung eingreifen wird. 1982 wurden 139 000 Balibesucher gezählt; ein Jahrzehnt zuvor waren es 24 000. Aber wie das Bali, das wir heute erleben, das Werk vergangener Generationen ist, liegt auch die Gestaltung seiner Zukunft letztlich bei den Balinesen selbst. Eine totale Konservierung seiner Kultur hieße, diese hinter Glas zu stellen und Balis Eigenschaft als lebendiges Glied einer jungen, sich entwickelnden Staatsgemeinschaft zu leugnen.

Die Balinesen haben eine Schwäche dafür, Modernes und Altes zu mischen. So mietet der junge Mann für die Brautentführung heute ein Auto. Das ist schneller und bequemer, als nach altem Brauch sein Mädchen auf den Schultern davonzutragen. Die nächtlichen Straßen Denpasars durchflutet ein Meer von Neonlicht. Aber an jeder belebten Kreuzung wacht ein steinerner Götze, daß durch böse Geister keine Verkehrsunfälle verursacht werden. Sogar tief im Innern der Insel trifft man schon auf Zeichen unserer Zeit; etwa die Glühbirne, die das Dach eines Tempelschreins schmückt in einem entlegenen Dorf, wo es keine Elektrizität gibt.

Man unternehme in Bali nichts mit festen Vorstellungen; meist kommt es anders, als man denkt! Da reist man in ein fernes Dorf in der Erwartung eines traditionellen Maskenspiels, wie es an den Höfen der Könige vor 400 Jahren gegeben wurde — und es tritt im Rahmen des Festes ein Zeremonienmeister auf, der zu fetzigen Rhythmen eine Art indonesischen „Entertainer" nach amerikanischem Vorbild mimt.

Bali ist alles zugleich: ein Platz für Zeremonien und Rituale, für Moden und Modetorheiten. Durch die Straßen der Hauptstadt rasen Lastwagen mit orgiastischen Kinoplakaten, die für „Alles-über-Sex"-Filme werben. Gleichzeitig verstößt noch sehr gegen Sitte und Anstand, wer Zärtlichkeiten in der Öffentlichkeit austauscht.

Dankbar wird jeder Tourist begrüßt, der Interesse und Verständnis für die alte Kultur der Insel bezeugt. Die Dorfbewohner sind stolz, wenn sie Gästen das Gemeindeorchester oder ihre Tanzgruppe vorführen können. Die geringe Eintrittsgebühr, die für ein Schauspiel oder Schattenspiel erhoben wird, hilft bei der Ergänzung der Ausstattung oder fließt in eine Kasse zur Restauration des Dorftempels. So können auch wir ein wenig zur Erhaltung balinesischer Tradition beitragen.

Mit zunehmendem internationalem Bewußtsein und der bevorstehenden Realisierung eines großangelegten Entwicklungsprogramms tritt Bali in eine Periode des Übergangs. Die Bewohner, die erstmals mit den modernen Errungenschaften unserer Zeit in Berührung kamen, haben sie sich auf eine unnachahmliche balinesische Art zu eigen gemacht.

Die seit alters her bestehende Bindung zu Religion, Familie und Gemeinde gibt den Menschen die Kraft, den Problemen und Herausforderungen, die einem jungen Land widerfahren, entgegenzutreten. Die Balinesen haben ihre Umwelt harmonisch gestaltet, ohne je ihre natürliche Schönheit zu stören, und auf diese Weise eine menschliche Gesellschaft geschaffen, die die Welt um einiges Gute und Schöne reicher gemacht hat.

Der Geschichtenerzähler berichtet von vergangenen Heldentaten: *Topeng*-Maskenspiel.

VON HEILIGEN BERGEN UND ALTEN LEGENDEN

Ein großer König von Java wollte seinen ungeratenen Sohn nach Bali verbannen; er brachte ihn zu der Landenge zwischen beiden Inseln und hieß ihn gehen. Als der Prinz seinen Augen entschwunden war, zeichnete er mit königlichem Finger eine Linie in den Sand. Die Wasser von beiden Seiten flossen zusammen, und Bali wurde zur Insel.

Die Legende beruht auf Wahrheit: Bali war einmal mit Java verbunden. Diese Meeresstraße ist an ihrer schmalsten Stelle nur etwa 3 km breit. Zwischen der Javasee im Norden und dem Indonesischen Ozean im Süden liegt Bali als eine der kleinsten Inseln des Staates mit einer Fläche von 5621 qkm. Es herrscht dort — 8 Grad südlich des Äquators — ein gleichmäßig warmes tropisches Klima. Von Oktober bis März regnet es häufig. In den übrigen Monaten ist es trocken und mild.

Die Landschaft ist geprägt durch eine Kette von Vulkanen. Nach der Sage war Bali ursprünglich flach und unfruchtbar. Als Java dem Islam anheimfiel, wandten sich die zürnenden Hindugötter nach Bali, wo sie ihre hohen Throne, die Berge, errichteten, einen in jeder Himmelsrichtung. Und so stiegen auf göttlichen Befehl im Westen der Batukau („Muschelberg“), mit 2348 m, im Norden der Batur mit 1716 m, im Osten der Agung (der „Große“) mit 3142 m und im Süden das kleine Tafelhuck der Halbinsel mit 213 m empor. Die Vulkankette, die sich von Osten nach Westen erstreckt, unterteilt die Insel der Länge nach.

Die Gegend im Norden um Buleleng ist ein schmaler Küstenstreifen, der bald in flaches Hügelland übergeht. Hier gedeihen Balis wichtigste Exportgüter: Vieh, Kaffee und Kopra. Erdnuß-, Kohl- und Zwiebelfelder überziehen das wellige Gelände wie ein lustiger Flickenteppich. Stattliche vorzeitliche Baumfarne, Elefantengras und

Vorherige Seiten: Bubenschar im alten Banyanbaum. Links: Nebel umhüllt den heiligen Gipfel des Vulkanes Batur.

wilde Blumen überwuchern die Lavahänge; die Niederungen füllen Pinien und Zypressen. Die Fruchtbarkeit des Nordens reicht über die Berghänge bis in die Ebenen des Inneren hinein. Hier ist Bali dicht besiedelt. Zweimal im Jahr wird Reis geerntet — der beste von ganz Indonesien.

Trotz der hohen Einwohnerzahl von annähernd 3 Mio. ist der Westen unbewohnt, denn es fehlt an Wasser. Krokodile, Dschungelvögel, Hochwild und Wildschweine leben im verdorrten Gesträuch dieser Hügellandschaft, die in Bali *pulaki* genannt wird. Hier hausen die ,,Unsichtbaren" in einer von zürnenden Göttern verdammten Stadt, die allmählich in der Erde versinkt. Einen ebenso dürren Anblick bietet im Süden die Kalksteinlandschaft der Halbinsel mit der ,,Bukit" (Hügel) genannten Erhebung. Von ihm führt ein steiniger Pfad zur Südküste hinunter ans glasklare Meer. Er endet auf einem langgestreckten Felsen, der als das zu Stein gewordene Schiff der Göttin des Wassers, Dewi Danu, gilt. An seinem äußersten Rand entstand eine der heiligsten Stätten der Insel, der Ulu Watu-Tempel.

Im Südosten Balis liegt die öde Insel Nusa Penida. Dort haust der zähnefleischende Riese Gede Metjaling, der die einsamen Strände von Südbali heimsucht — so sagt die Legende. Früher diente die Insel den Königen als Strafkolonie. Jetzt gehört sie zum Bezirk Klungkung. Nusa liefert Mais und Kopra. Doch das trockene, gebirgige Gelände ist schwer zu bewässern. In vielen Dörfern herrscht große Armut. Die Balinesen schätzen die dort gezüchtete Hühnerrasse. Zeremonien zur Vertreibung böser Geister werden besonders wirksam, wenn man Hühner dieser Rasse opfert. Außerdem ist Nusa ein Vogelparadies: Hier wurde der Weiße Bali-Star entdeckt, der nur auf Bali vorkommt.

Die kleine Insel Serangan gegenüber dem Hafen Benoa nennt man auch die ,,Schildkröteninsel", weil dort die großen Wasserschildkröten gefangen werden, ein Leckerbissen, der bei keinem Festmahl fehlen darf. Alle sieben Monate pilgern Tausende von Balinesen zum Sakenan-Tempel, einem alten Meeresheiligtum.

Balinesen vereinen in sich das Blut vieler Rassen. In erster Linie gehören sie zu der auf diesen Inseln heimischen malaiisch-polynesischen Rasse. Sie vermischte sich mit hinduistischen Indonesiern aus Zentral- und Ostjava, welche indisches und chinesisches Blut einbrachten. Dazu kommt noch polynesischer und melanesischer Einschlag, so daß die Menschen auf Bali von reizvoller Verschiedenheit sind. Wir treffen Balinesen mit glattem Haar, hoher Nasenwurzel und heller, sanft gelblicher Haut. Andere sind überraschend dunkelhäutig und haben gelocktes Haar.

Von den 7000 Ausländern, die auf Bali leben, sind die meisten Chinesen, die anderen Inder und Araber. Über 95 % bekennen sich zur balinesisch-hinduistischen Religion. Der Rest sind überwiegend Moslems, wenige Buddhisten und Christen.

Als vor vielen Jahrhunderten hinduistische Javaner nach Bali kamen, brachten sie zwei soziale Errungenschaften mit: das Kastenwesen und eine besondere Sprache der Oberschicht. Im Vergleich zu Indien ist auf Bali das Kastenwesen gelockert und vereinfacht. Es unterteilt sich in vier Kasten: Die einfachen Dorfbewohner, die arbeitende Klasse, sind die Sudra. Der Adel besteht aus drei altbekannten Gruppen: Die Brahmanen bilden die oberste Klasse mit dem männlichen Titel *Ida Bagus* — nur sie dürfen Hohepriester werden. Der balinesische Hochadel gehört der Kaste der Satria an mit dem männlichen Titel *Anak Agung, Dewa* und *Cokorda.* Die Wesia sind die Krieger von Bali, die den Titel *I Gusti* führen.

Obgleich den Kastenregeln durch Einhaltung allgemeiner Formen der Etikette Genüge getan wird, ist im vollen Namen jedes Balinesen immer

Links: Bewässerungskanäle und Flüsse bringen das kostbare Wasser zu den *sawahs*, den üppigen Reisfeldern Zentralbalis.

noch die Kaste seines Trägers enthalten, die bei der Anrede berücksichtigt werden muß. Auf Bali spricht man viele Sprachen. Niederbalinesisch ist zweifellos die älteste Sprache der Insel und gehört zur Gruppe der alten malaiisch-polynesischen Dialekte, zu den Ursprachen des Archipels. Hochbalinesisch entsprang dem Sanskrit-Javanisch und ist weder in Worten noch in der Wurzel mit dem Niederbalinesischen verwandt. Eine dritte Umgangssprache entstand aus der angeborenen Höflichkeit der Balinesen: Mittelbalinesisch.

Kawi, die klassische Sprache der Dichtung und Literatur, lebt weiter im traditionellen balinesischen Schauspiel und in den *Weden,* die der Priester bei religiösen Handlungen rezitiert. Mit der zunehmenden Verbreitung des Indonesischen, der offiziellen Landessprache, kommt eine weitere Sprache hinzu: *Bahasa Indonesia* ist wesentlich einfacher als das komplizierte Balinesisch und frei von Kastenrücksichten. Es wird jetzt allgemein gesprochen. Wenn ein junger Balinese, vielleicht dank einer höheren Schulbildung, auch noch Englisch spricht, beherrscht er bereits sechs Sprachen.

Bali ist eine von 26 Provinzen der indonesischen Republik. An der Spitze der Provinzregierung in Denpasar steht ein Gouverneur, der dem Innenministerium in Jakarta direkt unterstellt ist. Die Insel ist in acht Bezirke, die *kabupaten,* eingeteilt, die von einem Beamten der Regierung verwaltet werden. Der bevölkerungsmäßig größte Bezirk ist Südbali mit der Hauptstadt Denpasar; der die Nordküste umfassende Bezirk Buleleng ist flächenmäßig am größten. Jembrana und Tabanan erstrecken sich westlich von Badung. Gianyar, Bangli, Klungkung und Karangasem bilden zusammen Ostbali. Jeder Bezirk ist in Kreise eingeteilt, die von einem *camat* der *bupati* geleitet werden. Die Dorfoberhäupter, die ein aus mehreren kleinen Gemeinden bestehendes Dorfgebiet, die *desa*, verwalten, unterstehen dem Leiter des Kreises. Die kleinste Einheit in diesem Verwaltungssystem ist der *banjar,* eine einem Weiler vergleichbare, unabhängige Gemeinde mit 200 bis 300 männlichen Einwohnern. Das Dorf Sanur z.B. besteht aus 22 *banjars.*

Die Insel hat vier Häfen: Benoa, in der Nähe des Flugplatzes, ist der Hauptumschlagplatz für die Ein- und Ausfuhr. Buleleng im Norden ist der älteste Hafen; er diente einst den holländischen Schiffahrtsgesellschaften. Padangbai im Osten bewerkstelligt den Handelsverkehr zwischen Bali und Lombok. Gilimanuk, am westlichsten Punkt der Insel, besorgt den Fährbetrieb nach Ostjava.

Die Balinesen gehören zu den wenigen Inselbewohnern der Welt, deren Leben nicht auf das Meer ausgerichtet ist, sondern landeinwärts und aufwärts zu den Bergeshöhen. Die Berge mit ihren Seen und Flüssen sind heilig. Sie sind die Quelle der Fruchtbarkeit. Wasser von den Bergen, aus Flüssen und Seen — auch Meerwasser — wird zu Reinigungszeremonien verwandt. Das Meer selbst aber, mit seinen unergründlichen Tiefen, das Reich des Riesenfisches und giftiger Seeschlangen, bleibt den meisten Dorfleuten ein feindliches Element. Nur bei Ebbe wagen die kleinen Jungen sich hinaus, um tropische Fische aus den zurückgebliebenen Tümpeln zu fangen. Morgens suchen Küstenbewohner die Strände nach Korallen ab, die für den Bau von Schreinen und Häusern benötigt werden. Suchend waten sie das Riff entlang; ehe die Flut kommt, kehren sie zurück. Bei Sonnenuntergang durchstreifen einige Fischer die ruhigen Stellen des Meeres auf der Suche nach Schildkröten, die Speise der Brahmanen und Krönung eines jeden Banketts. Die Ausleger-*prahus* mit ihrem Dreieckssegel und dem Bugspriet in der Form des legendären Elefantenfisches sind elegante Boote, die auch von Besuchern gern zu kleinen Fahrten durch die Lagune genutzt werden.

Prahu-Segler mit Touristen vor Sanur Beach (rechts). Folgende Seiten: Terrassenfelder an der Straße nach Kintamani; Tempelfest in Mas.

14

GENESIS

Unterhalb des Universums befindet sich magnetisches Eisen. Die Weltschlange Antaboga schuf mittels der Meditation aus dem Chaos die Schildkröte Bedawang, die als Stabilisator diente. Um Bedawang wand sie zwei Schlangen, die das Fundament der Welt bildeten. Auf der Weltschildkröte sitzt ein Liddeckel, der Schwarze Stein. Keine Sonne, kein Mond, kein Licht dringt in die Höhle unter dem Stein; es ist die Unterwelt, deren Gottheit Kala heißt. Kala erzeugte das Licht und die Erde, auf der eine Wasserschicht fließt. Darüber breitet sich das hohe und niedere Himmelsgewölbe aus. Eine Schicht war aus Schlamm, der trocknete und aus dem Berge und Felder wurden. Dann war da der schwebende Himmel — die Wolken, die Semara, den Gott der Liebe, auf den Thron setzten. Dahinter liegt der dunkelblaue Himmel mit der Sonne und dem Mond, dem Palast des Sonnengottes Surya; desgleichen der duftende Himmel, schön anzusehen und reich an seltenen Blumen, die Heimat der *awan*-Schlangen, der untergehenden Sterne. In noch größeren Höhen folgt der Himmel der Vorfahren, und über alledem residieren die göttlichen Wächter, deren wachsames Auge auf den himmlischen Nymphen ruht.

Aus dem *Catur Yoga*

DIE KINDER DES SCHÖPFUNGSMYTHOS

Als die Welt bereit war, Menschen aufzunehmen, besprach sich der ,,Große Lehrer" Batara Guru mit seinem zweiten Selbst, Brahma: Es ging um die Notwendigkeit des Menschen und das Wesen dieses Geschöpfes. Der duale Gott regte einen Wettbewerb zur Formung von Menschen aus Lehm an. Bataru Guru und Brahma gaben zu, daß sie dazu verschiedene Experimente gemacht hatten. Die ersten Versuche belustigten die beiden Götter: Als sie daran gingen, ihre Figuren in einem Ofen zu brennen, kamen diese entweder zu weich oder zu hart gebrannt heraus. Der letzte Schub hatte schließlich die richtige Brenndauer und kam goldbraun aus dem Ofen — es waren die Balinesen. Batara Guru und Brahma hauchten ihren Geschöpfen Leben ein und gaben ihnen Hunde mit, die ihnen gehorchen und Gesellschaft leisten mußten. Die ersten Menschenfiguren waren Männer, denen sie zu weiblichen Partnern verhalfen. Die ersten vier balinesischen Paare zeugten zahlreiche Nachkommen; 117 Jungen und 118 Mädchen waren es genau. Als erstrebenswert galten 59 1/4 Kinder pro Paar.

Dieser balinesische Schöpfungsbericht vermengt Elemente der Sutren, der Bibel, des Koran, anderer heiliger Schriften und von Volkssagen des Ostens wie des Westens. Er ist synoptisch und synkretisch, philosophisch, wissenschaftlich, poetisch und zugleich unverwechselbar balinesisch. Die Vorstellung, das Universum habe sich durch Meditation aus dem Nichts entwickelt, erinnert stark an zeitgenössische spekulative Strömungen; mit der Erwähnung des Magnetismus begeben wir uns gar in den Bereich der neueren Physik. Das Nebenspiel zwischen Batara Guru und Brahma steht für die Erfindergabe und die Körperlichkeit, die für das balinesische Theater typisch sind. Ein Katalog von eingeführten und einheimischen Göttern aller Größen, die Anrufung magischer Namen und mythischer Geschöpfe, die Verherrlichung der Ahnen und der Natur sowie von heiligen wie profanen Taten und Gedanken sind Schlüsselelemente der balinesischen Genesis.

Der Hinduismus erreicht Bali

So erfindungsreich und plastisch in den Schöpfungsmythen über die Entstehung Balis berichtet wird, so dürftig ist das gesicherte

S. 36/37: Die Radschas der balinesischen Reiche um 1930. S. 38: Wie sich ein Künstler den Kosmos der Insel vorstellt. Oben: Der Gong von Pejeng. Rechts: Die Wasserspeicher in Goa Gajah aus dem 11. Jahrhundert.

Wissen von den Anfängen der Insel. Das Steinzeit-Bali bleibt in Dunkel gehüllt; keinerlei Spuren des Menschen und nur wenige Steinwerkzeuge sind überliefert. Zehntausende von Jahren hindurch haben wohl kleine Nomadengruppen in den Dschungeln gejagt und Nahrung aus den Tidebecken gefischt. In der Bronzezeit war Bali dicht besiedelt. Die Menschen lebten in Dörfern und begruben ihre Toten in Ton- und Steinsarkophagen, in die sie auch Bronze- und Steinwerkzeuge legten.

Da keine Zeugnisse aus der Frühgeschichte Balis vorliegen, können wir die Herkunft der Inselbewohner und ihre gesellschaftliche Entwicklung nur theoretisch rekonstruieren. Die Balinesen sind Nachfahren verschiedener Mongolenvölker, die vom südostasiatischen Festland auf die Inseln übergesetzt hatten. Mächtige Priester und Fürsten standen an der Spitze einer animistischen Agrargesellschaft.

Den ersten nennenswerten Einfluß übten dann Reisende und Händler aus Indien aus, die den Hinduismus nach Bali brachten. Die Insel wurde von der Welle der Indisierung, die in der zweiten Hälfte des ersten Jahrtausends den größten Teil Südostasiens prägte, voll erfaßt. Inder waren es, die die Vorstellung eines Gottkönigs, dessen Hauptstadt den Glanz und die Vollkommenheit des Himmels widerspiegelt und deren Bewohnern es nur solange gutgeht, wie der Herrscher sich in Übereinstimmung mit Natur- und Gottesgesetzen befindet, in das politische und religiöse Denken der Balinesen einführten. Die Herrscher über die Insel besaßen monumentale *kraton* bzw. *puri,* Paläste, in denen sie mit Hilfe ihres Hofstaats und der Priester regierten, die schlechte Herrscher absetzen und durch bessere ersetzen konnten.

Die Umwandlung des primitiven Bali in eine hinduistische Gesellschaft war nicht das Ergebnis einer Eroberung und Kolonisierung der Insel, sondern der Überfremdung seiner Kultur. Die führende Schicht fand in der indischen Kultur den religiösen Überbau und dazu die Verwaltungstechniken, die ihren Zwecken entsprachen. Auch bei der Bevölkerung stieß sie auf begeisterte Zustimmung. Indien verschaffte der jungen balinesischen Gesellschaft ein theologisches und politisches System, das in schöpferischer Weise von den Balinesen auf ihre eigene Gesellschaft angewendet wurde.

Es dauerte Jahrhunderte, bis Bali ganz vom Hinduismus durchdrungen war. Dessen Wiege stand zwar in Indien, die wichtigsten Anregungen kamen jedoch vom benachbarten Java, dessen Hinduisierung bereits vorher abgeschlossen war. Wir wissen über diese Epoche nicht viel mehr, als daß Bali von einer Reihe bizarrer Monarchen regiert wurde.

Die Chronologie der Geschichte Balis läßt sich anhand von Inschriften in Sanskrit und klassischem Balinesisch rekonstruieren, die bei Ausgrabungen auf Stein- und Metallgegenständen ans Tageslicht kamen.

Aus archäologischen Untersuchungen wissen wir, daß die zum Hinduismus bekehrten

Herrscher an den Jahrestagen ihres Machtantritts, beim Bau von Tempelanlagen, anläßlich einer Heirat oder einer Schlacht Hindugötter anriefen. Um das Jahr 1000 datiert die authentische Überlieferung des ersten geschichtlichen Ereignisses. Der Hinduismus hatte damals alle Lebensbereiche Balis durchdrungen.

In jener Zeit wurde auch Airlangga, der Sohn des balinesischen Königs Dharmmodayanawarmmadewa (auch als Udayana bekannt) geboren. Seine javanische Gemahlin Guapriyadharmapatni (bzw. Mahendradatta Airlangga) war an den Hof des Herrschers von Java entsandt worden, wo sie unterrichtet und schließlich verheiratet werden sollte. Als der genannte Herrscher das Opfer von Bürgerkriegen wurde, bot die siegreiche Partei Airlangga den Thron an.

Airlangga widmete sich dem Wiederaufbau des javanischen Reiches. Seine Heimatinsel Bali unterstellte er der Souveränität Javas und ernannte entweder einen Bruder, Onkel oder Neffen zum Regenten. Auf diese Weise entstanden zwischen Java und Bali enge politische und kulturelle Verbindungen, die 300 Jahre lang anhielten und aus denen Bali großen Gewinn zog. Ganz konfliktfrei war die Beziehung allerdings nicht. Immer wieder pochten die Balinesen auf ihre Autonomie, und ebensooft machten die Herrscher der Singasari aus Java klar, wem die Macht gebührte.

Die Regenten Balis, in deren Adern javanisches und balinesisches Blut floß, waren unablässig in dynastische Kämpfe verwickelt, die von seiten des Majapahitreiches geschlichtet werden mußten. 1262 oder 1284 sah sich Kratanagara, der Herrscher über Java, gezwungen, auf Bali Frieden zu stiften und — wie nach ihm (1343) der große General Gajah Mada — die Insel wiederzuvereinigen. Majapahit verschärfte durch Statthalter die Kontrolle über seine Kolonie. Nach dem Zusammenbruch des Reiches der Majapahit 1515 übten die aus Java eingewanderten Flüchtlinge großen Einfluß aus.

Erst in der Epoche der Majapahit sind die Grundzüge der Geschichte Balis deutlicher zu erkennen, obwohl sich noch immer Legenden darum ranken. Der Besuch des Gajah Mada etwa ist an Ereignisse geknüpft, die selbst für balinesische Verhältnisse äußerst dramatisch waren.

König Beda Ulu, der herausragende Herrscher seiner Zeit, soll mittels übernatürlicher Kräfte seine Untergebenen zu beeindrucken versucht haben. Er soll mit einem Zauberkris sich selbst blitzschnell enthauptet und sein Haupt so rasch wieder an die angestammte Stelle gesetzt haben, ohne eine Spur von Schmerz dabei zu empfinden. Solche Freveleien waren Gott Schiwa ein Dorn im Auge, da sie sich für einen einfachen Sterblichen nicht ziemten. Bei der nächsten „Vorstellung" sorgte Schiwa dafür, daß Beda Ulu sein abgetrenntes Haupt nicht mehr zu fassen bekam: Es fiel in einen Bach und wurde davongetragen. Kurzerhand schlugen geistesgegenwärtige Untertanen des Königs einem vorbeilaufenden Schwein den Kopf ab und reichten diesen ihrem Herrscher; seitdem hieß er Beda Muka, der „König mit dem ausgewechselten Gesicht".

Um nicht ständig angestarrt zu werden, verlangte der Regent von jedem, der zu ihm kam, daß er sich vor ihm verbeuge und ihm unter keinen Umständen ins Gesicht sähe. Der neugierige General Gajah Mada tat bei einem Höflichkeitsbesuch am Hofe so, als müsse er den Kopf zurücklegen, um einen leckeren, aber harten Bissen hinunterzuschlucken. Er wollte mit eigenen Augen sehen, ob der König tatsächlich das Gesicht eines Schweines hatte? Dieser war über den Trick einerseits sehr erbost — andererseits mußt er das dreiste Benehmen des Generals hinnehmen, da Vergeltungsmaßnahmen gegen Gäste nicht erlaubt waren; das hatte zur Folge, daß Beda Muka auf der Stelle von den Flammen verzehrt wurde, die in ihm selbst entzündet worden waren. Eine solche Einäscherung hatte es auf Bali noch nie gegeben. Der General ist seitdem eine Symbolfigur für Unbotmäßigkeit, während der Herrscher, dessen Selbstkontrolle ihm zum Verhängnis wurde, für sein vornehmes Wesen berühmt wurde.

Nach Beda Ulus Tod verleibte Gajah Mada Bali dem Reich der Majapahit ein und ernannte Kapakisan aus Java zum Gouverneur der Insel. Dieser soll der Sohn eines Steinbuddha und einer himmlischen Nymphe gewesen sein. Kapakisan und seine Nachfolger regierten nicht als gehorsame Untergebene Javas. Sie legten sich sogar den Titel Susuhunan (Großer Sultan bzw. Kaiser) zu; ihr balinesischer Titel war Dewa Agung. Damit machten sie deutlich, daß sie unabhängig und nach dem göttlichen Ritus herrschten. Kapakisan ließ in Samprangan (beim heutigen Gelgel) seinen Palast errichten und regierte streng, aber gerecht über die ganze Insel.

Königsgrab beim Gunung Kawi von Tampaksiring; König Udayana soll hier beigesetzt sein. Die Gruft stammt aus dem 11. Jahrhundert.

DAS GOLDENE ZEITALTER

Aus den Trümmern des Majapahitreiches, das 1515 unterging, entstand das neue javanische Reich Mataram, das sich aus den kleinen Herrschertümern zusammensetzte, die unter dem starken Einfluß islamischer Kräfte zu neuem Leben erwacht waren. Tausende von Hindupriestern, Adeligen, Soldaten, Künstlern und Handwerkern des Madjapahitreiches flohen vor den moslemischen Eroberern von Java nach Bali. Hier verliehen sie der bereits erstarkten Hindukultur neue Impulse, während auf Java das Erbe des Hinduismus vom Islam verdrängt wurde. Das hinduistische Bali und das muslimische Java wurden unversöhnliche Feinde. Der kleine ostjavanische Staat Blambangan, der von Bali durch eine 1,5 km breite, schwer zu überwindende Meerenge getrennt war, bildete eine „Pufferregion". Die Balinesen erhoben Anspruch auf Blambangan und bedrohten Mataram. Der Angriff scheiterte und löste eine Gegeninvasion aus; lange blieben die Beziehungen zwischen Bali und Java gespannt.

Das 16. Jahrhundert bedeutete für Bali den Beginn eines goldenen Zeitalters. Batu Renggong übernahm 1550 den Titel des Dewa Agung und trat das Erbe des eroberten, zerstörten Majapahitreiches an. Von seinem abgelegenen Hof in Gelgel aus übte er ein glanzvolles Regiment aus. Batu Renggong schweißte die balinesischen Teilstaaten zum stark zentralisierten Reich zusammen. Er eroberte Blambangan und unterstellte es einem Vasallen. Auch die Nachbarinseln Sumbawa und Lombok machte er sich untertan.

Auf kulturellem Gebiet brachte die Regierungszeit Batu Renggongs ebenfalls eine Renaissance. Die Balinesen gestalteten die Einflüsse von Majapahit entsprechend ihren eigenen Bedürfnissen um und formten nach und nach den Kern der zeitgenössischen Kultur ihrer Insel. Das dem balinesischen Charakter eigentümliche Element des Geheimnisses der stetigen Erneuerung der Jugend fand darin Aufnahme. Zwar verbinden Bali und Java Gemeinsamkeiten der Sprache, der Musik, Bildhauerei, Literatur und des Tanzes. Die Kluft zwischen Hindu-Bali und Moslem-Java ist jedoch genausotief wie z.B. die zwischen Jugend und Alter. Während die ältere Majapahitkultur Balis ihre Frische und Vitalität bewahren konnte, dominierten in der jüngeren Matarамgesellschaft Javas eher dü-

Gemäß dem *suttee*-Ritus tötet sich eine Witwe bei der Verbrennung ihres Ehemannes. Rechts: Der Dewa Agung mit Gefolge (Zeichnungen aus dem 17. Jahrhundert).

stere, ernste Züge. Es ist das wunderbare Geheimnis Balis, von dem Java der Majapahit Wesenheiten übernommen zu haben.

Die Holländer auf Bali

Im 16. Jahrhundert kam Bali zum erstenmal mit den *orang putih*, den Weißen aus Europa, in Berührung. Portugiesische Forscher, Abenteurer, Kaufleute, Missionare und Eroberer, die 1509 nach Malakka und 1511 zu den Molukken vordrangen, ließen in ihrer Gier nach Reichtümern, Menschen- und Landbesitz Balis noch links liegen; ebenso die Spanier. Die Expedition Magellans von 1519 bis 1522 erblickte wahrscheinlich Bali von weitem (sie dachten, es sei „Java Minor"); an Land ging jedoch niemand. Fernando Mendez Pinto, jener große Seemann und Erzähler, der „Münchhausen" Portugals, könnte um 1545 kurz auf Bali gewesen sein; genaueres wissen wir darüber nicht. Auch andere Portugiesen und Spanier kamen in Sichtweite der Insel, die sie zwar nicht betraten, jedoch in ihren Aufzeichnungen als *Boly, Bale* oder *Bally* erwähnten. Sir Francis Drake ging 1580 für kurze Zeit an Land, auch Thomas Cavendish könnte 1585 die Insel betreten haben. Von beiden sind aber keine schriftlichen Aufzeichnungen überliefert.

Die ersten *orang putih,* die ihr materielles Interesse an Bali bekundeten, waren die Portugiesen. 1588 entsandten sie eines ihrer Schiffe von Malakka, das Soldaten und Kaufleute sowie Baumaterial und Handelswaren an Bord hatte. Man wollte auf der Insel ein Fort errichten und eine Handelsstation eröffnen. Das Schiff lief jedoch vor Bukit auf ein Riff; bis auf fünf Mann ertrank seine Besatzung. Die fünf Überlebenden konnten sich ans Ufer retten und mußten den Dewa Agung persönlich zu Diensten sein. Der behandelte sie zwar freundlich, gab ihnen Unterkunft und Frauen, ließ sie aber nicht nach Malakka zurückkehren.

Zwölf Jahre darauf kam mit Cornelis de Houtman der erste Holländer nach Bali. Ihm sind die ersten zuverlässigen Informationen über Bali zu verdanken. Houtman, ein verschlagener Prahlhans, setzte sich an die Spitze der Expedition, nachdem mehrere Vorgänger auf rätselhafte Weise gestorben waren. Auf Bali führten er und seine Leute sich

dann manierlich auf. Der alte Haudegen war von der Schönheit und den Schätzen der Insel so angetan, daß er ins Schwärmen geriet und sich dazu verstieg, Bali *Jonck Holland* („Jung-Holland") zu taufen. Dieser Name veranlaßte viele seiner Landsleute später zu der irrigen Annahme, die Inselbewohner warteten förmlich darauf, daß ihnen die Segnungen der holländischen Zivilisation und Handelswaren zuteil würden.

Am Hofe des Dewa Agung

Die vier Teilnehmer der Expedition, die an Land gingen, wurden von den Balinesen und vom Dewa Agung, Radscha Bekung, Sohn des Batu Renggong, ehrenvoll als Gäste behandelt. Arnouldt Lintgens, der Anführer der Gruppe, beschrieb den Dewa Agung als einen großen, kräftigen, etwa 40jährigen Mann, der seine Reichtümer und seine Macht offen zur Schau stellte. Laut Lintgens verbrachte der Agung die meiste Zeit in einem riesigen Palast innerhalb der Stadtmauern von Gelgel. Er umgab sich mit einem Harem von 200 Frauen und mit einer Truppe von 50 Zwergen, die so häßlich sein mußten, daß sie den grotesken Figuren auf den Krisgriffen glichen, sowie mit zahlreichen Adeligen, die in seinem Namen etwa 300 000 Menschen regierten. Der offizielle *Kris* des Staates soll besonders prachtvoll gewesen sein. Der Dolch wog zwei Pfund; sein fein ziselierter Goldgriff war mit Juwelen besetzt.

Aus Lintgens' Bericht geht hervor, daß den Dewa Agung bei Ausflügen Scharen von Lanzen- und Fahnenträgern begleiteten. Er saß entweder in einer Sänfte oder auf einem Wagen, der von zwei weißen Ochsen gezogen wurde und den der Herrscher selbst lenkte. Der Dewa Agung soll vom Volk und von seinen Höflingen wegen seines milden Regiments geliebt und geachtet worden sein. Eine Gruppe von Verschwörern gegen sein Leben, die zum Tod verurteilt waren, soll er begnadigt und auf eine kleine Insel verbannt haben.

Fasziniert zeigte sich Lintgens auch von der Insel selbst, wie wir dem folgenden Bericht entnehmen:

„Die Insel Baly im Osten Javas ist sehr fruchtbar. Es gibt dort Reis, Hühner und Schweine, die sehr gut schmecken, sowie jede Menge Vieh; das sind allerdings äußerst dürre, magere Tiere. Auch Pferde sieht man viele. Die Bewohner sind Heiden; manche beten zu Kine, manche beten die Sonne an. Stirbt ein Mann, so verbrennt sich seine Frau gemeinsam mit ihm. Es gab Leute an Bord, die gesehen haben wollen, daß bis zu fünfzig Frauen beim Tode eines Mannes auf diese Weise ihrem Leben ein Ende setzten. Die es nicht tun, gelten als unehrenhaft. Selbstverbrennungen sind daher bei ihnen etwas ganz Alltägliches.“

Der Dewa Agung und sein Volk interessierten sich umgekehrt sehr für die Holländer und ihre Heimat. Der Herrscher ließ sich von Lintgens' Gruppe bis ins einzelne über Holland informieren und nahm eine Reihe von Geschenken, ein Gewehr sowie eine heißbegehrte Karte der damaligen Welt in Empfang. Trotz der Bitten des Dewa Agung verkauften die Holländer die Schiffskanone nicht. Später machte der Dewa Agung den Vorschlag, dem holländischen König einen Brief zu schreiben und ihm einen *Kris* sowie einen Zwerg als Geschenk zu überbringen. Ob es dazu kam, kann aufgrund der erhalte-

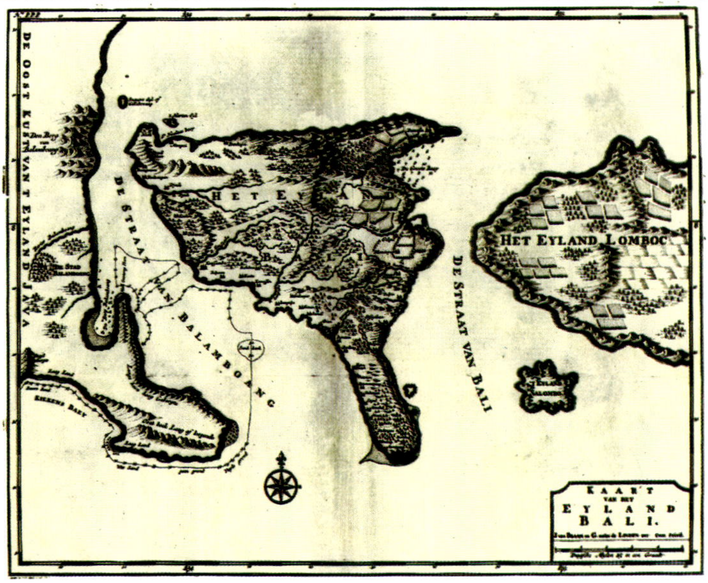

Oben: Die älteste überkommene Bali-Karte, von Karthographen auf der Houtman-Expedition angefertigt. Rechts: *The Crowned Lion*, ein berühmtes Schiff der holländischen Ostindischen Kompanie.

nen Dokumente nicht mehr festgestellt werden.

Houtman ging nur einmal, kurz bevor er für die Heimreise Segel setzen ließ, für einige Tage an Land. Die Abreise wurde zum historischen Ereignis. Lintgens war heil zurückgekehrt; zwei andere Besatzungsmitglieder hingegen fehlten. Sie waren von Bord gegangen, um dem Dewa Agung ihre Dienste anzubieten. Wahrscheinlich scheuten sie die Strapazen der Rückreise ins kalte, sonnenarme Holland; sie zogen das Leben auf dem tropischen Bali vor. Die beiden Männer ließen sich in Gelgel nieder, heirateten Balinesinnen, lernten ihre Sprache und dienten dem Dewa Agung. Einer der beiden kehrte nach Holland zurück; der andere blieb auf Bali.

Kontakte 200 Jahre lang praktisch kaum auswirkten, beriefen sich die Holländer auf die Abmachungen van Heemskercks, wenn sie angebliche Sonderrechte auf der Insel für sich in Anspruch nahmen.

Die sehr dürftigen Aufzeichnungen über die Kontakte Hollands mit Bali im 17. und 18. Jahrhundert berichten vor allem von Opiumschmugglern, Meutereien, Piratenakten und der Niedertracht hinter solchen Aktivitäten sowie von den erfolglosen Bemühungen der holländischen Ostindischen Kompanie (V.O.C.), die illegalen Praktiken unter Kontrolle zu bekommen.

Das ,,goldene Zeitalter" Gelgels neigte sich im letzten Teil der Regierungszeit Radscha Bekungs seinem Ende zu und war unter

Der Fall des Dewa Agung

Die nächste Expedition unter Jacob van Heemskerck kam 1601 nach Bali und sollte im Auftrag des Königs die Aufnahme von Handelsbeziehungen vereinbaren. Der Dewa Agung gab seine Zustimmung und schenkte als Zeichen seines Wohlwollens van Heemskerck einen schönen balinesischen Sklaven. Der Holländer wollte das Geschenk um keinen Preis annehmen, bis man ihm erklärte, daß dies äußerst unhöflich wäre. Keine Probleme gab es beim Vereinbaren der Handelsbeziehungen.

Der Dewa Agung sprach sich darüber hinaus spontan für die Einheit der beiden Länder und eine Allianz aus. Obwohl sich die

seinem Enkel Di Made endgültig vorbei. Die fehlgeleiteten Abenteuer dieses Herrschers in Blambangan provozierten 1639 eine großangelegte Invasion Balis durch Mataram. In der Folge sank Bekungs Ansehen bei den anderen Fürsten Balis auf den Nullpunkt. Di Made verlor schließlich nicht allein Blambangan, sondern auch Sumbawa und Lombok. Die anderen Fürsten sagten sich von ihm los. Sein Nachfolger Gusti Sideman verließ den *kraton* von Gelgel, auf dem seiner Meinung nach ein Fluch lastete. Im nahegelegenen Klungkung ließ er einen neuen Palast errichten und gedachte, wie seine Vorfahren mit großem Pomp Hof zu halten. Dazu war es aber zu spät: Mit der Gründung von Klungkung setzte das ,,silberne Zeitalter" Balis ein

— an Ruhm kam Klungkung Gelgel nie gleich.

Der Dewa Agung und sein Hof in Klungkung symbolisierten nach wie vor die imperiale Großartigkeit des Hinduismus, ohne jedoch je über reale Macht zu verfügen. In seiner Rolle als Herrscher wurde er bald von einigen der vorgeblichen Vasallen übertroffen. Die anderen Fürsten wurden zu Rivalen, ja zu Feinden des Dewa Agung; ihre eigenen *punggawa* (Häuptlinge) strebten ihrerseits die Autonomie an; die *pendada* (Priester) beanspruchten zuweilen die weltliche Oberhoheit über Dörfer und Gruppen von Ortschaften, die theoretisch dem Machtbereich der Fürsten angehörten. Die herrschenden Familien — Fürsten wie Geistliche — praktizierten untereinander die Polygamie, was zu Blutfehden führte. Wahrsager, Propheten und bloßer Aberglaube prägten das private und öffentliche Leben ebenso wie Eifersucht, Intrigen und militärische Konflikte.

Im Laufe des 18. Jahrhunderts kam es immer wieder zu Feindseligkeiten zwischen dem Dewa Agung und dem Susuhunan; Bali und Mataram ersuchten die Holländer um Beistand, was abgelehnt wurde.

1717/18 überfielen balinesische Truppen Ostjava und Madura und richteten große Zerstörungen an. Darauf starteten die Holländer Säuberungsaktionen, die dazu beitrugen, die Eindringlinge in ihre Ausgangspositionen zurückzudrängen.

Im Gegensatz zu den Holländern intervenierten die Briten im balinesisch-javanischen Krieg. In Holland ging man davon aus, daß England die Radschas mit Waffen versorgte und auch mit Opium und Sklaven handelte. Der nordbalinesische Hafen Buleleng soll ein Zentrum der gegen Holland gerichteten Aktivitäten Balis und Englands gewesen sein.

Immer wieder drangen die Engländer in balinesische Gewässer vor und brachten die Holländer politisch und finanziell in Nöte. Diese waren überzeugt, daß England eine neue Kolonie wollte und seine Absichten sofort verwirklichen würde, wenn es im Konkurrenzkampf mit der V.O.C. ein Handelsmonopol erwerben konnte. Die Niederlande wurden den Verdacht nicht los, daß England es auf eine der vielen Inseln abgesehen hatte, die Holland als sein angestammtes Erbe betrachtete. War es das reiche, strategisch günstige gelegene Bali, das sie noch nie richtig ausgekundschaftet hatten? Die holländisch-englische Rivalität um Bali spielte im weltweiten Konflikt der beiden Mächte keine entscheidende Rolle und bedeutete nicht mehr als ein Vorspiel zum konzentrierten Angriff des Westens auf die Insel, der erst Anfang des 19. Jahrhunderts stattfinden sollte. 200 Jahre lang blieb Bali also in den segensreichen Zustand eines von den Europäern „vergessenen" Territoriums.

Oben: Mitglieder des Hofes von Buleleng, der während Balis „goldenem Zeitalter" die Macht ausübte (um 1880). Rechts: Eine der Frauen und ein Neffe des Radscha von Buleleng.

Die Gründung Gianyars

In der Zeit des Zerfalls der Macht des Dewa Agung entstanden mehr als ein Dutzend unabhängiger kleiner Fürstentümer: die heutigen Verwaltungsbezirke Gianyar, Badung, Bangli, Tabanan und Klungkung im Süden sowie Buleleng, Karangasem und Negara (das jetzige Jembrana) im Norden, Nordosten und Nordwesten der Insel.

Die Geschichte dieser acht balinesischen Regionen ist eng mit der holländischen Kolonialpolitik verknüpft. Deren geschichtliche Rolle können wir aufgrund des fragmentarischen und sich widersprechenden Quellenmaterials noch nicht genau rekonstruieren. Es muß fürs erste genügen, die Protagonisten und ihr Verhältnis zu den einzelnen Fürsten und ihren Reichen chronologisch aufzuzählen.

Die neue Residenz in Klungkung konnte aufgrund der Machtlosigkeit des Dewa Agung und der Winzigkeit seines Reiches keine Blütezeit erleben. Das kleine Gianyar machte Klungkung seinen Ruf als Zentrum der balinesischen Kultur streitig und stellte gar ein eigenes Heer auf. Die Geschichte vom Niedergang Klungkungs vermengt sich mit der vom Aufstieg, Zerfall und vom Wiedererstarken des Hauses Gianyar, wobei fügsame und unterwürfige Nachbarn wie die Bangli und Mengwi, die fernen Badung und Tabanan sowie die abgelegenen Negara für Episoden sorgen.

Eine Liste der Orte, aus denen sich die einzelnen Reiche zusammensetzten, gehört zu dieser Geschichte. Die *punggawa,* die in den Dörfern die Macht hatten, spielten sich vielfach wie Fürsten auf, ließen burgähnliche *puris* für sich errichten, verbündeten und verschworen sich untereinander.

Die Herrscherfolge der Gianyar leitete Dewa Manggis Kuning (oder auch Manggis I.) ein. Dewa (für „göttliche Macht") und Manggis (Name des Ortes, in dem er geboren wurde und die Bezeichnung für die Mangostanenfrucht) wurde zum offiziellen Titel, der aus Anlaß der feierlichen Abisekazeremonie verliehen wurde. *Kuning,* das indonesische Wort für gelb, spielte auf den goldfarbenen Glanz der Haut des Kindes an. Sein Vater war Baginda Radscha Sri Dalem-Saganing, der vierte Dewa Agung und jetzige Regent von Gelgel.

Der hübsche, abenteuerlustige Jüngling fand beim Dewa Agung so großen Gefallen, daß er nach Badung entsandt wurde, um dem Radscha zu helfen, das unruhige Reich in den Griff zu bekommen. In Puri Badung hatte Dewa Manggis Kuning eine Affäre mit der schönsten Frau des Herrschers. Als diese aufgedeckt wurde und ihm Arrest und Folter drohten, mußte er sich einen ziemlich plötzlichen, unwürdigen Abgang verschaffen. Er ließ sich wie einen Packen Holzkohle in eine gewobene Matte wickeln. Eine alte Bedienstete trug ihn auf dem Kopf an den Wachen vorbei, die sie achtlos passieren ließen. Der flüchtige Prinz schlug sich nach Norden durch und baute sich in einem Wald (beim heutigen Gianyar) aus *bengkel*-Bäumen eine Hütte.

Nachdem 1667 sein Vater gestorben war, profilierte sich Dewa Manggis Kuning als bedeutende Persönlichkeit. Sein Speer namens Ki Baru-Alis und der Kris Ki Baru-Kama gehörten von nun an zu den königlichen Insignien; es wurden verehrte *pusaka* (Erbstücke) mit magischen Eigenschaften.

Einmal soll Dewa Manggis mit dem Speer den Angriff einer Buleleng-Armee abgewehrt haben, deren Fürsten er dadurch von seinem Elefanten stürzte, indem er das Tier zu Fall brachte und es mit Stichen seines Ki Baru-Alis tötete.

Dewa Manggis IV. ließ 1771 Puri Gianyar erbauen und wurde damit der erste Herrscher in Gianyar selbst. Unter Dewa Manggis Disasteria (VII.) wurde es der reichste und mächtigste Staat im Süden.

Erst gegen Ende des 19. Jahrhunderts machte Gianyar balinesische Geschichte. Die militärische und politische Machtposition des Dewa Agung fiel zunächst an Buleleng, den großen Staat im Norden, um den sich die ausländischen Kaufleute stritten. Dann kam Karangasem an die Reihe, der starke Staat im Osten, der Bali und Lombok beherrschen sollte; schließlich übernahmen die Holländer die Macht. Buleleng und Karangasem, die einmal verfeindet, einmal befreundet waren und lange Zeit von derselben Herrscherfamilie regiert wurden, sollten die beiden zentralen Positionen in der Frühzeit des modernen Bali einnehmen.

Buleleng und Karangasem

Gusti Pandji Sakti, der gegen Ende des 17. Jahrhunderts auf den Thron kam, dehnte die Hegemonie Bulelengs über die Insel aus. Durch geschickte militärische und politische Schachzüge unterwarf er sich den größten Teil Karangasems und Jembranas, forderte von den Südstaaten Gehorsam und setzte einen Verbündeten auf den Thron von Blambangan.

Gusti Agung Sakti, der Herrscher über Mengwi, bemächtigte sich 1711 des Throns seines Schwiegervaters Gusti Pandji Sakti und festigte Bulelengs Machtposition. Das vereinigte Reich Buleleng-Mengwi erlebte seine Blüte im 18. Jahrhundert, verlor dann aber die Macht an Karangasem.

Der Aufstieg Karangasems begann mit der Durchsetzung von Balis Interessen in Lombok, während Buleleng sich gerade auf Java engagierte. Mitte des 17. Jahrhunderts konnte Karangasem die Kontrolle über Lombok übernehmen, das es in vier schwache Kleinstaaten aufteilte, an deren Spitze balinesische Fürsten von Karangasems Gnaden standen.

Der Radscha von Karangasem war ein asketischer Weiser mit abstoßendem Äußeren. Oft war er so in die Meditation versunken, daß er seine Exkremente einfach ausschied und die Umstehenden schockierte. Bei einem Besuch in Klungkung erregte dieser Radscha den Zorn des Dewa Agung, der ihn daraufhin überfallen und ermorden ließ. Die drei Söhne des Radscha formierten eine Armee zum Rachefeldzug gegen Klungkung. Wohl aus Achtung vor der Tradition verschonten sie das Leben des Dewa Agung und ließen sein Reich nahezu unangetastet. Sie verfaßten immerhin eine Unabhängigkeitserklärung und kehrten nach Hause zurück, ohne sich fortan der Macht des Dewa Agung zu beugen.

Der älteste Sohn folgte seinem Vater als Radscha auf den Thron von Karangasem und eroberte bald darauf Buleleng. Dieser, Gusti Gde Karangasem, war dann die Hauptfigur einer neuen Koalition um 1900 und eine der bedeutendsten Gestalten in der Geschichte Balis. Seine Brüder machte er zu Radschas von Buleleng und Lombok und eroberte trotz heftiger Proteste Badungs Negara. Auch andere Staaten setzte er unter Druck; der Unmut wuchs — bald regte sich fortan Widerstand.

Die Verteilung der Macht auf Bali schien immer diffuser; verwirrender wurde es noch, als der Staat Gianyar sich zum Rivalen Klungkungs entwickelte und Mengwi und Bangli militärisch bedrohte. Buleleng selbst erhob sich 1823 erfolgreich gegen Karangasem.

Radscha Gusti Gde Nogurah Lanang floh nach Lombok, errichtete ein neues *puri* und versuchte, seinen Einfluß auf die sich gegenseitig befehdenden kleinen Lombokreiche auszudehnen; seine Niederlage auf Bali nahmen diese zum willkommenen Anlaß, gegen Karangasem Front zu machen. Zugleich bemühte er sich, seine einstigen balinesischen Vasallen wieder auf seine Seite zu bringen. Gusti Gde Ngurah Lanang wirbelte also die Machtverhältnisse auf und zwischen den Inseln nachhaltig durcheinander; die Holländer hatten leichtes Spiel, Bali als Kolonie zu vereinnahmen.

Die Aufnahme des Radscha von Karangasem und seines Enkels stammt von etwa 1901.

DIE FELDZÜGE DER HOLLÄNDER

Der Einfluß der europäischen Kolonialmächte, die dabei waren, zu Beginn des 19. Jahrhunderts den indonesischen Archipel in ihrem Sinne umzugestalten, war auf Bali lange Zeit kaum zu spüren. Die im 16. Jahrhundert vom Hinduismus geprägte Insel widersetzte sich der Überfremdung seiner Religion, Wirtschaft und Politik durch Moslem oder Christen.

Auch die niederländischen Kaufleute, Handelsagenten und Kolonialbeamten konnten zunächst dort nicht Fuß fassen. Nachdem sowohl die holländische Regierung als auch einzelne Gesellschaften lange Zeit über das mögliche Vorgehen auf Bali beraten hatten, entschloß sich die Bürokratie in Den Haag, Amsterdam und Batavia zu handeln. Kaufleute sollten die Insel infiltrieren, um die Machtübernahme somit vorzubereiten. Die Nachfolgeorganisation der bankrotten Ostindischen Kompanie war in diese Intrigen eingeschaltet.

Ausgerechnet ein altes balinesisches Prinzip für die Bergung von Schiffen bereitete der militärischen Intervention Hollands den Weg. Nach dem des *tawan karang* („Riff-Recht"), mit dem die Meeresgöttin Batara Baruna geehrt wurde, betrachteten die Radschas jedes Schiff, das auf eines der gefährlichen Riffe rings um die Insel auflief und havarierte, als Geschenk der Götter. Sie beanspruchten dann das Schiff, seine Ladung, die Besatzung sowie die Passagiere als persönliches Eigentum für sich. Wer an der Bergungs- bzw. Rettungsaktion beteiligt war, bekam einen Anteil. War es aus holländischer Sicht schon schlimm genug, wenn die Balinesen ihre sogenannten „Riff-Rechte" gegenüber chinesischen, arabischen, einem buginesischen oder javanischen Segler, die vielfach unter niederländischer Flagge fuhren, wahrnahmen, so wurde dieses Vorgehen vollends untragbar, wenn es ein holländisches Schiff traf.

Kontroverse um ein Wrack

Eine Reihe von Ereignissen führte Ende der 30er Jahre des 19. Jahrhunderts dazu, daß die Holländer darauf drangen, in Gesprächen mit den balinesischen Radschas die heiklen Probleme von Handel und Politik, Sklaverei und Plünderung zu klären. Vordergründig ging es um Freundschafts- und Handelsverträge, im Kern jedoch um die Anerkennung der Herrschaft und des Handelsmonopols der Holländer.

Der berühmte holländische Kolonialoffizier H.J. van Huskus Koopman (der „contractsluiter") wurde ausgesandt, um die Radschas zu bewegen, den Holländern de facto die Souveränität über die Insel abzutreten. Nachdem Worte nichts bewirkten, griffen die Holländer zur Gewalt. Als Vorwand für die Invasion diente ihnen der Vorfall mit der Fregatte *Overijssel:* Das traurige Ende des Schiffes kam am 19. Juli 1841, als es auf seiner Jungfernfahrt von Plymouth nach Surabaya mit einer wertvollen Ladung Maschinen auf das Kuta-Riff auflief und daraufhin sofort von den Balinesen geplündert wurde. Die empörte Reaktion Hollands sollte auch die Schmach zudecken, die man darüber empfand, daß die Fregatte wegen eines simplen Navigationsfehlers havarierte: der Kapitän hatte schlicht Bali mit Java verwechselt. Daß die *Overijssel* trotz aller Vorsichtsmaßnahmen der Gesellschaft geplündert wurde, erregte die Gemüter in Holland besonders stark.

Die Regierung sah sich gezwungen, eine Delegation nach Bali zu entsenden, die gegen die ständigen Übergriffe protestieren und auf die Einhaltung früherer Versprechen der Balinesen pochen sollte, aufgrund derer sie die Schiffe, die vor ihren Küsten gestrandet waren, unangetastet lassen wollten. Ein neuer Beauftragter Hollands für Bali legte ein Bündel von Abmachungen vor, die die Radschas unterzeichnen sollten. In Buleleng traf er mit dem Radscha und dem Staatsrat zusammen. Gusti Ktut Jelantik, der dynamische junge Fürst, ein Bruder der Radschas von Buleleng und Karangasem, hatte hier seinen großen Auftritt, der ihn im Bali des 19. Jahrhunderts zum Helden machte:

„Solange ich lebe, wird dieser Staat die Souveränität Hollands, wie Sie sie interpretieren, niemals anerkennen. Nach meinem Tod mag der Radscha nach seinem Gutdünken entscheiden. Nie sollte mit Hilfe eines Fetzens Papier ein Mann sich zum Herr über ein fremdes Land machen können. Besser wäre es, der Kris entscheide."

Vorherige Seiten: Die Balinesen zogen den Selbstmord nach dem *puputan*-Ritus der Kapitulation vor, wie das Bild Budis belegt. Links: Balinesische Krieger um 1880.

Kriegsvorbereitungen

Die Holländer stellten ein Expeditionsheer zusammen, das von Besuki aus mit dem Ostmonsun des Jahres 1846 im Rücken nach Bali übersetzen sollte. Jelantik ließ Befestigungsanlagen errichten und stellte Truppenverbände unter Waffen; dabei konnte er sich auf gewisse einschlägig bekannte Waffenhändler in der britischen Kolonie Singapur stützen, die mit Bali gute Geschäfte machten.

Die militärischen Vorbereitungen Balis konzentrierten sich auf Buleleng im Norden, dessen Radscha Gusti Madya Karangasem der ältere Bruder des Radscha von Karangasem war. Die lange verfeindeten Reiche Buleleng und Karangasem, die beiden mächtigsten der Insel, waren nun fest vereint im Kampf gegen die politischen und militärischen Ziele Hollands.

Der Dewa Agung von Klungkung gab ihnen seinen Segen; über militärische Machtmittel verfügte er nicht. Der Radscha von Badung im Süden, dem es vor allem um Handelsprofite ging und der kein Freund der ungestümen Nordbalinesen war, wollte sich aus den Kämpfen heraushalten, und versuchte, seinen Nachbarn, den Radscha von Tabanan, in dieser Richtung zu beeinflussen. Die anderen Staaten waren lose mit Klungkung verbündet, nahmen aber auch auf Badung Rücksicht.

Daß die Holländer Bali militärisch besiegen konnten, stand nie außer Zweifel. Immerhin bedurfte es dreier Feldzüge, um die Verteidigung und die Moral der Balinesen zu brechen, und nicht immer ernteten sie dabei Ruhm und Erfolg.

Die Strafexpeditionen von 1846 bis 1849

Das erste Expeditionskoprs der Holländer gegen Bali (1846), bestehend aus 58 Schiffen mit fast 3000 gutbewaffneten Männern, hätte leichtes Spiel mit den Eingeborenen haben müssen. Am 22. Juni ging die Flotte vor Buleleng vor Anker. Den Radschas wurden Ultimaten übermittelt, die sie ignorierten; sechs Tage darauf griffen die Holländer an. Jelantik baute eine starke Verteidigungslinie auf, konnte den raschen Sieg der Holländer jedoch nicht verhindern. Hatten die Angreifer nur 18 Tote zu beklagen, so erlitten die Balinesen hohe Verluste an Menschen und Material. Der Sieg der Holländer war jedoch so lange bedeutungslos, bis sie den Radschas, die sich in den Bergen verschanzt hatten, nicht ihren Willen aufgezwungen hatten.

Ein holländischer Händler, der in Kuta ein blühendes Unternehmen aufgebaut hatte, bot sich als Vermittler an. Der Waffenstillstand brach zusammen, weil sich die balinesischen Radschas weigerten, den Holländern Reparationen zu bezahlen und den Bau eines Forts zu genehmigen.

Das zweite Expeditionskorps gegen Bali (1848) war zahlenmäßig noch stärker. Aber auch die Balinesen unter Jelantik waren besser gerüstet: 25 Kanonen und 16 000 Soldaten, darunter 1500 mit Gewehren, standen bereit.

Bei drei Angriffen erlitten die Holländer schwere Verluste. Sie bliesen zum Rückzug und schickten sich an, mit einer noch stärkeren Streitmacht zurückzukehren.

Im März 1843 erreichten die holländischen Truppen zum drittenmal Buleleng. Die Flotte bestand diesmal aus über 100 Schiffen: schwerbewaffneten Fregatten, Dampfschiffen, Schonern und zahlreichen kleinen Seglern, die zusammen 3000 Seeleute und 5000 Infanteristen an Bord hatten. Sie marschierten in Buleleng und Singaraja ein, wo die Holländer im Palast des Radscha ihr Hauptquartier einrichteten.

Am 4. April kam es zum letzten großen Aufmarsch der beiden Lager. Den uniformierten holländischen Truppen standen die Balinesen in ihren prächtigsten Gewändern gegenüber. Sie schienen nicht zur Schlacht, sondern zum *baris*-Kriegstanz angetreten zu sein. Ihre Mienen waren voller Stolz; mit theatralischen Gebärden schwangen sie ihre Waffen. Der Radscha und Jelantik sahen in ihren glänzenden roten Sarongs besonders beeindruckend aus. Sie hatten sie säuberlich gerafft, so daß man ihre engen kurzen Hosen sowie ihre schöne bronzefarbene Haut sehen konnte. Sie trugen einen goldenen Gürtel und auf dem Rücken einen riesigen juwelenbesetzten Kris, dessen verzierter Griff über die Schultern herausragte, was ein blitzschnelles Ziehen der Waffe ermöglichte.

Dieser prachtvolle balinesisch-holländische Aufzug endete mit einem erbärmlichen politischen Fehlschlag. Es kam weder zum Kampf noch zu einem Abkommen.

Sieben Wochen darauf griffen die Holländer die Befestigungen der Balinesen in Jagaraga an. 33 Holländer fielen, 148 wurden verletzt. Tausende von Balinesen — unter ihnen Jelantiks Frau und eine Gruppe von Frauen, die in einem Akt der Selbstaufopferung gemäß dem *puputan*-Ritus in das Gewehrfeuer der Holländer liefen — wurden getötet.

Ein ganzes Jahr lang kam es noch zu offenen Feldschlachten. Die Holländer konnten Verbündete und neue Truppen aus Lombok rekrutieren. Der Radscha von Karangasem beging deswegen mit seiner Familie Selbstmord. Bis vor die Tore des Dewa Agung in Klungkung kamen die Holländer, wurden dann aber gestoppt.

Wie rasch das Schicksal sich wenden kann, machte schlaglichtartig der Besuch des Truppenkommandeurs in Lombok bei einem holländischen Oberst deutlich, dem er drei überaus wichtige Trophäen präsentieren konnte: den Kris des Radscha von Karangasem, der dessen Tod und damit den Fall seines Reiches anzeigte, den Kris des Radscha von Buleleng und schließlich den des Gusti Ktut Jelantik. Der Radscha von Buleleng und Jelantik waren in einen Hinterhalt geraten. Während der Radscha auf der Stelle getötet wurde, nahm Jelantik in aussichtsloser Lage Gift.

Nachdem die beiden Radschas tot waren und den Dewa Agung mit seinen überlebenden Beschützern Trauer und Entsetzen übermannte, brach der Widerstand der Balinesen zusammen. Die Holländer hatten aufgrund von Tropenkrankheiten große Verluste erlitten — aber der Sieg gehörte ihnen.

Mads Lange hatte seinen zweiten Auftritt. Sein Entwurf eines Abkommens zwischen den Holländern und dem Dewa Agung sah die Einsetzung neuer Herrscher vor, machte die Balinesen zu Vasallen der Holländer und stellte damit die Beziehungen auf eine neue Grundlage.

Die Holländer nehmen den Norden ein

Im Gefolge ihrer militärischen Expeditionen verstärkten die Holländer die Kontrolle über den Norden der Insel und mischten sich nun öfter in die inneren Angelegenheiten Balis ein.

Als erstes balinesisches Reich fiel Buleleng den Holländern in die Hände. 1855 hatte auch Jambrana eine holländische Verwaltung. Die Kolonialmacht wandte dabei dieselbe Taktik an, die sich bereits auf Java bewährt hatte: Sie bestimmte ein Mitglied der Königsfamilie zum Regenten und stellte ihm einen holländischen „Berater" zur Seite, der den Regenten kontrollierte und von dem die eigentliche Regierungsgewalt ausging.

Um 1855 hatten also die Holländer die langersehnte Oberherrschaft über den Norden und Westen Balis erlangt. 50 Jahre darauf beherrschten sie die ganze Insel.

Die Kolonialverwaltung konzentrierte sich in der Hafenstadt Buleleng und im benachbarten Singaraja, der königlichen Hauptstadt. Der erste holländische Gouverneur hieß Herr P.L. van Bloemen Waanders, der — wie eine Reihe seiner Nachfolger — ein Kenner von Bali und dessen Bräuchen wurde. Nachdem einige Anfangsschwierigkeiten überwunden waren und Holländer und Balinesen sich näher kennengelernt hatten, erlebte die Insel Ende des 19. Jahrhunderts friedliche Jahre. Die Staaten im Norden machten auch wirtschaftliche Fortschritte. In den

Oben: Die Holländer wechseln in Beiboote über, bevor sie 1906 in Sanur Beach an Land gehen.

Südstaaten dagegen kam es immer wieder zu Kämpfen zwischen einzelnen Fraktionen, was die Holländer zu weiteren militärischen Feldzügen veranlaßte.

Unter van Bloemen Waanders und seinen Nachfolgern ergingen Bestimmungen gegen die Sklaverei und wurde die wirtschaftliche Entwicklung gefördert. Ein Ausbau des Bewässerungssystems sollte bessere Reisernten bringen, Kaffee für den Export wurde angebaut; der Norden Balis war bald eine einträgliche Kolonie. Die Kontakte Bulelengs zur Außenwelt riefen auch die Missionare auf den Plan, die jedoch nur geringe Erfolge hatten. Erfolge und Mißerfolge der Kolonialmacht erzeugten eine paternalistische Haltung; die Verwaltung gab sich aufgeklärt.

Die dunkelsten Tage der kolonialen Durchdringung Balis durch Holland sollten noch kommen…

Überfall in Lombok

Das Gianyarreich erlebte seine Blütezeit Mitte des 19. Jahrhunderts. Unter Dewa Manggis Disasteria (VII.) wurde es zum reichsten und mächtigsten Staat des Südens. Sein Fürst erwarb sich auf der ganzen Insel den Ruf eines geschickten Herrschers. Allerdings zog er sich die Feindschaft anderer Radschas zu, weil er Dörfer ihres Machtbereichs seinem Territorium einverleiben wollte.

Der Dewa Agung stellte eine militärische Allianz gegen Gianyar auf die Beine, der sich auch der Radscha von Bangli anschloß, dessen Schwester eine der Favoritinnen im Harem von Klungkung war. Disasteria suchte jedoch den Beistand Karangasems und Lomboks und besiegte 1868 die Armee Klungkungs.

Nach seinem Sieg erlebte Gianyar ein Jahrzehnt des Friedens und des Wohlstands. Der Holländer Dr. Julius Jacobs berichtete 1883, für ihn sei Gianyar der mit Abstand angenehmste und wohlhabendste Staat des Südens.

Auch die Insel Lombok spielte eine tragende Rolle in der Tragödientrilogie, die der vollständigen Übernahme Balis durch Holland vorausging. Das Unheil begann damit, daß die Holländer 1894 eine Streitmacht entsandten, um den balinesischen Herrscher Lomboks dafür zu bestrafen, daß er die Sassak-Muslims in seinem Machtbereich angeblich unterdrückt und mißhandelt hatte.

Ohne auf Widerstand zu stoßen, rückten die Holländer unter den Generalmajoren J.A. Vetter und P.P. van Ham ins Inselinnere vor und waren nahe daran, einen unblutigen Sieg zu feiern. Da starteten Tausende von balinesischen Kämpfern in der Ortschaft Jakranegara einen Überraschungsangriff auf

Oben: Holländer und Balis Herrscher zur Zeit der Lombok-Expedition. Erste Reihe v.l.: Radscha Anak Agung Ktut, die Generäle von Ham und Vetter sowie Gusti Jelantik. Rechts: Holländische Kanonen (Sanur Beach).

das Lager der Holländer. Unerbittlich attackierten sie mit gezielten Schüssen und unter markerschütterndem Kriegsgeschrei die schutzlosen holländischen Soldaten, deren Reihen sich lichteten. General van Ham und 98 weitere Holländer starben, 272 wurden verletzt. Die Regierung und die Bevölkerung Hollands sowie Batavias waren schockiert. Der Kampf ging als ,,Hinterhalt von Lombok" in die Geschichte des holländischen Kolonialismus ein.

Das Wrack der ,,Sri Kumala"

Unverzüglich entsandten die Holländer Verstärkung, um sich für ihre Niederlage auf Lombok zu rächen. Sie durchkämmten die neut schonungslos Vergeltung üben würden. Am 27. Mai 1904 war es tatsächlich soweit: Wieder ging es um ein Schiffswrack und das umstrittene ,,Riff-Recht" der Balinesen.

Der chinesische Schoner *Sri Kumala,* aus Banjarmasin/Borneo kommend, lief bei Sanur, unweit der Grenze zwischen Badung und Gianyar, auf ein Riff. Die Küstenbewohner plünderten das Schiff. Dessen chinesischer Besitzer machte widersprüchliche Angaben über das Unglück und verlangte kurioserweise Entschädigung für die Schiffsladung. Im nachhinein wollte er auch noch das Gold und Silber ersetzt bekommen, das sich angeblich an Bord befunden hatte. Die Holländer schraubten diese Forderungen zwar herunter, wandten sich aber damit an den

Insel und brachten Tod und Verderben über die Bevölkerung. In Mataram wählten die Balinesen den *puputan*-Ritus, um sich der Niederlage und der Kapitulation zu entziehen. Männer, Frauen und Kinder verließen wie in Trance ihre Dörfer. Soweit sie nicht durch den Kris starben, liefen sie geradewegs ins Gewehrfeuer der Holländer. Zehn hochrangige Adelige des Reiches kamen ums Leben. Den Holländern gehörte der Sieg — aber sie zahlten dafür einen hohen Preis: Was sich 1894 auf Lombok abspielte, hinterließ tiefe Narben in der balinesischen Seele.

Auch der Dewa Agung und andere Führer Balis waren bestürzt über die Ereignisse auf Lombok. Sie mußten davon ausgehen, daß beim nächsten Zwischenfall die Holländer er-

Radscha von Tabanan, der sich zu zahlen weigerte. Wegen einer *suttee*-Zeremonie, die er trotz holländischer Proteste zugelassen hatte, war die Lage ohnehin bereits gespannt. Im Juni 1906 legten die Holländer einen Blockadering um die Küste von Badung und Tabanan, stellten dem Radscha mehrere Ultimaten und zogen ein Expeditionsheer zusammen.

Im September marschierte die sechste holländische Militärexpedition, bestehend aus Infanterie, Kavallerie, Artillerie, die im Schutz der Marinegeschütze operierten, an Balis Südküste auf. Nachdem der Radscha von Badung ein letzte Ultimatum ignoriert hatte, begannen am 14. September Hollands Truppen in Sanur mit der Invasion.

Die Trommeln des Puputan

Bei ihrem Marsch durch Kesiman nach Denpasar stießen die Holländer kaum auf Widerstand. In Reih und Glied zogen sie zum Königspalast. Die Stadt machte einen verlassenen Eindruck; über dem *puri* stieg Rauch auf. Beunruhigend war vor allem der laute Trommelwirbel, der aus dem Palast nach außen drang.

Beim Näherkommen sahen die Holländer eine seltsame stille Prozession aus dem Haupttor des *puri* herauskommen. Die Spitze des Zuges führte der Radscha an, dessen herrschaftliche Sänfte von vier Männern getragen wurde. Er trug das weiße Gewand für den Verbrennungsritus, hatte jedoch kostbaren Juwelenschmuck angelegt und führte einen wundervollen Kris mit sich. Hinter dem Radscha zogen die Beamten seines Hofes, Wachsoldaten, Priester, Frauen, Kinder und Gefolgsleute, alle ebenfalls festlich gekleidet, einher.

Hundert Schritte vor den verblüfften Holländern hieß der Radscha die Träger anhalten, stieg aus seiner Sänfte und gab ein Zeichen. Darauf stieß ein Priester dem Radscha seinen Kris durch die Brust. Einer nach dem anderen erdolchten nun die Balinesen sich selbst oder einen der Umstehenden. Die Holländer sahen sich der mit Lanzen und Speeren vorwärtsdrängenden Menge gegenüber und eröffneten das Feuer. Manche Frauen warfen höhnisch den Soldaten Juwelen und Goldmünzen zu. Immer mehr Menschen strömten aus dem Palast, die Leichenberge wurden immer höher.

Auf das Massaker folgten Plünderungen. Die Holländer nahmen den Toten die Wertsachen ab und durchstöberten die Palastruinen auf der Suche nach Beute. Das Schauspiel des inszenierten Massakers von Unschuldigen wiederholte sich am Nachmittag desselben Tages in Pemecutan, einem kleinen Staat in Badung. Der gebrechliche alte Radscha und sein entsetzter Hofstaat wählten, als sie von den Vorgängen in Denpasar erfuhren, dasselbe Schicksal: Als die Holländer in Pemecutan einrückten, standen der Radscha und sein Gefolge bereit, die schauerlichen Riten des *puputan* auch hier durchzuführen. Die Holländer beteiligten sich diesmal nicht, plünderten aber wie zuvor in Denpasar.

Nächste Station des Expeditionskorps war Tabanan. Hier hatten bereits zuvor die Frauen des verehrten alten Radscha den Freitod gesucht, indem sie gemäß dem *suttee*-Ritus bei seiner Verbrennung den Scheiterhaufen bestiegen. Der neue Radscha und der Kronprinz flohen vor den Holländern aus dem *puri* und mußten sich schließlich den Angreifern ergeben. Als sie hörten, sie seien nach Madura oder Lombok verbannt, zogen der Radscha und der Prinz es vor, statt dessen im

Oben: Nach dem *puputan* von 1906 in Denpasar: Die geopferten Balinesen vor dem Palast. Rechts: Der Leichnam des Radschas von Badung auf einer Bahre.

Gefängnis in Denpasar freiwillig aus dem Leben zu scheiden: Der Radscha, der keinen Kris bei sich trug, stieß sich ein *sirih*-Messer in den Hals; der Kronprinz nahm Gift.

In der Hoffnung, den Dewa Agung zum bewaffneten Widerstand zu provozieren, veranstalteten die Holländer in Klungkung eine Machtdemonstration. Der Dewa Agung war jedoch zu entmutigt oder zu vorsichtig, um darauf einzugehen.

Darauf präsentierten sie dem Herrscher ein Bündel von Abmachungen, die Ultimaten gleichkamen und die er ohne zu zögern unterzeichnete. Damit stand fest, daß die Holländer als nächstes Klungkung ein neues Verwaltungssystem aufzwingen würden. 1908 kam es zu Unruhen.

In Gelgel starteten die Leute des *punggawa* Angriffe auf Agenten des Opiummonopols. Die Holländer setzten Soldaten nach Gelgel in Marsch, um den *punggawa* zu bestrafen. Dieser schlug zurück, wobei so viele Holländer verletzt wurden, daß sich die Abteilung zur Küste zurückzog.

Der *punggawa* suchte in Klungkung Zuflucht, wo der Dewa Agung in Erwartung von Schiffskanonaden und Landemanövern bereits die Verteidigung organisiert hatte. Das holländische Artilleriefeuer zerstörte Gelgel und Teile von Klungkung. Dann brachten die Angreifer auf dem Platz vor dem *puri* ihre Geschütze in Stellung. Kaum 200 m vom Haupttor donnerten die ersten Warnschüsse.

Der Dewa Agung ordnete an, die Gongs sollten zum *puputan* rufen. Er stellte sich persönlich an die Spitze eines Zuges von etwa 200 Personen, der sich aus dem *puri* heraus auf die holländischen Soldaten zubewegte. Der Herrscher war ganz in Weiß gekleidet und trug in der einen Hand eine zeremonielle Lanze mit Goldspitze, in der anderen seinen von den Ahnen ererbten Kris.

Etwa 100 m vor der nun schweigenden Kanone hielt er inne und stieß mit einer gebieterischen Geste die Klinge des Kris in den Boden. Sein Hohepriester hatte ihm nämlich prophezeit, daß der Zauberkris einen großen Erdspalt aufreißen würde, in dem sämtliche Feinde verschwänden. Kaum hatte sich der Dewa Agung wieder aufgerichtet, traf ihn eine Kugel ins Knie; wenig später wurde er von einer zweiten tödlich getroffen. Männer, Frauen und Kinder vollzogen daraufhin das Ritual der Selbstentleibung oder sie töteten sich gegenseitig. Den Rest besorgten die Kanonen und Gewehre der Holländer.

Das *puputan* von Klungkung überlebten nur wenige Balinesen. Der *puri* wurde geschleift; nur ein Tor, das zu einer Kaserne und einem Gefängnis führte, blieb als Überrest und Mahnmal an diese Demonstgration überlegener militärischer Kraft und Stärke stehen.

Die Zeugnisse des ruhmreichen alten Klungkung waren zerstört; manche Schmach wurde durch die Märtyrer des 18. April 1908 wettgemacht. Die Nachkommen der Majapahit waren rituelle Opfer der unerbittlichen europäischen Kolonialherren geworden.

FIAT

BALI IM 20. JAHRHUNDERT

Die Strafexpeditionen gegen Bali nach 1840 wurden von der westlichen Welt kaum registriert. Die Berichte über die *puputan*-Rituale 1906 in Badung und 1908 in Klungkung schockierten dagegen viele Menschen, religiöse Gruppen sowie die Regierungen in Den Haag, London, Paris und New York. Die holländische Kolonialverwaltung wurde mit Protesten wegen ihrer Strafexpeditionen überhäuft, die in keinem Verhältnis zu den „Verstößen" der Balinesen gestanden hätten.

Da Holland auch wegen seines Vorgehens auf Java, Sumatra und den östlichen Inseln unter Druck stand, sah es sich zu einigen Reformen gezwungen, die es als „moralische Politik" zu verkaufen suchte.

1914 ersetzten die Holländer ihre Armee durch ein Polizeiaufgebot. Für die Kolonialverwaltung galten wieder die Grundsätze, die sie unter den Radschas eingeführt hatte. Der äußere Glanz, mit dem der Radscha sich umgab, täuschte darüber hinweg, daß er als Regent der Kontrolle des holländischen „controleurs" unterworfen war. Dieser sagte ihm, welche wichtigen Entscheidungen er zu fällen habe, und kontrollierte auch noch den *punggawa*. Der Holländer holte den Ingenieur ins Land, der öffentliche Bauten planen, den Arzt, der eine Klinik einrichten, den Lehrer, der eine Schule eröffnen sollte; schließlich kam auch noch der Offizier, der sich als Ausbilder einheimischer Soldaten betätigte. Bali schien nach außen eine wahrhaft mustergültige holländische Kolonie zu sein.

Der für Bali vorteilhafteste Aspekt der holländischen Politik war, daß auf die Besiedlung der Insel durch Europäer verzichtet wurde. Der Gouverneur widersetzte sich von Beginn an dem Drängen holländischer Konzerne, etwa wie auf Java Kautschukplantagen zu gründen bzw. in großem Stil Zucker und Tabak anzubauen. Nur sehr wenige holländische Firmen hielten es daher für zweckdienlich, auf Bali Niederlassungen einzurichten. Die wenigen, die dennoch kamen, unterhielten Büros in Buleleng und Denpasar. Am wichtigsten sollten die Aktivitäten der K.P.M. werden, jener mächtigen Schiffahrtsgesellschaft, die Bali mit Java und den östlichen Inseln verband und die ersten Touristen ins Land brachte. Unter den ausländischen Unternehmen auf Bali waren die Chinesen besonders aktiv: Sie erwarben große Grundstücke in den Städten sowie Kaffeegärten und Kokospalmenhaine. Viele chinesische Firmen waren auf die Namen der balinesischen Frauen der Besitzer eingetragen. Die Holländer schützten die Landwirtschaft der Insel vor Überfremdung durch ausländische Einflüsse und Ausbeutung durch europäische Handelsgesellschaften. Hier wirkte sich ihre Kolonialpolitik positiv aus.

Die Anfänge des Tourismus

Unter den holländischen Kolonialbeamten gab es manche besonnene Leute, die bei der Vorbereitung auf ihre Aufgabe die Kultur der Balinesen schätzen gelernt hatten und zu Kennern des Lebens auf der Insel geworden waren. Sie waren es, die sich für den Schutz der traditionellen Kultur einsetzten. Holländische Wissenschaftler haben sich um alte Sitten und Gebräuche der Balinesen verdient gemacht, die sonst wohl verschüttet worden wären. Zu Beginn des 20. Jahrhunderts entstanden z.B. wieder wertvolle Zeugnisse balinesischer Kunst und Architektur.

Überall konnte sich ein prunkvolles Zeremoniell entfalten, das von den enorm angewachsenen Reichtümern der Radschas finanziert wurde.

Die Kolonialverwaltung suchte nicht allein die Missionare und Händler, sondern auch den internationalen Tourismus von der Insel fernzuhalten. Statt dessen sahen sich Anthropologen, Archäologen, Ethnologen, Künstler, Musiker, Schauspieler, später auch Soziologen, Ökonomen und politische Wissenschaftler aus aller Herren Länder, die von Touristen kaum zu unterscheiden waren, auf Bali um.

In den 20er Jahren kamen die ersten Touristen. 1930 zählte man monatlich annähernd 100 Bali-Besucher, die für wenige Tage Inselromantik genießen wollten. Künstler, Schriftsteller, Schöngeister und Ausgebürgerte stellten sich ein, die für immer zu bleiben beabsichtigten.

Einer der ersten und berühmtesten war der deutsche Musiker und Maler Walter Spies. Nachdem er zuvor einige Jahre als Kapellmeister am Hof des Sultans von Yogyakarta

Die Garuda-Kühlerfigur aus purem Gold — moderne Version einer balinesischen „Ikone" — ziert den königlichen Fiat des Radscha von Gianyar in den 30er Jahren.

gelebt hatte, zog er 1926 nach Bali und baute sich am Rand eines idyllischen Steilhangs außerhalb der Ortschaft Ubud ein Haus. Im Jahr malte er zwei oder drei Bilder, deren strahlende, ansprechende Schönheit eine neue Ästhetik begründen half, die viele balinesische Künstler sich inzwischen zu eigen gemacht haben.

Anfang der 30er Jahre kam die Schriftstellerin Vicki Baum nach Bali und besuchte Walter Spies; ihr Buch *A Tale of Bali,* eine tragisch-romantische Geschichte mit autobiographischen Zügen, ist eine der wenigen klassischen Balistudien.

Miguel Covarrubias, ein mexikanischer Ethnologe, wohnte mit seiner amerikanischen Frau Rose nebenan und verfaßte das großartige Werk *The Island of Bali,* die beste

Abhandlung über balinesische Kultur in englischer Sprache. Auch Margaret Mead betrieb auf Bali wichtige anthropologische Untersuchungen.

Vor allem Maler zog es auf die Insel. Außer Spies kamen der Holländer Rudolf Bonnet und Le Mayeur de Perpres aus Belgien. Diese Künstler akzeptierten, daß Balinesen bei ihnen in die Schule gingen, die ihrerseits neue Malschulen begründeten, die sich auf der ganzen Insel verbreiteten.

Die japanische Besatzung

Die Ausländer, die in den 30er Jahren auf Bali lebten, hatten vor allem eine Sorge: Wird es zum Krieg im Pazifik kommen? Im Dezember 1941 wurde die Furcht zur Realität, als japanische Truppen zu ihrem Zug über die Malaiische Halbinsel ansetzten, um Singapur, die Schlüsselposition der Region, einzunehmen.

Die japanischen Invasoren erkoren sich Bali bald zum Ziel ihres Eroberungszuges und entsandten mehrere Wochen, nachdem sie die Molukken eingenommen hatten, und Wochen vor der Einnahme von Java ein kleines Expeditionskorps nach Bali. Am Morgen des 19. Februar 1942 landeten etwa 500 Japaner an der Sanur Beach, dem traditionellen Landeplatz ausländischer Truppen. Unbehelligt marschierten sie in Denpasar ein und hatten wenige Tage später die gesamte Insel unter Kontrolle. In Denpasar und Singaraja errichtete die Besatzungsmacht Stützpunkte.

Zwar kam es auf Bali nicht zu solchen Grausamkeiten wie in anderen Gebieten, doch gebärdeten sich die Japaner als arrogante, stumpfsinnige Besatzer. Sie redeten die Einheimischen meist als *bakkaro* an, was soviel wie „du dummes Vieh“ bedeutet, und knauserten nicht mit Fußtritten oder Schlägen. Die japanische Militärpolizei *Kempeitai* trat ebenfalls in Aktion und verhaftete vor allem solche Personen, die mit zivilen und militärischen Dienststellen der Holländer zusammengearbeitet hatten. Indes war das Vorgehen der *Kempeitai* relativ maßvoll.

Die japanische Besatzung führte zur Heranbildung militärischer und paramilitärischer Gruppen des Widerstands sowohl gegen die Holländer als auch gegen die Japaner. Einer ihrer herausragenden Führer war der junge Offizier Gusti Ngurai Rai, Sproß einer Familie von Kriegern aus Badung. Dieser charismatische Held und Märtyrer stützte sich statt auf Taktik und Logistik auf seine intuitiven Fähigkeiten und zuweilen auf Herbeirufung mystischer Kräfte. Unter der Parole „*merdeka atau mati*“ („Freiheit oder Tod“) zog er in den Kampf.

Ngurah Rai stellte die Tentara Keamanan Rakyat (TKR), die „Sicherheitstruppe des Volkes“ auf. Nach und nach schlossen sich ihr die meisten anderen paramilitärischen Gruppen an — die balinesische Volksarmee entstand.

Weltpolitische Ereignisse warfen inzwischen auch auf Bali ihren Schatten voraus. Nach den Abwürfen der Atombomben über

Oben: Der deutsche Maler Walter Spies auf Bali (um 1930). Rechts: Der holländische *controleur* kommt zu seiner Residenz (Aufnahme aus den 30er Jahren).

Hiroshima und Nagasaki kapitulierte das japanische Oberkommando. Am 17. August 1945 erklärten Sukarno und Mohammed Hatta Indonesiens Unabhängigkeit. Die Japaner wurden zum Rückzug aus Politik und Verwaltung überredet. Nach dem 8. Oktober 1945 saßen wieder balinesische Beamte in den Provinzbehörden und Residenzen.

Die Holländer vertrieben dann die Japaner endgültig. Aber sie nahmen auch balinesische Politiker fest und versuchten, die alte holländische Vorkriegsverwaltung wieder einzusetzen.

Der „Lange Marsch"

Ngurah Rai entwickelte die Strategie des „Langen Marsches nach Gunung Agung". Er rief alle verfügbaren Männer West- und Südbalis zusammen und konzentrierte sie im Osten der Insel, wo es an den Hängen des heiligen Berges sichere Verstecke gab. Man hoffte, die Holländer in Gebiete locken zu können, die für den Guerillakrieg günstig waren.

Die Holländer umzingelten das Lager Ngurah Rais. Zunächst konnte er sich mit seinen Leuten der Vernichtung allein dadurch entziehen, daß er auf den Gipfel des Vulkans kletterte und sich auf abenteuerliche Weise nach Tabanan durchschlug. Hier schlossen ihn am 16. November 1946 die Holländer erneut ein. Als Ngurah Rai nur noch die Kapitulation und Verhandlungen blieben, sammelte er seine Leute zu einem selbstmörderischen Angriff gegen die Holländer. Angesichts der schwerbewaffneten Kolonialtruppen kam es zu einem weiteren *puputan,* dem Ngurah Rai und 95 Kämpfer zum Opfer fielen. (Der Schauplatz dieses „Margarana Incident" ist jetzt ein Heldenfriedhof.)

Mit dem Tod Ngurahs war der Widerstand der Balinesen gebrochen. In den Jahren danach sahen sich die Holländer immer wieder im benachbarten Java Attacken ausgesetzt; 1949 entließen sie Indonesien in die Unabhängigkeit.

Bali wurde Teil der Republic of the United States of Indonesia und später ein Teilstaat der Republik Indonesien, die 1956 ausgerufen wurde.

Das Jahrzehnt der Katastrophen

Unter der Führung seines ersten Präsidenten Sukarno litt der indonesische Archipel unter den unvermeidlichen Wachstumsschmerzen, die den Übergang von der Kolonie zur Unabhängigkeit begleiten. In Bali erwies sich dieser Übergang wegen der alten Gegensätze zu Java als besonders schwierig. Sukarno stammte zwar von Bali, seinen Amtssitz hatte er aber in Jakarta, der Hauptstadt von Java (die unter den Holländern Batavia hieß).

Sukarno betonte stets, wie gut er sich in die Seele der Balinesen einfühlen könne. Er wählte für sich die Rolle des Radscha, ohne zugleich dessen Verantwortung für das geistige und materielle Wohlergehen seines Volkes zu übernehmen. Auf Bali hinterließ er eine ganze Ansammlung von Prestigebauten: Der Tampaksiring-Palast und das Bali Beach Hotel z.B. gelten als Fehlinvestitionen. Immerhin entstand unter Sukarno auch die Udayana University.

Zu Beginn der 60er Jahre gab es auf Bali Vorahnungen einer drohenden Katastrophe. Man befürchtete, die übenatürlichen Kräfte könnten sich zu einer wahrhaft schrecklichen Heimsuchung und Vergeltung provoziert fühlen. Die Menschen würden durch Reaktionen der Natur und der Götter gezwungen sein, zu den Maßstäben und den Werten der Vergangenheit zurückzukehren.

Als erstes Zeichen der Unzufriedenheit der Götter wurde die Rattenplage von 1962 gedeutet: Unzählige Scharen gefräßiger Ratten suchten die Felder und Kornspeicher heim. Der Staat zeigte sich unfähig, dem Notstand zu begegnen. Die Bauern und ihre Familien selbst traten zum Vernichtungskrieg gegen die Schädlinge an, der ein Ende der unheilvollen Konstellation bringen sollte. Berge von Rattenkadavern wurden aufgehäuft und zum Zeichen, daß man die Tötung der Nager zu sühnen bereit war, symbolisch verbrannt. Die Ahnung, daß die Götter ungnädig gestimmt seien, ließ viele Menschen dennoch nicht los. Als Beweis erfolgte 1963 der erste große Ausbruch des heiligen Mt. Agung in unserer Zeit.

Der Zeitpunkt machte das Unglück noch schlimmer: Auf Bali bereitete man sich nämlich gerade auf Eka Dasa Rudra vor, das heiligste Ritual der Insel, das nur alle hundert Jahre gefeiert wird. Es wird in dem wohl ältesten und am meisten geheiligten Schrein der Insel abgehalten, dem großartigen Besakih-Tempelkomplex am Abhang des Mt. Agung. Der Berg ruft noch immer die Erinnerung an die animistische Verehrung der Geister des großen Vulkans wach, der die Insel beherrscht und dessen friedliches bzw. gewalttätiges Aussehen Aufschluß über die jeweilige Einstellung der Götter gibt.

Als die Vorbereitungen des Festes fast abgeschlossen waren, spie der Mt. Agung am 18. Februar 1963 Rauch und Asche; hin und wieder bebte die Erde. Trotz dieser bösen Vorzeichen begann die Zeremonie des Eka Dasa Rudra wie vorgesehen am 8. März. Vier Tage darauf begann der Vulkan Schlamm und Felsgestein herauszuschleudern; am 17. März ergossen sich breite Lavaströme den Berg hinunter. Hohe Flammen schlugen gen Himmel; der Rauch und die Vulkanasche verdunkelten die Sonne. Wie durch ein Wunder blieb der Besakih-Tempel weitgehend verschont. Das Eka Dasa Rudra war abrupt zu Ende, ganze Dörfer waren ausgelöscht.

So sah ein balinesischer Künstler den Ausbruch des Gunung Agung von 1963. Rechts: Präsident Suharto und seine Frau Tien bei den Eka Dasa Rudra-Feiern von 1979.

Tausende fielen dem Vulkanausbruch zum Opfer oder litten danach unter Entbehrungen und Krankheiten. Die Bergungsarbeiten dauerten fast ein ganzes Jahr.

1965 brach weiteres Leid über die Insel herein: Nach der Ermordung von sechs Generälen durch konspirierende Offiziere lösten Kommunisten einen Aufstand aus, der von der Armee niedergeschlagen wurde. Darauf inszenierte das Militär blutige Verfolgungsjagden, denen Hunderttausende von angeblichen Kommunisten und Chinesen (die als kommunistenfreundlich galten) zum Opfer fielen. Zu den schlimmsten Massakern kam es auf Bali, wo etwa 100 000 Menschen — und keineswegs nur Kommunisten — getötet wurden!

Wie sooft in seiner wechselhaften Geschichte erholte sich Bali auch von diesen tragischen Ereignissen. Die Jahre seit 1968, dem Machtantritt der Regierung Suharto, verliefen relativ friedlich. Die seit 1970 auf die Insel strömenden Touristen haben vor allem Künstlern und Kunsthandwerkern zu einem gewissen Wohlstand verholfen; ihre Arbeiten sind als Reiseandenken geschätzt. 1979 konnten die Balinesen eine erfolgreiche Eka Dasa Rudra-Zeremonie veranstalten, deren Höhepunkt auch Präsident Suharto mit Frau beiwohnte. Der Mt. Agung grollte kein einziges Mal...

Schulen und Krankenhäuser wurden gebaut, der Lebensstandard ist insgesamt etwas gestiegen. Mit das größte Problem Balis ist inzwischen seine Übervölkerung. Es fehlt schlicht an Platz, um mehr Ackerbau und Viehzucht zu betreiben oder um Industriebetriebe anzusiedeln.

Bali ist heute eine der 27 Provinzen der Republik Indonesien und insofern einzigartig, als es seine Hindukultur noch weitgehend bewahrt hat, während diese im benachbarten Java vom Islam überlagert ist. Trotz der javanischen Eroberungspolitik und starker Einflüsse von außen in früheren Epochen hat sich Bali innerhalb des indonesischen Archipels seine eigenständige Größe erhalten. Obwohl viele Inselbewohner unter dem Einfluß des indonesischen Nationalismus Bali den Rücken gekehrt haben, sehen sie sich dennoch nicht allein als Indoneiser, sondern eben auch als Balinesen.

Die acht *kabupaten* (Bezirke), in die Bali aufgeteilt wurde, entsprechen den Territorien der früheren Fürstentümer. Verwaltet werden sie von einem gewählten *bupati* („Landrat"), einem Bezirkstag sowie den Untergliederungen der zivilen und militärischen Provinzverwaltung. Stabilisierend wirkt sich bis heute das überlieferte *adat* im Alltag der Dorfbewohner aus. Es beeinflußt nicht nur das Verhältnis des einzelnen zur Familie und zu den Nachbarn, zu den Dorfältesten und Tempelpriestern, sondern ebenso das zu den Vertretern der Bundesregierung, den Lehrern, dem Krankenhauspersonal, den Landwirtschaftsexperten usw.

Auch der heutige Besucher kann sich auf die Spuren des wahren Bali begeben.

TEILEN UND TEILHABEN

Auf balinesischen Bildern sind die Bäume ein Tummelplatz für Affen und phantastische Vögel und die Nächte der Hintergrund des Treibens böser Geister und bewegter Tempelfeste mit Verkaufsbuden, festlich gekleideten Menschen, dämonischen Schauspielern, Hahnenkämpfen, Liebespärchen und Andächtigen vor Ahnenschreinen. ,,Leben" heißt auf Bali ,,teilhaben". Zu den täglichen Freuden der Bewohner dieser Insel gehören auch die gemeinschaftlichen Arbeiten und der Dienst im Tempel, und ihre Ängste in Gestalt von Geistern und Dämonen sind Teil der unendlich geheimnisvollen Natur. Dieses Zusammenwirken von Natur, Religion und menschlicher Gemeinschaft spiegelt sich unbewußt in ihrer Kunst wider.

In diesem Zusammenwirken liegt aber auch ihre Gesellschaftsordnung begründet. Alles wird gemeinsam gemacht: die Verwaltung der Dörfer, die Bestellung der Felder und die Ausübung der Künste. Innerhalb des Dorfes gehört der Mann seiner Familie an, außerdem seiner Sippe, seiner Kaste, seiner Gemeinde und dem balinesischen Volk, mit dem er seine Kultur und seine Welt teilt. Die Religion ist genauso wichtig wie Essen und Trinken. Jedes Ereignis — sei es der erste Geburtstag des Kindes oder die Vollendung des Hauses — erhält priesterlichen Segen. Am Unglück des einzelnen nehmen Familie, Freunde und Schutzgötter gleichen Anteil. Auch der Tod ist nur eine Reise der Seele zum Himmel. Dort, wo das Leben ist wie in Bali, doch ohne alle Sorgen und Leiden, verweilt sie bis zu ihrer Wiedergeburt auf Erden.

Kinder

Sie sind auf Bali bevorzugte Wesen, denn je kleiner ein Kind, um so näher ist seine Seele dem Himmel, und sein Denken ist noch rein. Hören wir, was die alte *Catur-Yoga*-Handschrift über die Entstehung der Menschheit sagt:

,,Nach der Erschaffung von Land und Bergen, Bäumen und Blumen ließen die Götter vier Menschen werden, denen sie Werkzeuge gaben und Häuser zum Wohnen. Der göttliche Schiwa erschuf alsdann vier Frauen, den vier Männern zum Weibe. Und Samara, der Gott der Liebe, senkte Liebe und Liebeslust in ihre Herzen, so daß die Frauen empfingen und jedem Paar viele Kinder geboren wurden."

Das Kind wird in eine erwartungsvolle, wundersame Welt hineingeboren. Lange schon hatte der Vater sein Hoffen auf ein Ziel gerichtet: Kinder zu haben, vor allem einen Sohn, der im Alter für ihn sorgen und nach seinem Tod die heiligen Riten vollziehen würde. Das Neugeborene tritt aus einem geistigen Dasein ins Diesseits und gilt als heilig. Die unreine Erde darf es zunächst nicht berühren, es wird ständig getragen, oft auf den Hüften eines Schwesterchens. Nach drei Erdenmonaten richtet die Familie dem Kind ein besonderes Fest. Der Priester zelebriert ein Opfer, und nun macht es seine ersten Schritte.

Sobald ein Kind laufen kann, mag es mit Gleichaltrigen frei im Dorf umhertollen. In dieser Gemeinschaft entwickelt sich schon früh sein Selbstbewußtsein. Daheim begegnet man ihm mit Liebe. Die Eltern nehmen ihr Kleinstes mit, wohin sie auch gehen. Folgsam wird es durch Einsicht, die durch geduldiges Zureden erreicht wird. Nie erhält es Schläge, denn sie könnten seine zarte Seele verletzen. Durch diese Erziehung gelangt das Kind ungewöhnlich früh zu Reife und Verantwortungsbewußtsein.

Eines Tages erfolgt die Aufnahme in die Gemeinschaft der Erwachsenen. Wenn ein Mädchen aus vornehmer Kaste ins Alter der Pubertät eintritt, wird eine Zeremonie veranstaltet, die es feierlich zur Frau erklärt. Zuvor begibt sich das Mädchen in strenge Abgeschiedenheit und unternimmt eine gründliche Reinigung des Körpers. Gekleidet in Goldbrokat, einen Blütenkranz im Haar, kehrt es nach drei Tagen zurück

Szene von einem „Sechsmonatsfest" in Kerambitan; das Kind setzt an diesem Tag zum erstenmal die Füße auf den Erdenboden.
Vorherige Seiten: Das heutige Bali, gemalt von Ida Bagus Rai aus Sanur.

und empfängt den Reinigungssegen des Priesters. Oftmals folgt eine Zahnfeilung, der sich auch Knaben unterziehen. Von einem Kundigen, meist dem Priester, werden die oberen Zähne so weit abgefeilt, bis sie eine einheitliche Linie bilden. Das soll vor den Lastern der Faulheit, Liebe zu irdischen Gütern, Fleischeslust und Verschwendung bewahren. Ganz sicher aber ist ein Lächeln mit geraden Zähnen hübscher als mit langen Reißzähnen.

Eheschließung

Durch sie erfolgt die endgültige Aufnahme in die Gemeinschaft. Nur ein seßhafter, verheirateter Mann kann Mitglied der Ratsversammlung werden. Mädchen heiraten durchschnittlich mit 18 bis 25 Jahren. Die Gründung einer Familie gehört zu den höchsten Pflichten. Unverheiratet zu bleiben ist regelwidrig. Ein Mann, der unbeweibt stirbt, muß im nächsten Dasein die Schweine füttern — was sonst die Aufgabe der Frauen ist —, und eine Frau, die keine Kinder gebiert, muß eine große Raupe säugen.

Die Heiratsbräuche sind in den Dörfern und Kasten verschieden. *Mapadik* ist eine konservative, wohlanständige Form von Brautwerbung und Heirat: Die jungen Leute werden von den Elternpaaren miteinander bekanntgemacht. Wenn sie sich mögen, wird die Hochzeit beschlossen. *Ngrorod* dagegen ist eine spannende Angelegenheit. Die Braut wird entführt, und die Flitterwochen finden schon vor der Hochzeit statt. Der Mann gilt als Held, vergleichbar dem Prinzen Ardschuna, dem romantischen Liebhaber aus dem *Mahabharata*-Epos.

Die Entführung wird in aller Heimlichkeit geplant. Ziel ist zumeist das Haus eines Freundes in genügender Entfernung vom Dorf der Auserwählten. Am verabredeten Tag wird sie von ihrem Verehrer davongetragen. So war es früher.

Die Kinder Balis werden rasch selbständig und müssen Verantwortung übernehmen.

Heute ist es Mode, die Braut im Auto zu entführen. Wenn die Familie die Tat bemerkt, gibt man sich sehr besorgt. Der erzürnte Vater muß die Umgebung absuchen und bei allen Nachbarn fragen, wer seine Tochter geraubt habe; manchmal werden gemeinsame Suchaktionen veranstaltet. In den meisten Fällen kennt die Familie den Entführer und weiß, daß ihre Tochter freiwillig mitgegangen ist, weil sie ihre Kleider mitgenommen hat.

Die meisten Balinesen sind sich darin einig, daß *Ngrorod* den Vorteil hat, wirtschaftlich zu sein. Bei einer formellen Werbung, die einer Mapadik-Hochzeit vorausgeht, muß der Freier dem Haus seines Mädchens einige Besuche abstatten und kleine Geschenke überbringen. Um die Hochzeit gesetzlich gültig zu machen, wird in der ersten Nacht der Entführung eine Zeremonie abgehalten. Die Opfergaben werden der Göttin der Erde — Ibu Pertiwi — dargebracht, sie ist Zeuge der Vereinigung. Später wird das ganze Dorf zu einer formellen Hochzeitsfeier eingeladen, bei der ein Priester das Paar segnet. Die Verbindung wird den Ahnen und Gottheiten des Haustempels durch Opfergaben und Gebete verkündet. Dann tritt die Frau offiziell der Familie ihres Gatten bei und wird Mitglied seiner Kaste.

Die Scheidung ist problemlos auf Bali. Ein Mann kann einfach das Ende seiner Ehe melden, oder die Frau kehrt nach Hause zurück; für die Kinder sorgt die Familie des Mannes. Es gibt jedoch nur wenige Scheidungen. Nimmt sich der Mann eine zweite Frau, bleibt die erste Oberhaupt des Haushalts.

Die Dorfgemeinschaft

Sie ist von Familie und Religion nicht zu trennen. In jeder Familie werden an den Schreinen gemeinsame Vorfahren verehrt. Und alle Familien finden sich zur Andacht in ihren drei Dorftempeln ein. Es sind dies der *Pura Puseh,* der

Bei Tagesanbruch werden diese Enten auf die Felder getrieben.

Tempel des Ursprungs, in dem die Gründer des Dorfes verehrt werden, der *Pura Desa,* der Gemeindetempel, in dem Zeremonien abgehalten werden und der *Pura Dalem,* der Tempel der Toten, wo zu den Gottheiten des Todes und der Verbrennung gebetet wird.

Eine große Zahl solcher Gemeinden liegt in der Nähe übervölkerter Bezirkshauptstädte. Fahrräder, Pferdekarren und Motorfahrzeuge drängen sich durch die belebten Straßen. Auf Marktplätzen und in den Geschäften herrscht immer Betrieb. Das Leben der meisten Balinesen basiert noch auf dem Ackerbau und spielt sich in ländlichen Siedlungen in der Nähe der Reisfelder ab. Stille Dörfchen mit schmalen Wegen, strohgedeckten Dächern und Herden, gehütet von Kindern — das sind die Bilder, die in der Erinnerung an Bali immer wieder auftauchen.

Die Anlage des Dorfes ist überall gleich. Zwei Straßen, deren Seiten die Familienanwesen säumen, kreuzen sich im rechten Winkel. Das so entstandene Quadrat wird zum Dorfplatz. Rings um ihn stehen die wichtigen öffentlichen Gebäude: die Tempel, die Hahnenkampfarena, der *Puri* und ein großer Turm, in dem die Holztrommel hängt, die zu Versammlungen ruft, wichtige Ereignisse ankündet oder vor Gefahren warnt; selten fehlt der große Banyanbaum, der heilige Baum der Hindus. Am Rand des Dorfes sind die öffentlichen Bäder und der schmucklose Friedhof.

Fast jeder Balinese besitzt das Land, auf dem er mit seiner Familie wohnt und arbeitet. Die wirklichen Eigentümer jedoch sind die Götter, die die Insel den Menschen nur zum Lehen gaben. Eine Ratsversammlung, die sich aus angesehenen Mitgliedern der Gemeinde zusammensetzt, überwacht alles, was innerhalb des Dorfgebietes geschieht. Früher war diese Aufsicht noch sehr streng. Wer in einen anderen Ort ziehen wollte, mußte um seine Entlassung aus der Dorfgemeinschaft bitten. Er durfte den Wert

Das ganze Dorf hilft bei der Reisernte.

seines Anteils vom gemeinsamen Besitz beanspruchen, Haus und Land jedoch verblieben der Dorfgemeinschaft. Inzwischen sind die Dorfverwaltungen nachsichtiger geworden, und der Landbesitzer kann jetzt selbst freizügiger über seinen Grund und Boden verfügen.

Die Dörfer sind in kleinere Einheiten, die *banjars,* unterteilt. Es sind Gruppen benachbarter Familien, die zusammen Festlichkeiten ausrichten. Jeder Erwachsene gehört zugleich seinem Dorf und seinem *banjar* an, dem er am meisten verpflichtet ist. Jeder *banjar* besitzt ein Gamelanorchester, eine Tanzgruppe mit Requisiten, eine Küche für die Dorffeste, eine Gemeinschaftstrommel, die zu Versammlungen ruft und einen kleinen öffentlichen Tempel. Die offene Versammlungshalle des *banjars* ist jedem Reisenden bald ein vertrauter Anblick. Hier treffen sich die Männer auch in den Mußestunden, um ihre Kampfhähne auszuprobieren, mit dem Orchester zu üben, der Probe eines Theaterstücks zuzuschauen, Rat abzuhalten oder ganz einfach miteinander zu plaudern.

Der Reis

Bei Tagesanbruch ziehen die Männer auf die Felder. Sie nehmen gleich die Enten mit, die den ganzen Tag in den überfluteten Reisfeldern gründeln können. Jedes einzelne Feld ist von kleinen Erdwällen eingedämmt, die das Land durchziehen wie ein Netzmuster grüner Seide. Jedes Feld wird bewässert, das Wasser dann auf das nächste weitergeleitet. Auch der Besitzer nur eines Feldes muß sich dem *subak* anschließen, einer landwirtschaftlichen Vereinigung, die die gerechte Verteilung des Wassers an ihre Mitglieder überwacht.

Diese Institution spiegelt ebenfalls den Gemeinschaftssinn der Balinesen wider: Alle Mitglieder unterliegen den gleichen Regeln. Das

Der Rhythmus des Reisstampfens der Frauen ist ein vertrautes Geräusch im Dorf.

Ausmaß der Mitarbeit entspricht der bezogenen Wassermenge. Der *subak* garantiert auch dem Kleinbauern seinen Wasseranteil, überwacht die Zuleitungen, bessert die Dämme aus und veranstaltet das Erntefest. Mindestens einmal monatlich findet mitten in den Feldern im kleinen *subak*-Tempel, der den Gottheiten der Felder geweiht ist, eine Versammlung statt.

Bevor mit dem Pflanzen begonnen wird, opfert man den Göttern, auf daß sie reichlich Wasser spenden und eine gute Ernte heranreifen lassen. Auf den Feldern stehen viele kleine Schreine mit Palmstrohdächern, nicht unähnlich den thailändischen Geisterhäuschen. Auf ihre Altäre legt man die Opfergaben, die während der Zeit des Wachsens und Reifens ständig erneuert werden. Das Pflanzen ist Männerarbeit, doch bei der Ernte sind alle dabei. Manch zarte Bande werden während der Arbeit geknüpft.

Es gibt keine festgesetzten Arbeitszeiten. Oftmals sind die Bauern gleich nach Tagesanbruch schon draußen. Und in der Abenddämmerung sehen wir sie immer noch in den Feldern. Sie nutzen hierfür die kühleren Stunden des Tages; die Mittagspause wird im Haus oder im *bale banjar* verbracht. Manche Jahreszeiten erfordern mehr, andere weniger Arbeit. Zur Erntezeit sind die Dorfstraßen vereinsamt und die *banjars* verlassen. Alle Hände werden nun auf den Feldern gebraucht — anders als beim Pflanzen, wo nur wenige Helfer nötig sind. So folgen Arbeit und Muße aufeinander im jahreszeitlichen Wechsel.

Haus und Hof

Hier walten die Frauen. Auch sie sind frühzeitig auf den Beinen, um für die Männer Essen zu bereiten, Wasser vom Dorfbach zu holen und kleine Opfergaben, einige Reiskörner oder Blu-

Generationen von Bauern haben an der Anlage der Reisterrassen und der Bewässerungssysteme gearbeitet.

men, auszulegen, um die bösen Geister vom Haus fernzuhalten. Das balinesische Anwesen ist etwa mit einem menschlichen Anwesen vergleichbar: Es hat einen Kopf in Gestalt des Ahnenschreins. Die Arme sind die Schlaf- und Wohnhäuser. Beine und Füße sind das Kochhaus und die Reisspeicher, und die Abfallgrube liegt im Hinterhof. Wohlhabende Familien besitzen als Schlaf- und Aufenthaltshaus oft schon einen modernen, sauber verputzten Bau mit Ziegeldach.

Die meisten Häuschen sind noch sichtbar aus Ziegeln und Holz gebaut und haben ein dichtes Palmstrohdach. Sie stehen in einem sauberen Hofgeviert, das von einer hohen Lehmmauer umgeben ist. Der durch das Tor Eintretende trifft zunächst wieder auf eine kleine Mauer, die nicht allein als Blickfang errichtet wurde, sondern nachts den bösen Geistern den Zutritt erschweren soll.

In einem Winkel des außerhalb des Hofes liegenden Obstgartens befindet sich der Schweinestall. Schweine- und Hühnerzucht ist eine der Hauptverdienstquellen der Frau. An Markttagen sieht man auf den Straßen viele Frauen auf dem Weg dorthin, die ein Schwein am Strick mit sich führen und noch einen zusammenlegbaren Eßstand auf dem Kopf balancieren.

Das Marktgeschäft — ausgenommen der Kuh- und Pferdehandel — liegt in den Händen der Frauen. Ein Marktbesuch ist ein ganz besonderes Erlebnis: all die Gerüche und Geräusche, die Hühner, Enten, Ferkel und natürlich die immer hungrigen Hunde. Da gibt es Kräuter und Pasten, zuweilen in den erstaunlichsten Farben, Garküchen mit Suppen und in Palmblätter verpackte Curry-Speisen, Hausmittel gegen Nasenbluten und Ohnmacht, seltsame Früchte und Betelnüsse. Jedes Plätzchen ist besetzt von entschlossenen Verkäuferinnen. Man fragt sich unwillkürlich, wer das alles kaufen soll! Es ist ein unaufhörliches Kommen und Gehen.

Die Frauen beherrschen den Markt.

Nach diesem vergnüglichen Treiben kehren die Frauen heim, um das Mittagessen zuzubereiten. Es gibt gedämpften Reis mit gewürzten Beilagen und einer unglaublich scharfen Soße. In der Erntezeit bringen sie den Männern das Essen auf die Felder, doch gewöhnlich wird es einfach zu Hause bereitgestellt. Bei der Mahlzeit wird wenig gesprochen, um so lieber während der anschließenden Ruhepause. Der Arbeitstag der Frauen klingt aus mit einem dumpfen, rhythmischen Stampfen: Sie bereiten in einem großen Mörser den Reis für das Mahl des nächsten Tages vor.

Nach einem erfrischenden Bad kommen die Männer zum Abendessen heim. Meist gibt es das gleiche wie mittags, nur kalt. Nachdem man sich umgezogen hat, wird ein Bummel durch die nächtlichen Marktstraßen unternommen, oder man trifft sich an den von Petroleumlampen erleuchteten Imbißständen der Dörfer. Jetzt werden die Straßen recht lebendig; hier musiziert ein Gamelanorchester, dort findet eine Versammlung statt. Vor einem Tempelfest oder einer Verbrennung geht es noch lebhafter zu. Das ganze Dorf beteiligt sich an den Vorbereitungen. Die Frauen richten die kunstvoll gestalteten Opferteller her. In den *banjars* werden überall Proben abgehalten. An den Eingängen des Dorfes bauen Männer schmucke Triumphbogen aus Bambus. Lange, schlanke, beflaggte Bambusstangen in den Dorfstraßen verkünden weithin das bevorstehende Fest.

Tod und Verbrennung

Sie sind — wie die Wiedergeburt — nur Zwischenstationen auf der Reise der Seele in den Himmel. Im Haus des Verstorbenen versammeln sich die Freunde, um den Hinterbliebenen Zuneigung und Mitgefühl zu bekunden. Solange der Tote noch im Hause ist, leisten sie den Trauernden Gesellschaft bis tief in die Nacht hinein. Die Frauen helfen bei der Zubereitung der Opfergaben für die Reinigungszeremonie des Körpers. Die Männer errichten hohe Opfertische für die vielen Gaben und helfen beim Waschen des Leichnams. An einem vom Priester festgesetzten Tag findet die Reinigungszeremonie statt. Der Tote wird nur vorübergehend, bis zum Zeitpunkt der Verbrennung, bestattet. Angehörige, die nicht in der Lage sind, eine kostspielige Einzelverbrennung zu veranstalten, und auf eine von allen getragene Massenverbrennung warten wollen, müssen sich oft mehrere Jahre gedulden. Der Leichnam eines Brahmanenpriesters muß jedoch so schnell wie möglich den Flammen übergeben werden. Wohlhabende Leute legen schon zu Lebzeiten Geld beiseite, um im Fall ihres Todes die hohen Bestattungskosten nicht der Familie aufzubürden.

Nach einem erfrischenden Bad ziehen Menschen und Tiere am Abend heimwärts.

Kommt der Tag der Verbrennung heran herrscht große Geschäftigkeit im Dorf. Wieder sind viele Opfergaben vorzubereiten, der Sarg und der hohe Turm werden angefertigt und liebevoll verziert. Die Menschen von Bali sehen im Körper nur das Gefäß der Seele: Sie wohnt in jedem Teil, aber ihren Hauptsitz hat sie im Kopf, dem höchsten und heiligsten Part des Körpers. Während des Schlafes entweicht die Seele durch den Mund und beginnt zu wandern. Die Träume des Schlafenden sind ihre Erlebnisse. Kehrt sie nicht zurück, stirbt der Mensch. Doch die Seele verläßt den Körper nicht ganz. Nur durch dessen Zerstörung kann sie — befreit von materiellen Bindungen — in den Himmel zurückkehren. Eine Verbrennung ist daher ein frohes Ereignis, das in der Erfüllung der heiligsten Pflicht eines jeden Balinesen — der Loslösung der Seele vom Körper — gipfelt, so daß sie aufsteigen und in einem höheren Wesen wiedergeboren werden kann.

Als Außenstehender, der an einer Verbrennung teilnimmt, ist man zunächst erstaunt über den Mangel an Ernst und Feierlichkeit. Freunde und Verwandte aus allen Gegenden der Insel strömen herbei mit kleinen Gaben für die Familie, häufig dem traditionellen Streifen weißen

Stoffes — Symbol der Reinheit —, der ein Stück zu dem langen Leichentuch beiträgt, in das der Tote gewickelt wird. Der Leichnam wird vom Friedhof wieder ins Haus gebracht und in einer offenen Halle inmitten von Opfergaben aufgebahrt. Mittags gibt es dann ein festliches Mahl. Das friedliche Beisammensein endet plötzlich, wenn unter mächtigen Gongschlägen auf einmal viele Menschen hereinstürmen, die den Leichnam auf ihre Schultern heben und ihn in alle vier Himmelsrichtungen drehen. Dies soll die Seele des Toten verwirren, daß sie sich nicht zu weit entfernt und — wenn der Tote unterdessen fortgebracht wird — irrtümlich wieder zum Haus zurückkehrt. Nun wird der Körper im Verbrennungsturm untergebracht, einem hohen Holz- oder Bambusgebilde, das farbenprächtig geschmückt ist.

Der Turm symbolisiert den Kosmos. In der Basis ist die Gestalt der Schildkröte aus der Schöpfungslegende zu erkennen, umwunden von zwei *nagas* (gekrönte Schlangen). Auf einer offenen Plattform weiter oben findet zwischen Erde und Himmel der Sarg Platz. Den Abschluß bildet eine Vielzahl von pagodenartigen Dächern, die sich nach oben verjüngen. Sie sind Sinnbild der verschiedenen Himmel. Brahmanen und Adeligen als den Vertretern der höchsten Kasten gebühren Türme mit elf Dächern, den niedrigeren Kasten werden nur drei bis neun Dächer zugebilligt. Von der Rückseite des Turms starrt uns Bhuma, der Sohn der Erde, entgegen. Er hat ein gewaltiges Haupt und ausgebreitete Schwingen.

Nicht weit vom Turm stehen die großen Tiersarkophage, die ebenfalls je nach Kaste verschieden sind. Der Brahmane wird in einer Stierfigur verbrannt, die Brahmanin in einer Kuh. Den Satria bettet man in einen geflügelten Löwen. Sudras werden in einem Fabeltier zwischen Elefant und Fisch beigesetzt. Heute lassen sich die Adeli-

Die prachtvolle Totenverbrennung des Cokorda Gede Agung im Jahre 1979.

gen ebenfalls in einem Stier verbrennen, was früher der Priesterkaste vorbehalten war.

Die Prozession zum Verbrennungsplatz ist ein Schauspiel. Angeführt von einer Reihe Frauen mit Opfergaben und geweihtem Wasser, wird das schwankende Turmgebilde von den Trägern über die vielköpfige Menge emporgehoben. Angehörige geleiten den Turm an einem langen Seil.

Sobald die Prozession ihr Ziel erreicht hat, wird der Leichnam aus dem Turm genommen und in den Sarkophag gebettet. Ein langes weißes Tuch wird wegweisend von weiblichen Angehörigen zwischen Turm und Sarkophag emporgehalten. Bei den letzten Verrichtungen, wie dem Aufschneiden des Leichentuches, sind nur die nächsten Verwandten dabei. Der Hohepriester steigt auf das Podest, auf dem der Sarkophag steht, spricht die abschließenden Gebete und übergießt den Toten mit geweihtem Wasser. Das Weihwasser leitet das Wirken der drei Elemente ein, die mit der Hindu-Dreifaltigkeit verbunden sind: Wasser als letzte Segnung, Feuer als Zerstörer der irdischen Hülle und Wind, der den Rauch — die Seele — zum Himmel emporträgt. Das *adegan,* das Gefäß der Seele symbolisierend, wird auf den Toten gelegt, und alte chinesische *kepengs* werden darübergestreut — Münzen, die als Obolus an *Yama,* den Gott des Todes, dienen. Nachdem alle Opfergaben und Gebete dargebracht sind, um der Seele eine gefahrlose Reise zu sichern, wird der Sarkophag in Brand gesetzt.

Nach der Verbrennung formiert sich eine Prozession zum Meer oder zu einem nahen Fluß, um die Asche dem Wasser zu übergeben. Dieses Fortwaschen der letzten irdischen Unreinheit ist auch die letzte Reinigungszeremonie. Zwölf oder 42 Tage nach der Verbrennung findet die Seelenweihe, die *mukur*-Feier, statt. Dann nimmt der Tote seinen Platz unter den Ahnen ein.

Einstürzender Holzstoß bei der Totenverbrennung.

HARMONIE DES GLAUBENS

„Gelobt sei der ewige Besieger des Todes, der langes Leben, Kraft und Macht verleiht, der Allgegenwärtige, der Erhalter der Welt, welcher Erlösung gewährt all denen, die glauben und ihm huldigen. Gelobt sei der Bezwinger des Todes."

Aus einem Gebet, das der Hohepriester bei einer Verbrennungszeremonie spricht.

Religiöse Riten und Feste begleiten die Menschen dieser Insel von der Geburt bis zum Tod und über den Tod hinaus. Sie sind die Grundlage des Zusammenhalts von Familie und Dorfgemeinschaft. Religiöse Regeln wirken mit bei der Gründung eines Dorfes, ordnen das Familienleben und sind die ethischen Leitlinien des ganzen Volkes. Feiertage, Volksvergnügen und Versammlungen werden stets von einer Tempelzeremonie eingeleitet. Auf Schritt und Tritt begegnen wir auf Bali der Religion — sei es in den zahlreich aufgestellten Schreinen, im feierlichen *pendet*-Opfertanz oder im freundlichen Wesen seiner Menschen.

Vor undenklichen Zeiten wurde den Menschen die Vorstellung von einem geordneten Universum eingegeben, das sich von den Himmeln und Bergen bis hinab in die Tiefen des Meeres erstreckt. In der Natur hat jedes Ding oder Wesen seinen Sinn und Zweck und seinen Platz. Alles Heilige ist hoch wie die Berge oder wird erhöht. Heilig ist die Richtung stromaufwärts zum majestätischen Vulkan Agung. Alles Unheilige, Drohende kommt von den Kräften der Tiefe; gefährlich ist die Richtung stromabwärts zum Meer und das Meer selbst. Die Menschen leben in der fruchtbaren Landschaft zwischen Bergen und Meer.

Daß man auf Bali noch heute an Naturgeister glaubt, erscheint nicht verwunderlich, denn das

Vorherige Seiten: Der Marschrhythmus von Trommeln und Zimbeln begleitet den Zug der Götter, die aus den Bergen zum Meer getragen werden. Links: Hohepriester im Gebet; Szene von den ausladenden Feiern des Eka Desa Rudra von 1979.

Leben seiner Menschen ist auf viele Weise eng mit der Natur verbunden: Erde und Flüsse spenden Nahrung, die Erde ist die Bühne, auf der ihre Feste und Zeremonien stattfinden, der Himmel das Zelt darüber, und der Wind, der durch ihre Schlafhäuser streicht, ihr Vertrauter. Auf den Gipfeln der Berge haben die Götter und die guten Geister ihren Platz, in den Tiefen des Meeres hausen die den Menschen feindlichen Riesen und Dämonen.

Die Natur ist angefüllt von dieser Dualität, die sich in Hoch und Tief, Tag und Nacht, Ost und West, Rein und Unrein und vor allem in Gut und Böse, Leben und Tod ausdrückt. Das ständige Streben der Balinesen gilt dem Ausgleich zwischen den entgegengesetzten Kräften, dem Erreichen der Mitte.

Agama Hindu

Die alten Überlieferungen *(agama)* des Hinduglaubens helfen seinen Anhängern, diese Mitte zu finden und zu einem friedlichen Dasein zu gelangen. Dafür dienen sie den Göttern und Ahnen voller Hingabe. Reinigungs- und Austreibungszeremonien schützen sie vor bösen Geistern, Hexen und Dämonen. Stets werden die guten und die bösen Mächte gleichermaßen mit Opfergaben bedacht. Nur so können sich die Menschen Glück und Zufriedenheit erhalten. Selbst am Nationalfeiertag werden die bösen Geister nicht vergessen. Zu ihrer Beschwichtigung legen die Frauen Reis, süßes Gebäck und Blumen aus. Ein Wesen aber steht über allen — über Gut und Böse, Leben und Tod: *Sanghyang Widi,* der Allmächtige, der Ursprung allen Seins. In diesem höchsten Gott finden sich Gottheiten und vergöttlichte Ahnen zu einer höchsten Einheit zusammen. Und letztlich ist es *Sanghyang Widi,* dem alle Opfergaben, Tempelzeremonien und Andachten gelten, die so sehr Teil des Lebens der Inselbewohner sind. Obwohl der Hinduglaube Balis monotheistisch ist, werden Gebete und Tempelzeremonien fast nie an den allerhöchsten Gott gerichtet. Kein einziger Altar, Tempel oder Schrein ist ihm direkt gewidmet, sondern einer der vielen Gottheiten. Und doch steht hinter allen *Sanghyang Widi.*

Bei der Gründung eines Dorfes wird als erstes ein Ursprungsschrein errichtet, der dem Gebet zu *Sanghyang Widi* dient. Später, wenn die Dorftempel fertig und alle Altäre aufgestellt sind, wird *Sanghyang Widi* über die Gottheiten des Dorfes angerufen. Und nach einigen Generationen werden im *Pura Puseh,* dem Tempel des Ursprungs, auch die Seelen der Dorfgründer verehrt, die inzwischen Göttlichkeit erlangt haben. Es ist ein alter Brauch, einen heilig gewordenen Vorfahren nicht mit seinem irdischen Namen anzurufen. Nach Erlangung der Göttlichkeit gebührt ihm nun der Titel *batara.* Diese Auszeichnung erhält, wer sich im Diesseits besondere Verdienste erwarb — sei es als Priester, Fürst, Gelehrter oder Krieger.

Die Balinesen sind ein tiefgläubiges Volk. Die einfachen Landleute erfüllen ihre religiösen Pflichten mit großer Hingabe. Bei Tempelfesten sind die Kinder nicht ausgeschlossen. Selbst das kleinste Menschenkind, dessen Hände noch der Vater zum Gebet zusammenlegen muß, ist schon Mitglied der Glaubensgemeinschaft. Sein Glaube wird mit ihm wachsen und ihn sein ganzes Leben lang begleiten. Die Gebildeten, vor allem die Priester, die in das reiche Geistesgut des *Agama Hindu* tiefer eingedrungen sind, sind die geistigen Führer der Dörfler und Lehrer für jene, die dieser Religion zum erstenmal begegnen. Ein Brahmane definierte es wie folgt:

,,Wir haben nur einen Gott. Aber wir verehren viele Gottheiten und heilige Ahnen. Alle sind sie Erscheinungsformen des Allerhöchsten; jede ist für eine seiner vielen Aufgaben zuständig. So wie der Mensch ein Ganzes ist, doch zum Sehen seine Augen, für die Arbeit seine Hände und für das Gehen seine Füße hat, genauso ist unser Gott *Sanghyang Widi* ein Ganzes. Aber als Schöpfer ist er *Brahma,* als Bewahrer *Wischnu* und nicht zuletzt als Zerstörer *Schiwa.*''

Das war seine sinnbildliche Erklärung der Hindu-Dreieinigkeit, die von *Brahma, Wischnu*

Sanghyang Widi, das Allerhöchste Wesen, dargestellt durch eine männliche Symbolfigur, aus deren Körper Flammen schlagen. Diese Figur ist in vielen Tempeln und auf magischen Amuletts zu sehen. Wenn ein neues Haus vom Priester geweiht wird, hängt man eine Darstellung Sanghyang Widis über dem Eingang auf, um sich symbolisch unter seinen Schutz zu stellen (Zeichnung von I Gusti Rundu aus Sanur).

und *Schiwa* gebildet wird, auf Bali *Trisakti* („Drei in Einem") genannt. In vielen der größeren Tempel stehen hohe, dreisitzige Throne, die das *Trisakti* symbolisieren. Vor einem Tempelfest schmücken die Tempelwächter sie mit roten, weißen und schwarzen Tüchern: Rot für Brahma, Weiß für Schiwa und Schwarz für Wischnu. In den vorbeiziehenden Prozessionen begegnen uns vorwiegend die drei symbolischen Farben Rot, Weiß und Schwarz.

Auf *Sanghyang Widi* und seine drei mächtigsten Erscheinungsformen folgen in hierarchischer Ordnung all die vielen anderen Gottheiten, *dewa* (die männlichen) und *dewi* (die weiblichen), von denen jede einzelne eine direkte Beziehung zur Natur hat. Als Schöpfer des Windes erscheint Gott als Dewa Bayu. Als derjenige, der den Reis keimen, wachsen und reifen läßt, erscheint er in Dewi Sri, der Göttin der Fruchtbarkeit. Und auch Dewa Baruna, der Gott des Meeres, ist Teil des Allerhöchsten, da er das Meer erschaffen hat. So verehrt der Balinese den allerhöchsten Gott in vielen verschiedenen Erscheinungsformen, die als Sonne, Meer, Reis oder im Gedenken an einen Vorfahren ihm vertrauter und näher sind.

Wenn die Menschen auf Bali allein unter dem Schutz der Götter und Ahnen stünden, hätten sie gewiß das Paradies auf Erden. Aber da sind noch die Mächte der Finsternis. Die mondlosen Nächte gehören ihnen: Dann liegen die Dorfstraßen schwarz und verlassen da. In den Wäldern huschen und wispern unheimliche Schatten, so daß fern und nah die Hunde klagend zu heulen anfangen. Hexen schrecken in der Gestalt merkwürdiger Fabeltiere unschuldige Wanderer. Späte Heimkehrer berichten mit Grausen von gespenstischen Affen mit goldenen Zähnen und von kahlköpfigen Riesen, die ihnen am Wegesrand erschienen sind. Natürlich weiß jeder, daß für diese Erscheinung die *leyaks* verantwortlich sind. Es sind Hexen oder die Seelen von Menschen, die sich schon zu Lebzeiten der Schwarzen Magie verschrieben haben.

Jeder weiß eine Geschichte über die *leyaks,*

denn jeder macht einmal ihre Bekanntschaft — sei es durch den Geschichtenerzähler, durch ein Theaterspiel, durch die Gestalt Rangdas, der Herrin aller *leyaks,* oder sogar in einer wirklichen Begegnung. Flüsternd erzählt man sich, daß die *leyaks* gleich Vampiren den Schlafenden das Blut aussaugen und es besonders auf kleine Kinder abgesehen haben. Wenn man ihnen nicht opfert, rächen sie sich und suchen das Dorf mit Krankheit und Tod heim. Fremden gegenüber sind die *leyaks* scheu; ihnen zeigen sie sich selten. Neugierige müssen sich wohl mit den Erzählungen, mit magischen Theateraufführungen und den Steinbildern des Pura Dalem, des Totentempels, begnügen sowie mit den überall zu findenden Rangdamasken mit langer flammendroter Zunge und wirren Ziegenhaarsträhnen.

Während die *leyaks* mehr in der Phantasie als in der Wirklichkeit spuken, gelten die Hexen durch ihr spürbares Wirken als wirklichkeitsnähere Erscheinungen, desgleichen die *butas* und *kalas,* unsichtbare Geister, die einsame Küstenstriche und dunkle Wälder heimsuchen und ganze Dörfer „unrein" machen und mit Krankheiten plagen können.

Diese Scharen von Göttern und Dämonen gehören so sehr zu Bali wie seine Menschen. Und doch haben sie nur einen Gott. Ihre Religion wurzelt in eigenen, uralten animistischen Kulten und der Ahnenverehrung und wurde lange Zeiten hindurch von hinduistischen und buddhistischen Einflüssen entscheidend geprägt. Doch von den Lehren der aus Java und Indien herübergekommenen Bettelmönche blieb nur das, was den Bedürfnissen der Menschen entsprach. Die Stärke des *Agama Hindu* war immer seine Anpassungsfähigkeit. Durch die Treue der Balinesen zum *Agama Hindu,* zu seinen überlieferten Gesetzen, die alle Lebensbereiche — Landordnung, Festbräuche, Glauben und Aberglauben, Arbeit und Freizeit — umfassen, schufen

Der *pemangku,* der einfache Tempelpriester, bringt den Göttern ein Trankopfer dar.

sie sich ein harmonisches Dasein im Einklang mit der sie umgebenden Welt.

Priestertum und Gottesdienst

Die gütige Erscheinung des ganz in Weiß gekleideten Priesters auf seinem erhöhten Sitz in einer der offenen Hallen des Tempels ist all denen vertraut, die einmal einem Tempelfest beigewohnt haben. Dorfleute verrichten ihre Gebete unter der Leitung eines Priesters, damit sie richtig formuliert und verstanden werden. Zeremonien wie Heirat oder die Einsegnung eines Neugeborenen werden vom Priester abgehalten, der ihnen neben der Weihe Rechtsgültigkeit verleiht. Auch zu privaten Feiern, z. B. zur Fertigstellung eines Hauses, wird der Priester gerufen, damit er den heiligen Segen erteilt.

Ob der Anlaß fröhlicher oder ernster Natur ist — ein Vertreter der Priesterschaft ist immer zugegen. Es gibt zwei Laufbahnen: die höhere des *pedanda,* des Hohepriesters, und die des *pemangku,* des einfachen Tempelpriesters. Alle bedeutenden Zeremonien werden von *pedanda* abgehalten. Er ist der geistige Führer der Gemeinde und der höchste Vertreter des *Agama Hindu.* Während der religiösen Zeremonien ist er nicht nur Mittler zwischen Gott und den Menschen, sondern wird durch ein kompliziertes Ritual stummer Gebete, durch Glöckchengeläut und beschwörende Gesten der Hände zeitweilig eins mit Gott. Daraus gewinnt er die göttlichen Kräfte, die er braucht, um die Reinigungszeremonien zu vollziehen und das dazu benötigte Weihwasser herzustellen. Das Ritual dauert mehrere Stunden. Während dieser Zeit strömen die Gläubigen in den Tempel, defilieren mit ihren Opfergaben an den Schreinen vorbei und versammeln sich im inneren Hof, der sich in eine Bühne verwandelt. Alle Anwesenden spüren durch das ständige Geläut und die leise vom Priester ge-

Opfergaben am Festtag des Schweigens.

sprochenen mächtigen *mantras* in sich die Andacht wachsen.

Wenn der Geist Gottes in das Weihwasser eingegangen ist, reicht es der Hohepriester dem Tempelpriester, der die Versammlung zum Segen und zur Reinigung damit besprengt. Die einfachen Tempelpriester haben viel zu tun. Sie verrichten unermüdlich alle im Tempel anfallenden Arbeiten, führen die Aufsicht bei Tempelfesten, teilen das Weihwasser aus, nehmen die Opfergaben in Empfang, leiten große Prozessionen und beteiligen sich aktiv an den Zeremonien. Der Hohepriester nimmt nicht an weltlichen Verrichtungen teil; er steht, einem Heiligen gleich, über allem. Sein Leben ist der Meditation, dem Studium der Theologie und der Rituale gewidmet. Eine ergebene Gehilfin findet er in seiner Frau: Durch die Heirat wird auch sie Priesterin und übernimmt die gleichen Aufgaben wie ihr Gemahl.

Tempel

Große, kleine, reiche, bescheidene — wir begegnen Tempeln überall auf der Insel. Außer dem Haustempel, der in jedem Anwesen seinen Platz hat, muß ein richtiges Dorf drei Tempel besitzen: den Ursprungstempel, den Dorftempel und den Totentempel. Dann gibt es noch die *subak*-Tempel, die Sippentempel, die *banjar*-Tempel und die Schreine, wie z.B. bei den öffentlichen Badestellen, die den Gottheiten des Wassers oder der Quelle geweiht sind.

An gewöhnlichen Arbeitstagen liegen die Tempel verlassen da. Nur wenn zu den Feiertagen Götter und Ahnen vom Himmel herabsteigen, um die Gläubigen zu besuchen, belebt sich der Tempel mit festlich gekleideten Menschen. Die himmlischen Gäste werden mit Speisen bewirtet, durch Zeremonien geehrt und mit Musik, Tanz und Kurzweil unterhalten. Nach drei oder

Besakih, der Muttertempel für ganz Bali am Hang des heiligen Gunung Agung, erstrahlt im Festtagsschmuck.

vier Tagen kehren sie in den Himmel zurück, und der Tempel ist wieder verwaist bis zum nächsten Feiertag.

In der Anlage eines Tempels zeigt sich das Wesen der balinesischen Religion. Es ist kein düsteres Gemäuer, sondern ein heiterer, geräumiger Festplatz, in verschiedene Höfe unterteilt und von Mauern umschlossen. Den Eingang bildet ein monumentales Tor. Es ist oben offen und gleicht einem in zwei Hälften geschnittenen Turm, der in der Form den alten *candi*-Monumenten Javas ähnelt. Der Besucher tritt in den Vorhof und fühlt sich gleich meilenweit entfernt von der unruhigen Welt draußen. Der Tempel wirkt durch seine entrückte Stille. Steinerne Dämonengesichter, von Moos überwuchert, blicken stumm von den Mauern in die leeren Höfe. Rings um den Platz stehen schlichte, strohbedeckte offene Hallen: eine dient wichtigen Gemeinderatssitzungen, eine andere der Vorbereitung der Opferzeremonien, die dritte ist der „Musikpavillon" für das Tempelorchester... Zuweilen gibt es noch eine Hahnenkampfarena. Dieser oft von blühenden Frangipanibäumen überschattete Vorhof, in dem auch der Trommelturm steht, dient bei festlichen Veranstaltungen Tänzern und Schauspielern als Warte- und Vorbereitungsplatz.

Durch ein zweites Tor, das von zwei grimmigen Dämonen aus Stein bewacht wird, kommt man in den inneren Hof und in das eigentliche Tempelgelände. Hier reihen sich an der den Bergen zugewandten Seite die Schreine, die den Gottheiten während ihres Besuches auf Erden als Ehrensitz dienen. Der alte Tempelpriester legt gerade kleine Blumenopfer vor die Schreine und kehrt sorgsam ein paar dürre Blätter zusammen. Die mehrstöckigen, pagodenähnlichen Dächer der Göttersitze ragen, sich verjüngend, in den Himmel. Die Zahl der Dächer ist immer ungerade.

In endlos scheinenden festlichen Prozessionen werden die Opfergaben zum Tempel gebracht.

In einem Schrein des inneren Hofes werden die Tempelrequisiten aufbewahrt. Es sind antike Steinstatuetten von Hindugottheiten sowie Edelsteine, alte Manuskripte oder prähistorische Werkzeuge, manchmal auch unförmige Steine, die unter besonderen Umständen gefunden wurden und als Geschenke der Götter an die Menschen betrachtet werden. Gegenstände werden nie um ihrer selbst willen verehrt — es gibt keinen Götzendienst. Doch kann ein Gegenstand oder ein Mensch heilig und verehrungswürdig werden, wenn eine Gottheit von ihm Besitz ergreift.

Tempelzeremonien und -feste

Sie sind in großer Zahl über das ganze Jahr verteilt. Kaum denkbar, daß auf Bali irgendwo eine Woche ohne Feste oder Zeremonien verginge. Der religiöse Kalender gibt die Tage an, die für besondere Gebete, für Reinigungszeremonien oder für Opfergaben an bestimmte Geister oder Götter geeignet sind. Er nennt die jahreszeitlichen Feiertage, die in allen Tempeln auf Bali festlich begangen werden. Und er zeigt die ersten Vollmond- und Neumondnächte an, in denen Tempelzeremonien besonders wirksam sind. Außer der Reihe wird eine Austreibungszeremonie nötig, wenn Krankheit oder Unglück über ein Dorf gekommen ist oder jemand von Kräften Schwarzer Magie bedroht wird. Und manchmal sind es die Götter, die über ein in Trance befindliches Medium nach einem Fest oder einer Zeremonie verlangen.

Häufig ist das *odalan*-Fest der Jahrestag der Tempelweihe. Das ganze Dorf wartet mit Ungeduld auf diesen Tag, der Gebeten, Feiern, aber auch Vergnügungen gewidmet ist, die bis spät in die Nacht dauern. Früher bildete der Hahnenkampf die rituelle Einleitung jedes Tempelfestes. Das vergossene Blut war ein Opfer an die bösen

Festtagsschmuck für das Tempelfest.

Geister, damit sie die nachfolgenden religiösen Zeremonien nicht störten. Später verweltlichte dieses Ritual und wurde zum balinesischen Volkssport. Aufgrund eines Erlasses von 1981 sind Hahnenkämpfe außerhalb von Tempelfesten nun verboten; seitdem haben sie viel von ihrem Reiz verloren.

Sorgfältig werden die Hähne für dieses Ereignis ausgesucht und darauf vorbereitet. Vor dem Kampf tauschen die beiden Besitzer die Hähne aus, um zu prüfen, ob sie an Kraft und Größe einander ebenbürtig sind und durch den gegenseitigen Anblick in die richtige Kampfstimmung versetzt werden. Ist der Kampf beschlossen, werden an den Sporen der Hähne die tödlichen Klingen aus blankem Stahl befestigt; sie müssen straff und richtig sitzen. Ein Vertreter der Jury prüft, ob sie den Regeln entsprechend angebracht sind.

Während der Tumult andauert, werden die Hähne auf einen kleinen quadratischen Platz gesetzt — das Zeichen zum Beginn. Augenblicklich herrscht Stille in der Arena. Angefeuert von ihren Besitzern, stürzen sie aufeinander los. Kaum kann das Auge folgen! Die Kämpfer erheben sich in die Luft, jeder versucht, den tödlichen Sporenhieb anzubringen... Kaum sind einige Sekunden vergangen, da ist der Kampf schon beendet — ein Hahn liegt blutend am Boden, unfähig, wiederaufzustehen. Das Hauptereignis währt verblüffend kurz! Falls ein Hahn nicht zu schwer verletzt ist, päppelt man ihn für den nächsten Kampf wieder auf.

Hahnenkampf ist Männersache — Frauen dürfen zwar zuschauen, doch meistens sind sie emsig tätig an ihren Essenständen oder mit der Vorbereitung der Opfergaben beschäftigt. Während des ganzen *odalan*-Festes treffen im Tempel Frauen mit Bergen von Früchten, Gebäck und Blumen ein. Zuweilen überraschen sie durch

Die liebevoll vorbereiteten Blumen- und Speiseopfer, die zum Tempel getragen werden, bieten einen farbenprächtigen Anblick.

ungewöhnliche Einfälle: Plötzlich tauchen z.B. bei einem Fest wie von Geisterhand die Opferteller über den Köpfen der Menge auf. Es sind Mädchen auf Fahrrädern, die die hoch aufgetürmten Opferteller auf dem Kopf balancieren! Sie halten, steigen gelassen von den Rädern und betreten den Tempel, ohne auch nur ein einziges Mal die Hand zum Kopf geführt zu haben.

Die Speiseopfer sind nicht als wirkliche Nahrung für die Götter und Dämonen gedacht. Sie werden nicht als materielle, sondern als geistige Gabe dargeboten, sollen den Bitten an die Götter um Wohlstand für die Gemeinde Nachdruck verleihen und die bösen Geister beschwichtigen. Die Opfergaben werden streng in zwei Gruppen unterteilt: Für die bösen Geister legt man sie geringschätzig auf den Boden. Für die Götter sind sie besonders sorgfältig hergerichtet und werden, umgeben von duftendem Räucherwerk, auf hohen Altären dargeboten. Der Wind trägt mit dem Weihrauch die geistige Substanz der Opferspeisen zu den Himmlischen empor. Den Menschen bleibt das Stoffliche; sie nehmen die Opferteller später wieder mit heim und verzehren die Speisen im Familienkreis. Beschenkte und Geber haben so ein Festmahl — jeder auf seine Weise!

Während der Zustrom der Opfergaben andauert, lädt der Tempelpriester in Gebeten die Götter ein, herabzusteigen. In manchen Tempeln gibt es kleine Figurinen aus Gold, Bronze oder vergoldetem Holz, und der Priester bittet die Götter, in diese Einzug zu halten. Haben sie von ihnen Besitz ergriffen, werden die Gebete und Zeremonien an die Figurinen gerichtet. Die Figürchen selbst haben keine Macht. Wie die Tempelschreine dienen sie den Göttern nur als Wohnstatt, die sie kurze Zeit mit ihrem Geist erfüllen.

Am Nachmittag versammeln sich alle Dorfbewohner unter den hohen Bambusfahnen im

Barong- und Rangdamasken auf ihrem mit Opfergaben geschmückten Altar im Totentempel.

Tempelhof. Alle Schreine wurden reich mit Opfergaben bedacht und mit Brokatstoffen und Bildern in der alten Tradition geschmückt. Die kleinen Götterstatuen stehen blumenumkränzt in ihren Schreinen. Der Tempelprieser sitzt vor einem Weihrauchgefäß und einem Wasserkessel und segnet die mit Gaben herbeiströmenden Menge. Gewissenschaft erfüllt jeder seine religiösen Pflichten. Dennoch herrscht keine steife Feierlichkeit. Alle geben sich gerade beim *odalan*-Fest heiter und zwanglos, denn es ist ein geistliches und weltliches Ereignis zugleich.

Wenn das Tempelorchester einen rhythmischen Marsch anstimmt, formiert sich eine Prozession, die die Götterstatuen zu einem nahen Gewässer bringt, wo man ihnen ein rituelles Bad zuteil werden läßt. Dabei werden sie mit Musik, Tanz und Gesängen unterhalten und mit Geschenken bedacht.

Nachts verwandelt sich die Umgebung des Tempels in einen fröhlichen Jahrmarkt. Links und rechts vom Tempeltor stehen die Stände in dichten Reihen. Eßwaren, Süßigkeiten, Spielzeug, Ballons und Batikstoffe werden zum Verkauf angeboten. An Spielbuden kann man sein Glück versuchen, an anderen Ständen sich eine Wundermedizin aufschwatzen lassen. Um Mitternacht findet eine Theateraufführung statt, die erst am nächsten Morgen zu Ende geht. Alle Festteilnehmer kleiden sich so schön wie möglich, besonders die schüchternen jungen Mädchen. Wenn sie im heiratsfähigen Alter sind, bekommen sie nach balinesischem Brauch einen *warung* (Imbißstand), um ,,zu sehen und gesehen zu werden''. Für die meisten Jünglinge haben diese *warungs* mehr Anziehungskraft als die Spielbuden.

Im Inneren des Tempelrundes nimmt indessen die religiöse Zeremonie ihren Fortgang. Priester und Priesterinnen singen Hymnen auf die Götter. Vor den Schreinen steigen Wolken von

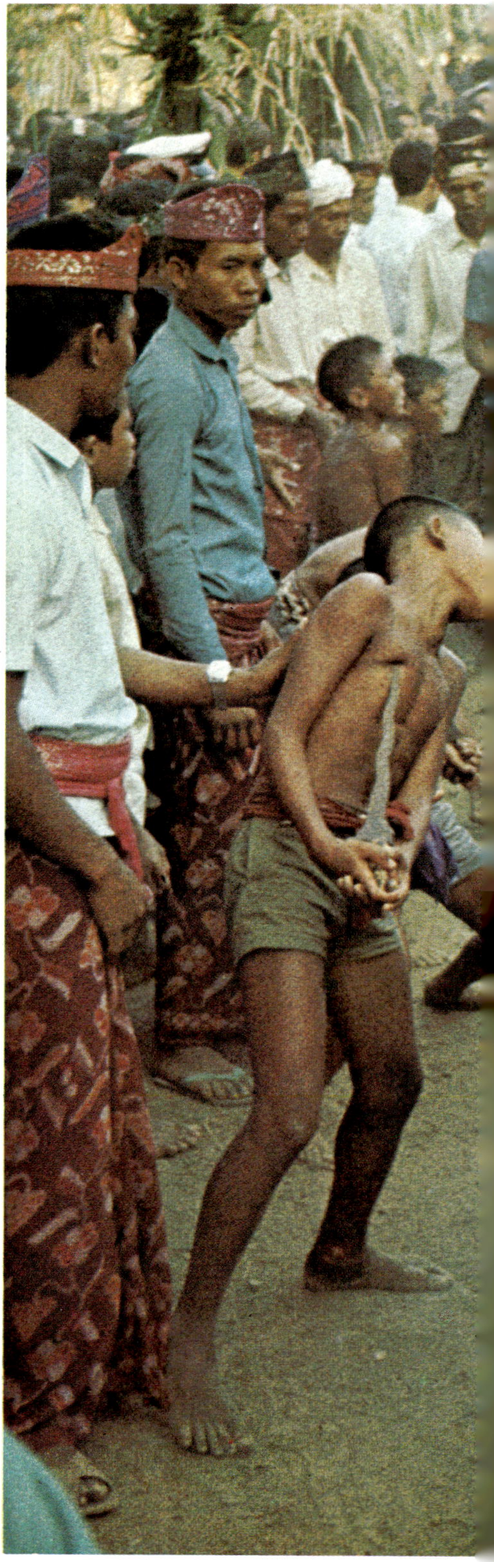

Auf Rangdas Zauberspruch hin richten die jungen Kristänzer die Waffe gegen sich selbst.

Weihrauch auf. Frauen in Andacht erheben sich und beginnen einen langsamen *Pendet* zu tanzen, indem sie feierlich die Altäre mit den Opfergaben umrunden. Hier legen die Frauen ihre sonstige Zurückhaltung ab und tanzen ausdrucksvoll, anmutig und voller Hingabe. Keine ist Tänzerin von Beruf: Der Tanz allein soll ein Geschenk an die Götter sein.

Während des Rituals kann es vorkommen, daß ein göttliches Wesen von einem Tempelpriester Besitz ergreift. Er gerät dann in Trance, schreit und zittert. Ein anderer Priester beruhigt ihn und bringt ihm sowie der Gottheit Opfer dar. Dann befragt er den Gott: ob die Zeremonie gnädig aufgenommen werde, ob das Fest gefalle und ob die Opfergaben recht seien. Trance ist ein tiefreligiöses Erlebnis: durch sie treten die Menschen in direkte Verbindung mit den Göttern. Es gibt Männer und Frauen in den Dörfern, die anerkannte Trancemedien sind. Jedes Medium ist an eine bestimmte Gottheit gebunden. An den Barong- und Rangdaspielen nehmen oft ganze Familien als Trancemedien teil. Durch den Wunsch einer Gottheit kann auch ein normaler Mensch plötzlich zum Trancemedium werden. Meistens ist es jedoch der oberste Tempelpriester, durch den die Götter zu den Menschen sprechen oder durch den sich die Menschen Rat von den Göttern holen. Hat das Medium seine Aufgabe erfüllt, verhilft ihm der Priester durch Gebete und Waschungen mit Weihwasser wieder zu Bewußtsein.

Das *odalan*-Fest endet bei Anbruch des nächsten Tages. Die sich lange hinziehende Handlung des Theaterspiels kommt nun endlich zu ihrem dramatischen Höhepunkt und Ende. Die Musiker packen die Instrumente zusammen, einige ältere Frauen tanzen noch einen *Pendet* zu Ehren der aufgehenden Sonne, und der Tempelpriester verabschiedet die Götter mit einem letzten Gebet.

Nach dem Fest ist der Boden von Opfergaben, hier von kunstvollen Flechtornamenten, übersät.

REISEN AUF DER INSEL

Rufe, Kichern und wildes Gelächter. Die Kinder stürmen aus den Häusern und verkünden laut: „*Turis! Turis!*" Ein schläfriger Hund erhebt sich gemächlich und trottet um die Ecke. Stattliche Frauen, Opfergaben auf dem Kopf balancierend, schreiten vorbei und mustern die Fremden aus den Augenwinkeln. Auf der Straße trifft sich alles. Ein großes, lebendiges Theater mit Tempeln, Schreinen und Palästen als eindrucksvolle Kulisse. Wohin Sie auf Bali kommen — Sie werden immer neue Eindrücke sammeln!

Die Straßen der Insel sind nicht alle in gutem Zustand; am besten sind die Hauptverkehrsadern, die Denpasar mit den wichtigen Städten und touristischen Anziehungspunkten verbinden. Über sie erreicht man bequem die wesentlichen Sehenswürdigkeiten. Wem holperige Strekken nichts ausmachen, der gelangt fast an alle Orte mit dem Auto oder dem Jeep. Vor der Abfahrt sollte man sich über den Zustand der Straßen informieren.

Am schnellsten kommt man mit einem gemieteten Auto oder Kleinbus zum Ziel. Es gibt genügend Taxen bei den Hotels oder Reiseunternehmen. Freie Taxen stehen am Suci-Busbahnhof in Denpasar. Für Ziele abseits der großen Straßen empfiehlt sich ein Jeep, den man mit etwas Mühe bekommen kann.

Wenn auch nur abgehärteten Reisenden zuzumuten, ist der balinesische Bus ein unvergleichlich eindrucksvolles Verkehrsmittel. Busse bringen Sie, bei mäßigen Fahrpreisen, zu den entlegensten Orten auf der Insel. In Denpasar gibt es zwei große Stationen: Kreneng für die nach Osten abgehenden Busse (Ubud und Klungkung) und Ubung für die in Richtung Westen (Tabanan und Bedugul).

Von diesen Stationen starten auch Kleinbusse, „Colts" genannt. Mit *bemos* (kleine Fahrzeuge für etwa zwölf Passagiere) gelangt man durch Denpasar und in die nähere Umgebung. Glockenklang und Hufgetrappel begleiten den Ausflug in einem *dokar* (Pferdekarren für drei Passagiere). Den Fahrpreis sollte man im voraus aushandeln.

Lassen Sie sich treiben in Bali und anstecken von der allgemeinen Atmosphäre freundlicher Liebenswürdigkeit, die so typisch ist für diese Insel. Für eine Fahrt ins Blaue ist ein Fahrrad, Moped oder Motorrad am vergnüglichsten, da man unabhängig ist und nach Belieben anhalten kann. Wo keine Straßen mehr sind, nimmt man den Weg übers Meer. *Jukungs* setzen Sie über nach Serangan, der „Schildkröteninsel" dicht vor Sanur. Von Kusumba aus, das im Osten hinter Klungkung liegt, segeln *jukungs* zur Insel Nusa Penida. Von Padangbau aus geht eine Fähre zur Insel Lombok.

Der größte Teil der Entdeckungsfahrten auf der Insel bleibt jedoch den speziellen Interessen des einzelnen überlassen. Bali bietet enorm viele Möglichkeiten. Sie können den Krater eines Vulkans hinuntersteigen oder einen einsamen Strand zum Sonnenbaden aufspüren. Die folgenden Touren sind nur Vorschläge, die Ihnen interessante, sehenswerte Orte vorstellen und vielfältige Entdeckungsmöglichkeiten bieten sollen: sie sind flexibel gehalten, so daß Sie an allen beliebigen Punkten anfangen oder aufhören können. Die besten Führer haben ihre speziellen „Geheimnisse" und können Sie an Orte bringen, die erst wenige Inselbesucher gesehen haben.

Die beste Reisezeit ist morgens und am späten Nachmittag. Für diejenigen, die nur wenig Zeit zur Verfügung haben, bietet die Ubud-Kintamani-Tour eine gute Einführung. Ausflüge in den Osten und Westen führen Sie auch in die entfernteren Teile der Insel. Die südliche Tour geht an der Küste mit den herrlichen Stränden entlang. Die nördliche Rundfahrt überquert den Gebirgszug und erreicht die nördliche Küste von Bali.

Vorherige Seiten: Touristen auf einem modernen balinesischen Bild. Links: Tempelrelief in Kubutambahan. Folgende Seiten: Bali-Karten, Auto-Opfergaben und badender Junge.

BALI SEA
Menjangan Island
Teluk Trima
Banyuwedang
Pulaki
Gilimanuk
Seririt
Pengastulan
Mayong
Busungbiyu
Mt. Merbuk 1390 m
Mt. Musi 1240 m
Mt. Mesehe 1300 m
Mt. Patas 1420 m
Bali Strait
Negara
Pulukan
Antosari
PHILIPPINES
PACIFIC OCEAN
BRUNEI
MALAYSIA
SUMATRA
SINGAPORE
KALIMANTAN
SULAWESI
IRIAN JAYA
PAPUA NEW GUINEA
INDONESIA
JAVA
INDIAN OCEAN
BALI
AUSTRALIA

Kubutambahan
Sawan
Mt. Catur
2140 m
Penulisan
Mt. Batur
1720 m
Lake
Batur
Kintamani
Catur
Lake
Bratan
Bedugul
Batur
Terunyan
Abang
Kedisan
Penelokan
Kubu
Mt. Abang
2140 m
Baturiti
Mt. Agung
3140 m
Culik
Seribatu
Besakih
Mt. Seraya
870 m
Tampaksiring
Penebel
Rendang
Karangasem
(Amlapura)
Tegalalang
Gunung
Kawi
Selat
Bebandem
Bangli
Iseh
Ujung
Asak
Tenganan
Sangeh
Marga
Blayu
Ubud
Pejeng
Sidan
Klungkung
Abeansemal
Mas
Gianyar
Padangbai
Lombok Strait
Mengwi
Kutri
Kapal
Gelgel
Goa Lawah
Kusamba
Blahbatuh
Lukluk
Singapadu
Sempidi
Celuk
Strait
Denpasar
Sanur
Badung
Toyapakeh
Sampalan
Kutampi
NUSA
PENIDA
Tulad
Tanglad
N
Kuta
Serangan
Benoa Port
Nusa Dua
BUKIT
BADUNG
0
20
Kilometers
OCEAN

C H E V

YAMAHA
JVC

Links: Straßenszene in der Jalan Gajah Mada.
Unten: Bali Art Centre in Denpasar.

DENPASAR

Balis Metropole mit 100 000 Einwohnern ist die größte Stadt der Insel und außerdem die Hauptstadt des Regierungsbezirks Badung. Seit Ende der 60er Jahre, als der Touristenboom einsetzte, ist Denpasar schnell zu einer überaus geschäftigen Stadt geworden, die mit ihren engen Gassen (meist Einbahnstraßen) den regen Verkehr kaum noch bewältigen kann. Im Zentrum liegt der **Puputan-Square,** genannt nach dem selbstmörderischen Kampf der Radschas von Badung gegen die Holländer im Jahre 1906. Auf einer Seite sind das Bali Museum und der Staatstempel Pura Jagatnatha; gegenüber liegen Militärgebäude.

Die große Statue mit vier Gesichtern und acht Armen (an der Nordwestecke des Puputan-Square) stellt die Gottheit in ihrer Eigenschaft als Herr der vier Himmelsrichtungen dar. Sie entstand 1972 in Erinnerung an den *puputan,* obgleich die Bildsymbole im Hinduismus verwurzelt sind.

An der Guru-Statue (hier stand früher eine alte Straßenuhr) treffen sich die beiden wichtigsten Einkaufsstraßen von Denpasar. In der **Jalan Gajah Mada** gibt es Lebensmittelgeschäfte, Antiquitätenläden, Restaurants, Banken und ein paar Getränkebuden. (Auch der Marktplatz liegt nicht weit von hier.)

An der **Jalan Veteran** und in dem Sträßchen hinter dem Hotel Bali findet man gutes Kunsthandwerk. Viele Geschäfte sind von 13.00 bis 17.00 Uhr geschlossen, dann jedoch bis 20.00 Uhr geöffnet. Das Bali stammt noch aus der Kolonialzeit.

Das Denpasar ist das zweite große Hotel im Zentrum. Es liegt in der Jalan Diponegoro. Außerdem gibt es, über die ganze Stadt verteilt, etwa 80 kleinere Hotels.

Denpasar bedeutet: „nördlich des Marktes". Jeden Morgen schlagen die fleißigen Marktfrauen auf dem Marktplatz, **Pasar Badung,** ihre Stände auf und bieten Gewürze, Garne, Webwa-

Geschäftiges Markttreiben herrscht Tag und Nacht.

ren, Körbe, Töpfe und Matten, vielerlei Früchte, Fleisch sowie alle erdenklichen Lebens- und Nahrungsmittel an. Jeder Händler bringt Ratu Mas Melanting, der Göttin des Wohlstands, eine kleine Opfergabe zum Schrein auf dem Markt. Abends verwandelt sich die Jalan Kartini (nahe der Jalan Gajah Mada) in eine leuchtende Kette von Gaslampen über den Eß- und Getränkebuden, Schuh- und Batikauslagen des Nachtmarktes.

Denpasar lohnt eine Besichtigung. Gleich hinter dem Omnibusbahnhof befindet sich der **Puri Pemecutan,** der 1907 an der Stelle des viel größeren Palastes, der im *puputan*-Konflikt in Flammen aufging, erbaut wurde. Die Gebäude und ihre Anordnung entsprechen den königlichen Palästen des alten Badungreiches. Schattige Pavillons beherbergen alte *lontar* (Palmblattmanuskripte klassischer Literatur), ein vollständiges Gamelanorchester (*Gong Mas* oder ,,Goldenes Orchester'' genannt), das noch aus dem ursprünglichen *puri* stammt, alte Waffen und eine gute Sammlung zeitgenössischer balinesischer Malerei.

Kokar ist der gebräuchliche Name für ,,Konservatori Kerawitan'', das Konservatorium für darstellende Künste. Hier kann man Tänzern bei der Probe einer Vielzahl von Tänzen, begleitet von Gamelanorchestern, zusehen.

Die Schule entstand 1960 und lehrt balinesische und javanische Musik und Tänze neben allgemeineren Fächern. Die Studenten sind meist sehr jung; hier herrscht die Einstellung vor, daß es bei einem wirklich guten Tänzer nicht auf das Alter ankommt: Man tanzt schon mit sechs und tut das auch noch mit achtzig Jahren. Im gleichen Gebäude befindet sich ASTI, die Indonesische Tanzakademie.

Bei Vollmond verehren die Bewohner Denpasars den allerhöchsten Gott, Sanghyang Widi, im **Pura Jagatnatha**-Tempel neben dem Museum. Die Schildkröte Bedawangnala und die

beiden *nagas* (Schlangen) versinnbildlichen die Schöpfung. Der pagodenartige Turm symbolisiert die übereinanderliegenden Himmel.

Das **Museum Bali,** 1932 unter der holländischen Regierung erbaut, vermittelt einen ausgezeichneten Überblick über die Kunst Balis von vorgeschichtlicher Zeit bis zum Anfang unseres Jahrhunderts.

Da gibt es neolithische Steinwerkzeuge und -sarkophage, zeremonielle Masken und *ukurs* (Symbolfiguren aus Silber und chinesische Münzen), die bei Totenfeiern verwendet wurden. In der Architektur des Museums finden sich Tempel und Palast, die beiden erhabenen Gebäudetypen Balis. Das gespaltene Tor, Außen- und Innenhof sowie der Turm für den *kulkul* („Alarmtrommel") sind typisch für die Tempelbauweise.

Gegenüber dem *kulkul* steht erhöht ein Pavilion, wie er früher zu jedem Palast gehörte und den Fürsten als Aussichtspunkt diente. Das Hauptgebäude mit der großen säulenumgebenen Halle gleicht den ostbalinesischen Palästen von Karengasem; hier wurden einstmals Minister und hohe Würdenträger vom Radscha in Audienz empfangen.

Das fensterlose Gebäude zur Rechten entspricht dem Tabananstil Westbalis, das Steingebäude auf der linken Seite gehört zum Singarajastil des Nordens. Die Vielfalt der Stile macht das Bauwerk zu einem umfassenden balinesischen Monument.

Eine ständige Ausstellung moderner balinesischer Malerei und Holzschnitzkunst ist im **Abiankapas** am Stadtrand zu besichtigen. Dieser gewaltige Komplex enthält auch eine geräumige Tanzfläche und einen Verkaufsraum. Ausstellungen, Tanzvorführungen etc. werden hier veranstaltet.

Programme sind dort während der Öffnungszeiten von 8.00 bis 17.00 Uhr (dienstags bis sonntags) erhältlich.

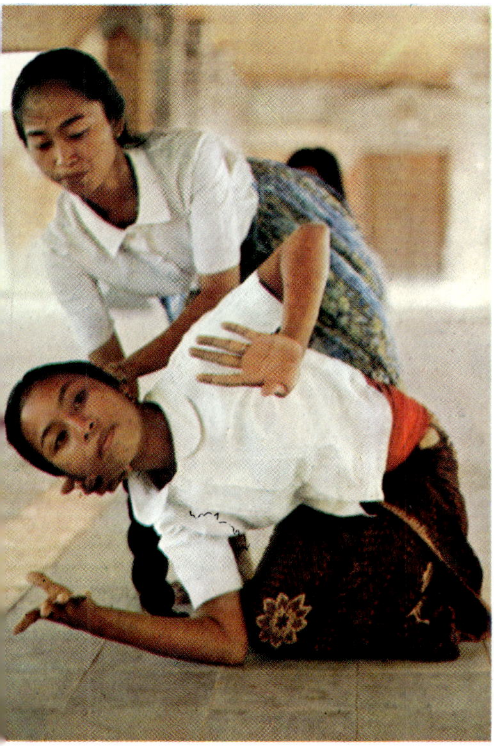

Die hohe Schule balinesischer Tanzkunst: das Kokar.

Das Museum Bali spiegelt die kunstgeschichtliche Entwicklung wider.

H.T. BUDI
BATUAN = BALI
1978.

SANUR, KUTA UND DER SÜDEN

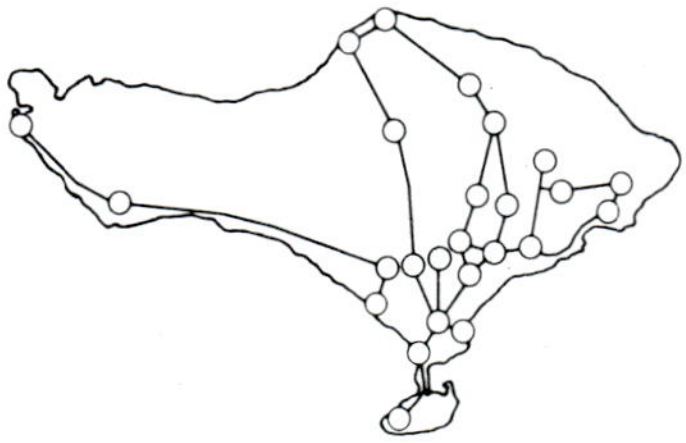

Es ist eigenartig, daß Balis berühmteste Feriengebiete bei Sanur und Kuta zu finden sind — zwei Dörfer, die sich beidseits der schmalen Landzunge die Bali mit Bukit verbindet, gegenüberliegen. Mit zunehmendem Tourismus haben sie sich aus typisch balinesischen Orten zu geschäftigen Vororten Denpasars entwickelt, die mit der Hauptstadt durch einen steten Strom von *bemos* verbunden sind. Ein Regierungserlaß zur Überwachung des Touristenstroms hat das Hotelwesen auf den Süden (Denpasar, Kuta und Sanur) beschränkt. Neue Projekte entstehen nur bei Nusa Dua an der Ostküste der Halbinsel Bukit.

Die Menschen dieses Gebietes waren, ebenso wie die Bewohner um Singaraja, immer die ersten, die auf friedliche oder feindliche Besucher trafen. Ein weitverbreiteter Glaube besagt, der Dämon Jero Gede Macaling spuke einmal im Jahr an den Küsten Südbalis. In Belanjong (noch weiter als das Hotel Sanur) erinnert eine Säuleninschrift an die Siege von Sri Kesari Warmadewa über seine Feinde im Jahre 913 n.Chr.

Später zogen berühmte Priester aus Java Balis Küsten entlang. Die drei bekanntesten Tempel der Gegend — Pura Sakenan, Pura Luhur Ulu Watu und Pura Petitenget in Krobokan stehen in engem Zusammenhang mit Nirartha, einem Priester des 16. Jahrhunderts.

Der erste Europäer, der sich auf Bali niederließ, war ein dänischer Händler, Mads Lange, der um 1830 eine Koprafabrik in Kuta errichtete. Seinen zunehmenden Einfluß nutzte er, um die miteinander zerstrittenen Radschas zum gemeinsamen Widerstand gegen den holländischen Druck aus dem Norden zu bewegen. Bei seinen Bestrebungen machte Mads Lange sich viele der Fürsten zu Feinden, und Ende des Jahrhunderts wurde er vergiftet. Sein Grab liegt in Kuta.

1906 begann die holländische Invasion des Südens der Insel mit den Schlachten von Sanur, die nach blutigen Kämpfen ihre grausigen Höhepunkte darin fanden, daß die drei regierenden Radschas von Bandung samt Höflingen und Untertanen sich in den letzten Kampf stürzten.

Die Holländer hatten gesiegt. Nach den Unruhen während der japanischen Besatzung landeten 1946 noch einmal holländische Truppen in Sanur.

Sanur war schon immer für seine Maler und seine Musik bekannt. Überall trifft man beim abendlichen Spaziergang auf die dörflichen Gamelanorchester bei den Proben, und irgendwo versammeln sich immer Menschen in Erwartung einer Schauspiel- oder Tanzaufführung.

Die Kinder der „Schildkröteninsel" Serangan sind sehr geschickt, wenn es darum geht, große, manchmal bis zu 8 m lange Drachen vom Wasser aus aufsteigen zu lassen. Das Drachensteigen ist ein so begeistert betriebener Volkssport, daß die Behörden Bedenken wegen möglicher Gefährdung landender Flugzeuge anmeldeten. Sanur, Serangan und Kuta liegen nah beieinander.

Sanur

In den 30er Jahren gab es in der Weltabgeschiedenheit Sanurs nur einige fürstliche Villen

„Surfen in Kuta Beach", gemalt von I. Made Budi aus Batuan (vorherige Seiten).

Hotel Segara Village in Sanut.

und Pandy's Kunstgalerie, in jenen früheren Tagen ein Aquarium und Kaffeehaus. Tanjung Sari war damals ein verträumter Tempel auf einer Landzunge, an das Bali Beach Hotel dachte noch niemand.

Aus jener Zeit überdauerte nur das Anwesen des belgischen Malers Le Mayeur, der 1932 nach Bali kam. Nach seinem Tod, 26 Jahre später, fiel sein Besitz, seinem Wunsch entsprechend, an den indonesischen Staat. Seine Witwe, Ni Polok, in ihrer Jugend eine schöne, angesehene *Legong*-Tänzerin, betreut Haus und Garten mit den vielen Kunstschätzen. Das Haus liegt nicht weit vom Bali Beach Hotel.

Die ersten Bungalowhotels entstanden in den 50er Jahren, wobei sich die Dorfbewohner nicht genug darüber wundern konnten, daß jemand neben dem Meer wohnen mochte, das doch von den Geistern heimgesucht wurde. Das immer noch größte Hotel, das Bali Beach, ist ein Projekt aus der Sukarno-Ära und wurde 1966 eröffnet. Inzwischen wurde ein weiterer Flügel angebaut und ein Bungalowkomplex, das Bali Seaside Cottage, angefügt. Außerdem entstanden entlang des Strandes noch etwa 30 weitere Hotels.

Als das Bali Beach neu eröffnet wurde — und noch Jahre danach — zeigten sich die Balinesen über die Errungenschaften der Moderne höchst erstaunt. Von überallher kamen sie, um so ungeheuerliche Dinge wie fließendes Wasser, Stromanschlüsse und Fahrstühle zu bestaunen.

Nach dem Bali Beach sind das Bali Hyatt und das Sanur Beach die beiden führenden Hotels am Platz. Der Bauboom erreichte seinen Höhepunkt vor der PATA-Konferenz im Frühjahr 1974. 1600 Hotelzimmer gab es damals in Sanur. Jetzt verbindet eine Schnellstraße Sanur mit Denpasar und Nusa Dua. Seit die Luxushotels im neuen Touristenzentrum geöffnet haben, bricht wenigstens der Verkehr nicht mehr zusammen.

Strandanblick am frühen Morgen: ein besonderes Erlebnis.

Inzwischen darf keine Haus mehr höher gebaut werden als eine Kokospalme, was Sanur seinen dörflichen Charakter erhalten hat. Der Erlaß förderte gleichzeitig den Bau von Bungalowhotels, die mehr der balinesischen Bauweise von mehreren kleinen Gebäuden innerhalb eines Wohnkomplexes entsprechen.

Die Strandhotels von Sanur liegen der Sonne zugewandt, die am frühen Morgen strahlend über Nusa Penida aufgeht. An sehr klaren Tagen kann man die Gipfel von Balis Gunung Agung und sogar den von einem Wolkenkranz umgebenen Vulkan Rinjani auf Lombok erkennen. Anmutig gleiten die Fischerboote (*prahus*) mit ihren weißen Dreieckssegeln vorüber. Sie werden auch *junkungs* genannt und können für kleine Ausflüge entlang der Küste gemietet werden.

Während der Ebbe zieht sich das Meer weit zurück, und Sandbänke und Korallen erstrecken sich einige hundert Meter weit bis hinaus zum Riff. Das ist die Zeit der Dorfbewohner, die dann ausziehen, um Korallen zu sammeln, aus denen sie später den zum Hausbau benötigten Mörtel brennen. Nachts waten die Fischer bei Fackelschein durch die Tümpel und fangen Krabben und anderes Getier.

Durch die Nähe des Meeres mit seinen gefürchteten Geistern, aber auch wegen der vielen hier ansässigen Brahmanenfamilien haftet Sanur etwas „Mystisches" an. Der köstlichste Reis — einst den Fürstentafeln vorbehalten — wächst hier in dieser Gegend.

Ein Tageslauf in Sanur könnte so aussehen: z.B. am Schwimmbecken entspannen, spazierengehen am Strand, eine Wanderung durch Reisfelder und Kokospalmenhaine bis zur nächsten dörflichen Siedlung machen oder im Meerestempel eine Korallenpyramide bzw. in Belanjong eine alte Säuleninschrift besichtigen.

Am Abend probiert man einheimische Gerichte auf dem Strandmarkt, sieht sich einen Tanz

Surferin auf dem Weg zum Wellenreiten.

oder ein Drama an oder besucht einen Nachtclub in den Luxushotels Bali Beach, Hyatt und Sanur Beach.

Kuta

Unvergeßlich die Sonnenuntergänge in Kuta, einem der lieblichsten Küstenstreifen der Insel! Der Himmel scheint noch immer in sanft flammendem Rot, wenn bereits die ersten Sterne schimmern. Kurz vor der Dämmerung setzen dann die Fischer die Segel ihrer *prahus,* die sich wie zarte Silhouetten von der sinkenden Sonnenscheibe abheben, ehe sie sich langsam in der zunehmenden Dunkelheit auflösen. Nur noch die Brandung rauscht, Welle auf Welle rollt an den Strand und verläuft sich in ewiger Wiederholung. Die Fischer kehren zurück, wenn in der Milde des frühen Morgens die Hänge des Batukau und an klaren Tagen die Berge an Javas Ostspitze auftauchen.

Außer den Fischern erleben nur wenige Balinesen einen Sonnenuntergang; sie gehen ihren häuslichen Geschäften nach. Wie mag Mads Lange, jener erste europäische Bali-Bewohner, diese abendlich-romantischen Stimmungen genossen haben! Oder Ketut Tantri, eine Engländerin, die — auch aktiv kämpfend — während der Revolutionsjahre in Bali und auf Java lebte und ein Hotel in Kuta baute. Später entstand dort das Kuta Beach Hotel.

Erst in den 60er Jahren kamen aus aller Welt junge Leute, die sich überall zu Hause fühlten. Damals wohnte man noch allgemein in Denpasar und machte nur Ausflüge nach Kuta, um hier zu schwimmen, den Sonnenuntergang zu erleben, einen Kristanz zu sehen oder auch eine Nacht am warmen Strand zu verbringen. Die Bauern, Fischer und Schmiede von Kuta wunderten sich zunächst, warum so viele Fremde an ihre Strände strömten. Dann kamen sie — wie viele ihrer Landsleute zuvor — auf die Idee, Ka-

Gelassenheit im Morgengrauen.

pital daraus zu schlagen. Für billiges Geld boten sie Übernachtungsmöglichkeiten an und vermieteten Zimmer an Touristen; es waren saubere, preiswerte Unterkünfte. Dann entstanden die Hotels, z.B. das Kartika Plaza Bali und das Oberoi.

Nun gibt es zahlreiche Restaurants, die sich auf westliche Küche und einheimische Kost verstehen. Miniboutiquen mit balinesischen Strandmoden findet man überall.

Auch für die Einheimischen wurde Kuta immer interessanter. Aus Denpasar und aus den großen Städten Javas kamen scharenweise die Menschen. Dutzende von Läden entstanden entlang der Straßen.

Am Strand tragen Frauen und Mädchen schwere Bündel mit Batikkleidern und Sarongs auf dem Kopf und suchen nach Kauflustigen. Buben verkaufen Karten für Tanzaufführungen und kleine Mädchen Getränke.

Im Meer herrschen zeitweilig starke Unterströmungen. Es heißt, die Göttin des Meeres fordere jährlich mindestens ein Menschenopfer. Vorsicht beim Schwimmen ist also geboten! Sonst ist das Meer aber herrlich und gleichbleibend warm. Auch Bretter zum Wellenreiten kann man ausleihen. Es gibt einen von einem Hawaiier gegründeten ,,Surfing Club'' sowie einen Lebensrettungsverein, der einen Teil des Strandes überwacht. (1981 wurden an den Stränden von Kuta internationale Surfwettbewerbe ausgetragen.)

Das Wasser bleibt hier bis in die Nacht hinein warm; sanft schimmert sein safrangelber Spiegel. Der weiche, warme Sand des Strandes eignet sich vorzüglich zum Burgenbauen und für lange Spaziergänge.

Die Einheimischen sammeln Korallen und Muscheln, und zuweilen führen sie rituelle Tänze auf. Ein Nachtmarkt, einige Discos, preiswerte Bars und Restaurants sorgen für Unterhaltung nach Sonnenuntergang.

Serangan

Eine vergnügliche Segelpartie mit einer *prahu* bringt uns nach Serangan, zur „Schildkröteninsel". Dort fängt man große Wasserschildkröten und mästet sie mit Seegras; als besondere Köstlichkeit werden sie dann auf dörflichen Festen verkauft. Das Meeresheiligtum Pura Sakenan wird besonders von den Menschen in Denpasar und Mengwi verehrt. In diesem Tempel, wie auch in dem nahegelegenen Pura Susunan Wadon, gibt es schlanke, pryramidenförmige Schreine: *prasada* oder *candi,* die auf Bali selten sind. Zweimal im Jahr pilgern Tausende von Gläubigen während dreier Tage über die Sandbänke zum Tempel. Riesige Puppen, die *Barong Landung,* werden in einer Wasserprozession mit Booten vom Festland übergesetzt. Gamelanmusik erklingt den ganzen Tag über, während die Frauen mit Opfergaben herbeiströmen, um sie im Tempel segnen zu lassen.

Tempelfest auf der Schildkröteninsel.

Ulu Watu

In krassem Gegensatz zu den sattgrünen Feldern des südlichen Bali steht das hauptsächlich aus Kalksandstein bestehende Tafelland der Halbinsel Bukit, mit Bali nur durch eine schmale Landzunge verbunden. In dem trockenen Buschland, etwa 200 m über dem Meer, wachsen vor allem Kakteen. Gelegentlich weidet dort auch Vieh. Eine gute Straße windet sich über Bukit bis zu seiner westlichen Spitze, wo die Felsen der Steilküste senkrecht über 100 m ins Meer abfallen. Der kleine Felsentempel Pura Luhur Ulu Watu auf dem äußersten Felsvorsprung stammt etwa aus dem 10. Jahrhundert und ist einer der sechs Haupttempel, die von allen Balinesen verehrt werden. Der Tempel ist den Schutzgottheiten des Meeres geweiht und hat einen ungewöhnlichen Bogeneingang, über dem ein Kalakopf thront, der von schönen Ganeshastatuen flankiert ist.

Ausblick auf den Felsentempel und das Meer tief unten.

NACH UBUD UND KINTAMANI

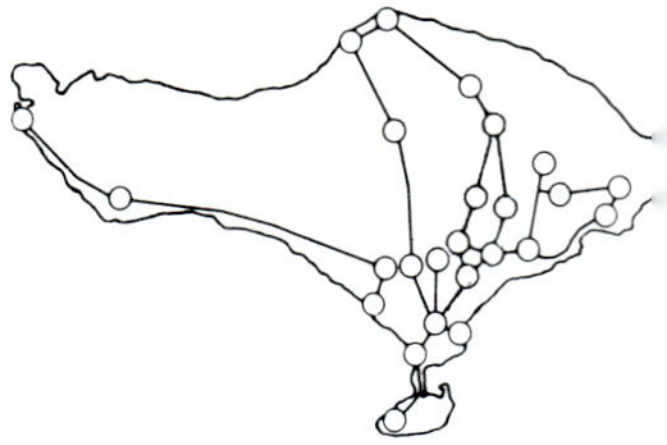

Die Kintamani-Tour gibt einen guten Gesamteindruck von der Insel. Von Denpasar fahren Sie zunächst durch einige Dörfer, die für Holz- und Metallarbeiten bekannt sind. Dann führt die Straße durch Gegenden, die heute noch reich an Zeugnissen einer großen Vergangenheit sind. Sie wurde von balinesischen Hindukönigtümern geprägt, die im 15. Jahrhundert plötzlich wieder verschwanden. Zeitlich noch weiter zurück versetzt uns der Anblick von Funden aus der Bronzezeit, von ehrwürdigen Steinmonumenten und uralten Königsstatuen. In Ubud und Mas, im hügeligen Gebirgsvorland gelegen, führt uns die moderne lebendige Malerei und Schnitzkunst wieder in die Gegenwart.

In endloser Wiederholung reihen sich saftiggrüne Reisfelder aneinander. Lustige Vogelscheuchen aus Palmblättern und schattenspendende Strohdächer sind über die Landschaft verteilt. Immer wieder kommen wir an Schreinen oder kleinen Tempeln vorbei, in denen den Göttern der Felder und der Fruchtbarkeit geopfert wird. In den Dörfern stampfen die Frauen den Reis. Wir sehen sie beim Wasserholen oder an den Ufern der Flüsse bei der Wäsche, die sie zuweilen liegenlassen, um die fröhliche Kinderschar zu bändigen, die jeden Fremden überschwenglich begrüßen will.

Höhepunkt des Ausflugs ist der Aufstieg zum Vulkan Batur und zu dem Bergheiligtum, das der Göttin der Fruchtbarkeit gewidmet ist. Der Batur liegt etwa 1700 m hoch, und seine Hänge haben den Lauf des Lebens im Inneren Balis mitbestimmt. Denn von der Hochebene um den Batur fließt fruchtbares, mit vulkanischen Mineralen angereichertes Wasser von einer Reisterrasse zur nächsten in langsam absteigenden Stufen bis hinunter zum Meer.

Es ist gut, Zeit zu haben. Ein Tag reicht sowieso nicht, um Bali zu entdecken. Und es gibt immer Unvorhergesehens. Auf einmal geraten Sie in eine feierliche Prozession, die zu einem prächtigen Tempelfest führt, oder Sie lassen sich zu einem Abstecher in einem der nachstehend aufgeführten Orte verleiten. Ein Morgenspaziergang durch ein Dorf abseits der Hauptstraße ist ein Erlebnis.

Von Kintamani aus kann man zu einem abgeschiedenen Gebirgsdorf wandern, in dem die Menschen mehr als tausend Jahre alte Gebräuche bewahrt haben. Gegen Mittag lüftet der Batur meist seine Wolkenkapuze, und der Gipfel wird sichtbar. Darum ist es ratsam, möglichst früh am Morgen aus Denpasar aufzubrechen und eine Tagestour einzuplanen.

Wer nur einen Halbtagesausflug machen möchte und an Kunst und Einkäufen interessiert ist, unternimmt am besten eine Tour nach Ubud und Mas, mit Konzentration auf diese beiden Orte. Von Denpasar aus kommt man zunächst durch Celuk, ein Zentrum für Gold- und Silberarbeiten, dann nach Kutri und Bedulu. Ubud und Mas sind für Malerei und Schnitzkunst bekannt. Einen Besuch lohnt das Museum von Ubud, Puri Lukisan. Hier sind einige hervorragende Beispiele balinesischer Malerei und Plastiken ausgestellt. In besonderen Räumlichkeiten bietet das 1954 gebaute Museum auch Möglichkeiten für Ausstellungen.

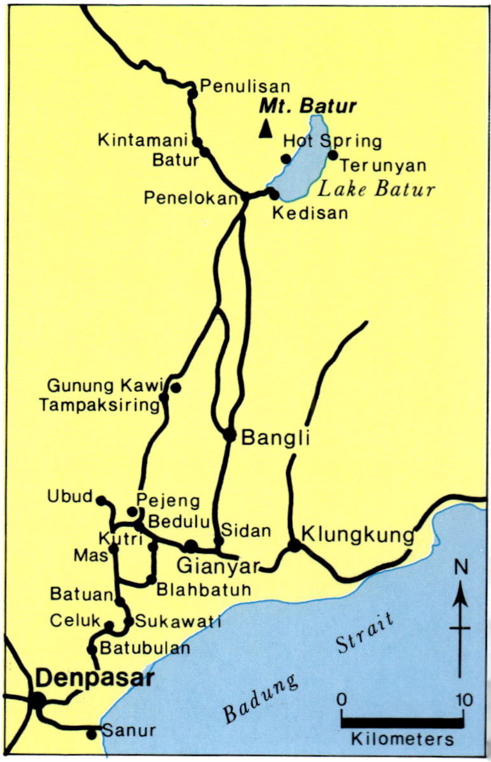

Vorherige Seiten: Batur-Tempel im Nebel.

Ein junger Steinmetz formt aus dem weichen Gestein eine Dämonenfratze.

Zeugnisse der Handwerkskunst früherer Epochen.

Batubulan

Nicht weit von Denpasar kommen wir an die Grenze des Bezirkes Badung und zur „Patal Tohpati-Spinnerei“ (*Tohpati* heißt: „wo man sein Leben einsetzt“; dies erinnert an eine Schlacht zwischen zwei rivalisierenden Königtümern, die einst hier stattfand.) Die Einfallsstraße von Batubulan säumen Götter- und Dämonenstatuen. Sie warten auf einen Käufer, um ihm als Wächter und Beschützer des Anwesens oder Familienschreins zu dienen. Man kann den Steinmetzen bei der Arbeit zusehen — hauptsächlich junge Leute. Die Bildhauer von Batubulan sind außergewöhnlich begabte Handwerker; die besonders schönen Tempel dieser Gegend sind ein augenfälliger Beweis.

Interessant ist der Pura Puseh. Hier stehen sich am Tempeleingang Gottheiten aus dem Hindupantheon und ein meditierender Buddha gegenüber.

Celuk

Ein fein aus Silber gedrechselter Drachen, der sich doppelt ums Handgelenk windet, ist die Form eines der Armbänder, die man in Celuk, einem Mittelpunkt der Gold- und Silberschmiedekunst, kaufen kann. Die Eigenart der künstlerischen Einfälle, ausgeführt in zarter Filigranarbeit, geben dem balinesischen Schmuck eine in Asien ungewöhnliche Stilrichtung. Die Herstellung mancher Stücke mag kompliziert erscheinen, doch bedient man sich einfachster Mittel: Der Silberschmied benutzt einen Baumstumpf mit einem herausragenden Eisenbolzen als Unterlage zum Hämmern, einen Bambusköcher zum Auffangen der Feilspäne und ein Handgebläse zur Erzeugung der nötigen Temperaturen. Wie fast alle Berufe auf Bali ist auch der des Gold- und Silberschmieds erblich. Die Ausbildung beginnt früh, und bereits mit 12 Jahren formen die Jungen kunstvolle Ornamente.

Batuan hat seinen eigenen charakteristischen Kunststil.

Düster wie sein Ruf: der Fluß Petanu.

Sukawati und Batuan

Kurz hinter der Brücke über den Oos biegt die Straße nach Norden und passiert die Dörfer Sukawati und Batuan. 1022 erließ König Marakata eine Verordnung, nach der diese beiden Orte aus dem ursprünglichen Sukawati entstanden. Der wichtige Markt von Sukawati zog chinesische Kaufleute an, der *puri* wurde zum Mittelpunkt der Künste.

Batuans Maler nahmen sehr aktiv teil an der Entwicklung moderner balinesischer Malerei während der 30er Jahre und haben einen eigenen Stil geprägt.

Hinter Sakah führt die Straße über die tiefe Schlucht des Petanu. Dieser Fluß ist historisch sehr bedeutsam. Zwischen seinen Ufern und dem östlich gelegenen Fluß Pakrisan gibt es zahlreiche Funde noch aus der frühen balinesisch-hinduistischen Zeit gegen Ende des 10. Jahrhunderts. Basreliefs, Felsklöster und Hinduskulpturen liegen zerstört zwischen den Tempeln und Reisfeldern.

Eine Petanu-Sage berichtet von dem Dämonenkönig Mayadanawa, dessen Stolz auf seine magischen Kräfte die Götter gegen ihn aufbrachte. Indras Kämpfer besiegten ihn in einer Schlacht. Da schuf er eine vergiftete Quelle. Viele Götter, die getrunken oder gebadet hatten, starben. Aber Indra und seine Priester ließen einen Quell mit heiligem Wasser aus dem Boden springen — das berühmte Tirta Empul —, und Indras Freunde wurden wieder zum Leben erweckt. Um seiner Rache zu entkommen, verwandelte Mayadanawa sich nacheinander in einen Hahn, in Reis und endlich in einen Stein. Indra schoß einen Pfeil auf ihn, und Mayadanawas Blut floß in den Petanu. Lange war es verboten, das Wasser dieses Flusses für die Bewässerung der Felder zu nutzen, denn würde der Reis jemals geerntet, flösse Blut aus den geschnittenen Halmen.

Das steinerne Antlitz eines legendären Recken.

Seltene indonesische Skulptur: Durga, die Göttin des Todes.

Blahbatuh

Der Pura Gaduh dieses Marktfleckens ist Kebo Iwa gewidmet, einem mit ungewöhnlichen Kräfte und übernatürlicher Macht ausgestatteten Riesen aus grauer Vorzeit. Er gilt als der Erbauer vieler großer Steinmonumente auf der Insel. In einem kleinen Pavillon befindet sich ein über 1 m hoher massiver Steinkopf. Die genaue Datierung der Skulptur ist nicht möglich, sie ähnelt jedoch nicht dem üblichen hindu-javanischen Stil. Wahrscheinlich ist sie rein balinesischen Ursprungs. Kebo Iwa war ein hoher Beamter des letzten Königs von Bedulu vor der Eroberung durch Majapahit 1343. Gajah Mada, der Premierminister von Majapahit, lockte Kebo Iwa mit dem Versprechen nach Java, ihn dort mit einer schönen Prinzessin zu vermählen, und ließ ihn töten. Der heutige Tempel ist die Rekonstruktion des bei dem Erdbeben von 1917 zerstörten Gebäudes.

Kutri

Wer besonders an alten Skulpturen interessiert ist, sollte den steilen Pfad vom Tempel Bukit Dharma zu dem kleinen, hoch oben gelegenen Schrein emporklimmen. Hier findet er die berühmte Plastik der Durga, die den zu ihren Füßen liegenden Dämon tötet. Obgleich die Statue sehr verwittert ist, fällt die anmutige Bewegtheit des Körpers auf, die nicht den üblichen Darstellungsformen balinesischer oder javanischer Plastik entspricht, sondern sich eher an indische Vorbilder anlehnt. Die etwa 2 m hohe Durgastatue ist eines der schönsten Kunstwerke, die aus dem frühen 11. Jahrhundert erhalten sind. Damals gehörte Kutri wahrscheinlich zum Dorf Buruan, wo ein Totentempel zu Ehren von Mahendradatta gestanden haben soll. Man nimmt an, daß die Durgaplastik in Erinnerung an die ostjavanische Prinzessin geschaffen wurde, die einst Bali mit ihrem Gemahl Udayana regiert hatte.

Bestrafung von Übeltätern — unmißverständliche Warnung in Sidans Totentempel.

Gianyar

Wenn man von Kutri kommt, gelangt man kurz vor Gianyar an eine Kreuzung.

Will man seine Rundfahrt abkürzen (und damit Gianyar und Kintamani auslassen), um mehr Zeit zum Einkaufen in Ubud und Mas zu haben, nimmt man die nach links abbiegende Straße nach Bedulu und folgt der Tourbeschreibung von dort aus; ansonsten fahren Sie weiter nach Gianyar. Am Ortsausgang führt die Straße an mehreren kleinen Textilfabriken vorbei, vor denen leuchtendbunte, frischeingefärbte Rangda-T-Shirts und Tücher zum Trocknen hängen. Auf den Dorfplatz mitten im Ort blickt der *puri*.

Eine kriegerische Politik ermöglichte es den frühen Herrschern, bis zum Anfang des 19. Jahrhunderts ein mächtiges und einflußreiches Imperium zu schaffen.

In und um den *puri* finden sich schöne Beispiele der herkömmlichen Architektur. Zudem kann man sich hier an den vielen Holz- und Steinplastiken ergötzen.

Eine Nebenstraße führt von Gianyar aus nach Lebih an der Küste, wo sich einmal im Jahr die Menschen aus der ganzen Gegend zu einem großen Fest treffen, um die dämonischen Kräfte zu besänftigen, die sonst Krankheiten bringen. Eine einfache geteerte Straße von Gianyar nach Blahbatu passiert das Dorf Bona, bekannt für Korbflechtarbeiten und als die Heimat des modernen *Ketjak*-Tanzes.

In einer Kurve nahe dem Dorf Sidan steht ein kleiner, elegant gestalteter Tempel, einer der schönsten Totentempel (Pura Dalem) der Insel. Der *kulkul* (Trommelturm) ist bedeckt mit Reliefs, die die Bestrafung von Sündern durch dämonische Riesen zeigen. Die Tore flankieren Gottheiten des Todes. Zur Linken befindet sich ein besonderer Schrein, der in keinem Totentempel fehlt: er ist Maraja Pati, dem Hüter der Seelen der Verstorbenen, geweiht.

Bildnisse säumen den Aufgang zum reichverzierten Tempeltor.

Demulih, ein Ort der Beschaulichkeit und Ruhe.

Bangli

Je näher wir den Bergen kommen, desto kühler wird es. Üppig gedeihen Erdnüsse, Mais und Gewürze in den Feldern längs des Weges. Ein hoher Trommelturm steht an der Einfahrt nach Bangli, der Hauptstadt eines von der alten Gelgeldynastie abstammendes Königtums. Der bedeutendste Tempel dieses Bezirks ist der Pura Kehen, ein in Terrassen angelegtes Bergheiligtum. (In einer alten Schrift wird von einem Tempelfest des Jahres 1204 berichtet, zu dem ein großer schwarzer Stier geschlachtet worden war.)

Am Fuß der Treppe befindet sich ein alter Tempel, in dem Bronzeplatten mit eingravierten historischen Berichten aufbewahrt werden. Steinbilder im *Wayang Kulit*-Stil säumen die erste Terrasse, von der Stufen zu einem sehenswerten Tempeltor führen. Über dem Durchgang droht Kala Makara mit gespreizten Händen böse Eindringlinge zu ergreifen. Ein gewaltiger Banyanbaum überschattet den äußeren Hof, in dessen Mauern chinesische Porzellankeramiken eingelassen sind. Ein elffacher *meru* beherrscht das Innere des Heiligtums. Hier erhebt sich rechts ein dreisitziger Thron der Hindutrinität Brahma, Schiwa und Wischnu. An der Rückseite des Schreins sind in hierarchischer Ordnung mehrere Götter dargestellt.

In Bangli kann man auch nach links abbiegen und über eine Querverbindung nach Tampaksiring zu den heiligen Quellen fahren. 3 km hinter Bangli liegt der Hügel Demulih: er lohnt den Aufstieg, denn der Blick über das Inland ist hinreißend, das sanfte Hügelland ringsum strahlt beschauliche Ruhe aus. Durch Bangli selbst fährt man meist ohne anzuhalten; dabei lohnt es sich, einige der Steinplastiken und Tempelreliefs anzusehen. Um zu den Vulkanen Batun und Abang zu gelangen, hält man sich geradeaus. In diesem Berggebiet gibt es viele Dörfer, die ihre alten Kulturformen bewahrt haben.

Ausblick auf die Vulkankrater um den Batursee.

Penelokan

Von diesem Dorf (dessen Name „Aussichtsplatz" bedeutet) sehen wir den meist in Wolken gehüllten Gipfel des Batur und den Batursee, der bald wie blaues Glas, bald wie eine Platinscheibe schimmert. Die Legende berichtet, daß Pasupati (Schiwa) den heiligen Hinduberg Mahameru teilte und die Hälften als die Vulkane Agung und Batur nach Bali brachte. Der Batur ist der zweitheiligste Berg Balis. In vielen Tempeln der Insel wird die auf seinem Gipfel wohnende Gottheit verehrt.

1975 wurde eine Straße von Penelokan hinunter nach Kedisan am See gebaut. Schon auf dem Markt in Penelokan kann man sich ein Boot mieten; man wartet aber besser damit, bis man unten am See ist. An der Trunyan gegenüberliegenden Seite des Vulkans befindet sich eine heiße Quelle und gleich daneben das Hotel Gurunadi, eine bequeme Übernachtungsmöglichkeit, falls Sie vorhaben, den Batur zu besteigen. In Penelokan läßt sich auch gut eine Mittagspause einlegen — in ausgezeichneten Restaurants.

Die Bewohner dieser Gegend lebten früher näher am Fuß des Berges. Bei dem furchtbaren Ausbruch des Vulkans 1917 wurden 65 000 Häuser und 2500 Tempel zerstört. Die Lava hatte das Dorf zugedeckt, machte aber vor dem Tempel halt. Die Menschen sahen darin ein gutes Omen und zogen nicht fort. Als 1926 ein neuer Ausbruch erfolgte, wurde auch der Tempel unter der Lava begraben. Nur sein höchster Schrein blieb übrig, der der Gottheit in ihrer Erscheinung als Dewi Danu (Göttin der Seen und Flüsse) geweiht war. Nach dieser Katastrophe haben sich die Bewohner in gebührender Entfernung auf einem Höhenzug angesiedelt, der einen schönen Blick auf den Vulkan bietet. Sie brachten den verschont gebliebenen Schrein mit und bauten den Tempel wieder auf, den wir heute in Batur sehen können.

In Abgeschiedenheit und Isolation leben die „ursprünglichen Balinesen".

Von eigenwilligem Stil: die Tempelanlage zu Ehren des launischen Vulkans.

Trunyan

Von Kedisan aus, das am Ufer des Batursees liegt (eine neue Straße führt von Penelokan dorthin), bringt Sie ein *prahu* über den See nach Trunyan. Man kann auch direkt vom Krater über einen schmalen Pfad ins Dorf gelangen.

Abgeschnitten und schwer zugänglich, liegt Trunyan ethnisch und kulturell außerhalb des balinesischen Einflusses. Die Einwohner nennen sich selbst *Bali Aga* („ursprüngliche Balinesen") und halten fest an einer Sozialordnung, die noch aus prähistorischer Zeit stammt. Hier gibt es keine Verbrennungen: Am See, nicht weit entfernt vom Dorf, ist ein abgetrenntes Stück Land, wohin man die Toten bringt und sie dem natürlichen Verwesungsprozeß überläßt. Eifersüchtig hüten die Bewohner die verborgengehaltene Statue Ratu Gede Pancering Jagats, des Schutzpatrons des Dorfes, mit einer Höhe von 4 m die größte Balis.

Batur

Im Jahre 1927 begannen die Einwohner von Batur mit dem Wiederaufbau des Tempels. Es war ein ehrgeiziges Unternehmen: Von den 285 geplanten Schreinen sind die meisten noch nicht fertig. Die Anlage ist schlicht und schön. Die zwei mächtigen Eingangstore wirken streng im Gegensatz zu den reich verzierten „Spalttoren" Südbalis. Sie öffnen sich auf geräumige Innenhöfe, die mit schwarzer Schlacke ausgelegt sind. Hinter den Reihen hoher *Meru*-Türme ragt der rauchende Gipfel des Vulkans empor. In einem besonderen Haus werden kostbare Reliquien aufbewahrt, darunter auch eine massiv goldene Glocke. Sie soll dem Tempel von einem König von Singaraja gestiftet worden sein. Die Rituale sind bestimmt von der Verehrung des Batursees und der Fürbitte um gute Bewässerung. Der Kratersee reguliert den Fluß des Wassers der vielen, den Hängen entspringenden Quellen.

Kitamani ist der Ausgangspunkt für Kraterwanderungen.

Balis höchstgelegener Tempel im Dunst der Wolken.

Kintamani

Die alte Bergstadt in luftiger Höhe hat der Gegend ihren Namen gegeben. Die Häuschen sind mit Holz und Bambusschindeln verkleidet, was in den kalten Nächten wärmedämmend wirkt. Gemüse und Obst gedeihen reichlich in dem feuchten Klima. Das Zentrum des Dorfes bildet die große Versammlungshalle, wo sich die Gemeinderatsmitglieder einmal im Monat treffen. Die Tänze Kintamanis sind Abwandlungen des *Sanghyang*-Trance-Tanzes, die selten in anderen Teilen der Insel aufgeführt werden. Jeden dritten Tag herrscht hier fröhliches Markttreiben. Aus allen Bergdörfern kommen die Bauersfrauen herbei, um ihre Waren längs der Hauptstraße feilzubieten.

Es gibt mehrere kleine Hotels, die sich zur Übernachtung eignen. Im Norden der Stadt biegt ein Weg nach links ab zum Bratansee und zum Dorf Selulung.

Penulisan

Die Straße führt in die Berge, die von Wolken eingehüllt sind. Ein ,,Symbol'' des modernen Bali, die Richtantennen des Fernsehens, stehen neben der langen Treppe, die zum Bergheiligtum Pura Tegeh Koripan hinaufführen. Mit 1745 m ist dies der höchstgelegene balinesische Tempel — eigentlich ein ganzer Tempelkomplex, den die Menschen der umliegenden Dörfer zu Gebeten und Festen aufsuchen.

In den kaum verzierten offenen *bales* sind schöne Statuen zu sehen: Bildnisse balinesischer Könige und Gottheiten sowie *linggas*. Einige Plastiken stammen aus dem 11., andere aus dem 15. Jahrhundert. Man nimmt an, daß der Tempel das Bergheiligtum des alten Pejengreiches war, so wie Pura Besakih der späteren Gelgeldynastie als Heiligtum diente. Meistens verdecken Wolken den hohen Gipfel, aber an klaren Tagen kann man von Penulisan die halbe Insel über-

schauen — von der Spitze des Bratan in Westbali bis hin zur Javasee.

Wir wenden uns nun zurück nach Süden. Hinter Penelokan kommen wir an drei kleinen Dörfern rechts der Straßen vorbei, die sich überraschend ähneln.

Die Gleichförmigkeit der Dächer und der hohen Mauern ist untypisch für die sonst eher lässige Bauweise auf Bali und spricht eigentlich für eine konservative Gemeinde. Der Grund dafür liegt in den Ausbrüchen des Gunung Agung und des Batur 1963, die den Boden durch Vulkanasche zunächst unfruchtbar machten. Alle Bewohner der Gegend wurden evakuiert und in über ganz Bali verstreuten Notlagern untergebracht. Als sie wieder zurückkehren durften, bauten sie alle gleichzeitig ihre Häuser auf, daher der gleiche Stil und deshalb die Ähnlichkeit.

Anschließend kommen wir dann durch eine Gegend, die schon zur Bronzezeit (300 v.Chr. bis 100 n.Chr.) besiedelt war. Die große bronzene Trommel von Pejeng, verschiedene Äxte, allerlei Schmuck und Figurinen werden in den Tempeln als heiliges Erbgut aufbewahrt oder sind inzwischen Bestandteil privater Sammlungen.

Ab dem 10. Jahrhundert bis zur Eroberung durch Majapahit (1343) war dieses Gebiet das Kernland des Reiches Pejeng-Bedulu. Seine Könige ließen ihre Erlässe auf Bronzetafeln schreiben, woraus Historiker die Geschichte des Reiches ablesen konnten. Diese auf ganz Bali gefundenen Tafeln erzählen von dörflichen und Staatsaffären; Hinduismus wie Buddhismus bestanden nebeneinander, und die Priester dienten den Fürsten als Berater und als Mitglieder des königliches Gerichts. Viele Inschriften vermelden die Gründung eines Klosters innerhalb der Grenzen eines Dorfes und die daraus resultierende Befreiung des Dorfes von einigen Steuerlasten, die entrichtet werden mußten. Ruinen solcher Klöster gibt es heute noch.

Das Kernland des einstigen Königreiches Pejeng-Pedulu.

Die heiligen Quellen dienen für rituelle Reinigungszeremonien.

Tampaksiring

Die heilige Quelle Tirta Empul in Tampaksiring wird auch in alten Legenden erwähnt. Es heißt, Gott Indra habe sie geschaffen, indem er die Erde ritzte, der die Quelle der Unsterblichkeit entsprang. Dank diesem Elixier konnten die Götter den Dämonenkönig Mayadanawa besiegen. Die Einheimischen schreiben dem Quellwasser magische Heilkräfte zu. Jedes Jahr strömen aus allen Gegenden Balis die Menschen herbei, um in den Becken zu baden. Nachdem sie der Quellgottheit ein kleines Opfer dargebracht haben, begeben sich Männer und Frauen in getrennte, von Mauern eingefaßte Bäder. Zu Vollmond im vierten Monat des Jahres bringen die Bewohner des nahen Dorfes Manukaya einen heiligen Stein zur rituellen Reinigung. Erst kürzlich wurde die verwitterte Inschrift auf dem Stein entziffert: sie gibt die Gründung von Tirta Empul mit 962 n.Chr. an und beschreibt die Reinigungszeremonie. Tausend Jahre lang haben die Dorfbewohner dieses Ritual getreu der mündlichen Überlieferung gepflegt — ohne die Inschrift lesen zu können! 1969 wurde die ganze Tempelanlage renoviert und viele Schreine neu errichtet. Von einem nahen Hügel schaut die 1954 erbaute Residenz des Gouverneurs auf die Quellbäder herab. Auch Präsident Sukarno kam bei seinen häufigen Besuchen auf Bali gern hierher.

Im Süden von Tirta Empul und genau in Richtung auf Gunung Kawi liegt Pura Mengening. Zwischen den drei Orten besteht ein definitiver Zusammenhang. Zu letztgenanntem Tempel gehört ein freistehender *candi* (deutlich verwandt den *candis,* deren Fronten aus den Felsen von Gunung Kawi gehauen sind). Wie Tirta Empul hat auch dieser Tempel einen Quell reinen Wassers, der ebenfalls zu einem Quellfluß des Pakrisan wird. Pura Mengening könnte einst zu Ehren des Königs Udayana entstanden sein.

Uralte *candis* und Mönchsklausen im Felsengestein.

Gunung Kawi

Von einer Stelle oberhalb des langen, zum Teil stufig hinunterführenden Pfades sieht man an der gegenüberliegenden Seite des Tals geisterhaft wirkende Behausungen. Der hier noch schmale Pakrisan sprudelt über die Felssteine und schlängelt sich durch die Reisterrassen.

Dies ist die faszinierende Szenerie von Gunung Kawi, einem Komplex von *candis* und Mönchszellen, die aus dem Felsgestein gehauen sind.

Der Legende nach soll der Riese Kebo Iwa sämtliche Monumente in einer einzigen Nacht aus dem Fels gekratzt haben. Die in ihren über 7 m hohen Nischen erstaunlich gut erhaltenen Bauwerke stellen nur die Fassaden ohne Innenkammern dar. Insgesamt gibt es zehn davon: die Hauptgruppe mit fünf am Ostufer des Flusses, vier weitere im Westen und eines am Südende des Tals.

Die *candis* waren keine Begräbnisplätze, sondern dienten als Gedenkstätten gottähnlicher Fürsten. Inschriften auf einigen *candis* geben Hinweise auf ihre Entstehung um 1100, kurz nach dem Tod von Anak Wungsu um 1077. Aber die Identität der dort mit Schreinen verehrten Könige und ihrer Gemahlinnen ist nicht sicher zu bestimmen. Eine Theorie besagt, die fünf zusammenstehenden *candis* stünden zu Ehren Udayanas, seiner Königin, seiner Konkubine und seiner beiden Söhne, Marakata und Anak Wungsu. Nach einer anderen Theorie handelt es sich um Ehrungen Anak Wungsus und seiner königlichen Gemahlinnen; seinen vier Konkubinen seien die Verergruppe *candis* gewidmet. Mit der zehnten *candi* werde ein hoher Beamter geehrt.

Ähnliche, wesentlich kleinere *candis* und Mönchszellen hat man in anderen Teilen dieses Kernlandes des Pejengreiches gefunden, mehrere davon am Ufer des Pakrisan.

Der „Mond von Pejeng“, die größte Bronzetrommel der Welt aus einem Guß.

Das an Altertümern reiche Pejeng ist Sitz der für Archäologie zuständigen Behörden.

Pejeng

Hier gibt es keine eindrucksvollen Ruinen oder früheren Paläste. Vom alten Königreich sind hauptsächlich Statuen erhalten. Eines der bedeutendsten Altertümer Indonesiens ist die gewaltige Bronzetrommel, der „Mond von Pejeng“, erhaben untergebracht in einem hohen *bale* in der Pura Penataran Sasih. Die Trommel ist 1000 Jahre älter als das Pejengreich, denn sie entstammt der indonesischen Bronzezeit, die etwa 300 v.Chr. begann.

In einem 1705 veröffentlichten Buch erfuhr der Westen zum erstenmal von dieser größten, in einem Stück gegossenen Trommel der Welt. Sie ist merkwürdig geformt, wie ein Uhrglas. Eine steinerne Form für eine ähnliche Trommel, die man auf Bali fand, beweist, daß es damals bereits eine hochstehende Technik des Bronzegusses gab.

Die Sage weiß zu berichten: Einmal soll ein Jahr dreizehn Monde anstelle von zwölf gehabt haben. Eines Nachts fiel einer der Monde auf die Erde herab und verfing sich im Geäst eines Baumes. Dort schien er so strahlend hell, daß die Diebe der Umgebung sich nicht mehr auf Beutezug wagten. Der kühnste von ihnen kletterte auf den Baum und verrichtete seine Notdurft dem Mond mitten ins Gesicht. Der Mond zerbarst — wobei der Frevler ums Leben kam — und stürzte zu Boden in der Form dieser Trommel.

Neben dem Pura Penataran Sasih, der dem Reich von Pejeng als offizieller Tempel diente, enthalten noch weitere Tempel wertvolle Altertümer.

Pura Kebo Edan zum Beispiel („Verrückter Büffel“) ist Heimstatt einer riesigen, 3,6 m hohen Statue. In Pura Pusering Jagat („Nabel der Welt“) befindet sich ein bemerkenswertes Steingefäß, in das die Geschichte vom Aufrühren des Meeres gemeißelt ist: Götter und Dämonen wollten so den Unsterblichkeitstrank gewinnen.

Benannt nach dem König mit Schweinekopf.

Bedulu

Dieses Dorf an der Straßenkreuzung von Pejeng ist ebenfalls mit der Geschichte der frühen balinesischen Dynastien verbunden. Im 14. Jahrhundert bedrohten die Armeen der Majapahitdynastie Javas den ganzen Archipel. Nur Dalem Bedaulu, der dämonische Herrscher aus der balinesischen Pejengdynastie, wagte den Widerstand. Mit übernatürlichen Kräften begabt, ließ er sich zuweilen von einem Diener enthaupten und setzte sich danach den Kopf wieder auf — ohne daß es ihm schadete. Eines Tages fiel sein Kopf dabei in einen Fluß und wurde davongetragen. Geistesgegenwärtig enthauptete der Diener schnell ein Schwein und setzte dessen Kopf auf des Königs Schultern. Nach diesem Vorfall zog sich der König in einen Turm zurück. Es war seinen Untertanen verboten, zu ihm aufzuschauen, doch die unbefangenen Augen eines Kindes entdeckten die Wahrheit, und nun verbreitete sich die Kunde von „Bedaulu" („der seinen Kopf vertauschte") auf der ganzen Insel.

In einer anderen Version der Geschichte war es Premierminister Gajah Mada von Majapahit, der herausfand, daß der König den Kopf eines Schweines trüge. Anläßlich einer Audienz bat er um gekochtes Farnkraut und ein mit einer Tülle versehens Gefäß zum Trinken. Beim Essen und Trinken mußte er seinen Kopf heben, und der König hatte ausgepielt; nun war seine schreckliche Erscheinung offenbar geworden. Gelehrte haben eine nüchterne Theorie für die Entstehung des Namens Bedaulu: Wahrscheinlich lautete er früher „Badahulu", was „das Dorf stromaufwärts gelegen" bedeutet.

Kurz darauf wurde eine neue, den Majapahit verpflichtete Herrscherdynastie in Samprangan, östlich von Gianyar, eingesetzt. Ein Jahrhundert später wurde dann die Hauptstadt nach Gelgel bei Klunkung verlegt.

Der Höhleneingang bietet einen phantasmagorischen Anblick.

Goa Gajah

Nicht weit entfernt von Bedulu liegt die geheimnisvolle Elefantenhöhle Goa Gajah. Der reich verzierte Eingang zeigt eine Fülle von Ranken, Tieren, Wellen und dämonischen Menschengestalten; sie alle scheinen dem riesigen Maul entwichen, das den Höhleneingang bildet. Der groteske Kalakopf, der den Eingang bewacht, droht den Felsen zu sprengen. Die großen Ohrringe könnten bedeuten, daß es sich hierbei um einen weiblichen Kopf handelt.

Das T-förmige Innere der Felsenhöhle enthält Nischen, die früher wahrscheinlich asketischen Einsiedlern als Unterkünfte dienten. Ähnlich geschmückte Einsiedlerzellen finden sich auch auf Java.

1954 kamen bei Ausgrabungen Badeplätze mit sechs weiblichen Figuren, die als Nymphen (oder Göttinnen) Trägerinnen der Wasserspeier sind, vor der Höhle zum Vorschein.

50 m hinter der Höhle führt ein steiler Abstieg die Felsen und Reisterrassen hinunter zu den Fragmenten einer Felsfassade und zerbrochenen *stupa*-Reliefs.

Eine javanische Chronik berichtet, daß einer der beiden balinesischen Bischöfe jener Zeit als Einsiedler am Lwa Gajah („Elefantenfluß") lebte, womit wahrscheinlich der Petanu gemeint ist, der unweit davon tief unten in der Schlucht fließt.

Goa Gajah selbst stammt sicherlich mindestens aus dem 11. Jahrhundert. Ob es ursprünglich eine hinduistische oder buddhistische Einsiedelei war, kann nicht eindeutig gesagt werden, da sich beide Religionen in den Höhlenskulpturen manifestieren. Vielleicht lebten Mönche beider Glaubensrichtungen friedlich nebeneinander. Vor den Majapahit begannen Hinduismus und Buddhismus auf Bali und Java sich zum sogenannten Schiwa-Buddha-Kult zu verschmelzen.

Große Fresken erzählen eine rätselhafte Geschichte.

Noch jetzt wirken diese eher eckigen und stilisierten Figuren unvermittelt kraftvoll.

Yeh Pulu

Von der Elefantenhöhle aus kann man die etwas abgelegenen Ruinen von Yeh Pulu besuchen. Man läßt sich am besten von einem Ortskundigen aus Bedulu dorthin führen.

Yeh Pulu ist ein kleiner Tempel, dessen eine Mauer von einem 2 m hohen und 25 m langen Felsenrelief gebildet wird.

Die plastisch herausgearbeiteten Figuren scheinen — außer dem sitzenden Ganesha — keine Gottheiten darzustellen. In der ersten Szene geht ein Mann, der eine Schale mit Palmwein trägt, einer vornehmen Dame voraus. Beide nähern sich einem Haus, aus dem eine alte Frau heraustritt. Dann sieht man einen Mann mit Axt sich mit einer Frau unterhalten. Nahebei sitzt ein Eremit mit hohem Turban (der heutigen Kopfbedeckung des Hohepriesters ähnlich). Es folgt eine bewegte Jagdszene, bei der ein Mann einem Raubtier (ein Bär?) ein besonderes doppelseitiges Messer in den geöffneten Rachen stößt. Gleich daneben hockt — wie in einer Karikatur — ein komischer Frosch und ahmt den Helden nach, indem er ein Messer in das Maul einer angreifenden Schlange stößt.

Als nächstes sind zwei Männer zu sehen, die zwei Tiere an einer Stange zwischen sich tragen; die letzte Szene nun zeigt einen Reiter hoch zu Pferde, der eine Frau hinter sich herzieht.

Die Reliefs wurden zwar schon 1925 ausgegraben, aber ihre Bedeutung bleibt rätselhaft. Vielleicht stellen sie eine Geschichte von Krischna dar, wobei die letzte Szene aller Wahrscheinlichkeit nach von der siegreichen Heimkehr des Helden berichtet: An sein Pferd gebunden ist Jambavati, die Tochter des gefallenen Bären, die er später heiratet.

Am äußersten Ende des Frieses befindet sich eine Einsiedlerzelle. Vermutlich ist Yeh Pulu eine Einsiedelei aus dem 14. Jahrhundert.

Pura Sarawati, Ubud.

Ubud

Hier blüht die Kunst, besonders die Malerei. Schon das Dorf vorher, Peliatan, ist durch die Tourneen seiner Tanztruppe und seines Gamelanorchesters international bekannt geworden. Dort wird im Palast *(Puri)* nach alter Tradition die Tanzkunst gepflegt.

Gebannt sehen wir die Legonglehrerin fließend eine Tanzfigur nach der anderen vollziehen, getreulich gefolgt von vier etwa fünfjährigen Mädchen, deren Füße ein verschlungenes Muster in den Staub zeichnen, während ihre Aufmerksamkeit ganz auf den strengen Rhythmus der Trommel gerichtet ist, dem sie präzise folgen.

In Ubud ist das Leben beschaulicher. Morgens stellen die Bauern ihre Kampfhähne an die Straße, damit sie — wie Covarrubias schreibt — ,,Kurzweil haben an den Vorübergehenden'', den Frauen, die Töpfe auf dem Kopf balancieren, den mit Reisgarben beladenen Männern — und heute auch noch an den vorbeiflitzenden Autos.

Begeben wir uns zur Ortsmitte, wo sich gegenüber vom *Puri* viele Läden angesiedelt haben. Galerien bieten Malereien ,,alter Meister'' mit dreißigjähriger Praxis und Bilder junger Maler, die ihren eigenen Stil der ,,Jungen Künstler'' entwickelt haben, an. Oft ist die Werkstatt gleich nebenan, wo wir den Malern zuschauen können.

Jahrzehntelang hat die heitere Anmut dieses Dorfes Berühmtheiten und Künstler aus aller Welt angezogen. Manche von ihnen blieben für immer.

An der Straße bei Campuan, wo sich die beiden durch Ubud fließenden Flüsse vereinigen, stehen noch die ehemaligen Häuser von Walter Spies und Rudolf Bonnet, die in den 30er Jahren hier lebten.

Unterstützt vom Cokorda Gede Agung Ubuds

Wie mit Teppich bezogene Stufen verbinden Reisterrassen die Landschaft.

gründeten die beiden Maler die ,,Pitha Maha", eine Gesellschaft zur Förderung junger einheimischer Künstler.

Spies eigene Bilder hatten großen Einfluß auf die Balinesen, die sich allmählich von den erstarrten Regeln der klassischen Malerei lösten und gewisse europäische Techniken übernahmen.

Schon seit der Jahrhundertwende war die Kunst Nordbalis europäischen Einflüssen ausgesetzt. Die Maler von Ubud und Batuan ließen sich nicht mehr nur von der alten javanischen Literatur inspirieren, sondern auch vom täglichen Leben ringsum. Viele der balinesischen Maler gehören heute noch zu den bedeutendsten Künstlern der Insel: A.A. Gede Sobrat, I Gusti Nyoman Lempad, Ida Bagus Made Poleng, I Gusti Ketut Kobot u.v.a.; jeder pflegt seinen eigenen Stil.

Einen hervorragenden Namen und entsprechenden Zulauf unter den Holzschnitzern hat I Cokot aus dem Dorf Jati, 15 km nördlich von Ubud. Mas und Nyuhkuning waren schon früh Zentren der Holzbildhauerei und sind es bis heute geblieben.

Gegenwärtig leben als bedeutende ausländische Maler der gebürtige Holländer Han Snel und der Amerikaner Antonio Blanco hier. Sie haben eigene Galerien im Haus, wo ihre Werke ständig ausgestellt sind. Als der in Holland geborene Arie Smit noch in Ubud lebte, ermutigte er die Kindermalerei, aus der sich der farbenfrohe Stil der ,,Jungen Künstler" entwickelte. Mäzene für die Kunst Balis finden sich immer wieder.

Das Museum Puri Lukasan (,,Palast der Malerei"), auch Museum Ratna Wartha genannt, wurde von 1954 bis 1956 erbaut und dient als ständige Ausstellung von Werken der neueren balinesischen Kunst. Das wunderschön über einem Garten gelegene Museum zeigt Plastiken und Malerei in chronologischer Ordnung und

Künstler bei der Arbeit.

Komplizierte Details balinesischer Malkunst.

gibt einen guten Überblick über die gegenwärtigen Bestrebungen in den Kunstzentren Balis. Anfang der 70er Jahre wurden zwei neue Gebäude angegliedert, die dauernd für Ausstellungen zur Verfügung stehen. Bonnet kehrte 1973 nach Bali zurück und half bei der Erweiterung der ständigen Sammlung.

Ubud ist das einzige wichtige Touristenzentrum auf Bali (neben dem Gebiet um Denpasar — Sanur — Kuta). Es gibt mehrere Hotels und seit 1975 sogar Elektrizität. Viele Touristen machen während ihres Aufenthaltes in Ubud Station und starten von dort aus ihre Unternehmungen. Außer den Hauptrouten lohnen viele Orte und Gegenden den Besuch: Die benachbarten Täler mit ihren pittoresken Reisterrassen und Wasserfällen verlocken zu einem ausgedehnten Fußmarsch. Am bekanntesten ist der Weg zum ,,Affenwald" im Süden von Ubud, den eine Horde mit einem beeindruckenden Anführer bewohnt.

Ein riesengroßer Banyanbaum schaut über den Pfad die nahegelegene Schlucht hinab zu einem reizvollen Badeplatz. Der Pura Dalem am Saum des Waldes hat außergewöhnlich gute Plastiken von Rangda. Die Straße nach Padang Tegal führt südwärts weiter nach Pengosekan, einem Malerdorf, das in den 30er Jahren gegründet wurde. In Bali wurde es berühmt durch den Besuch von Königin Elizabeth II. im Jahre 1974.

Wenn man die Hängebrücke bei Campuan überquert, kommt man nach einigen hundert Metern zu einem Pfad, der nach Pengastanan führt, dem Dorf der ,,Jungen Künstler".

Von Ubud aus führen zwei Straßen neben der allgemein üblichen über Tampaksiring nach Kintamani. Eine passiert Payangan, wegen seiner Litschies bekannt, wie sie sonst nirgendwo auf Bali gedeihen. Die andere Straße führt über Tegalalang und ist bis dort asphaltiert. Jati — wo I Cokot lebte — liegt unmittelbar hinter Tegalalang. An der Straße gibt es viele Kunstläden.

„Jungen sind unvoreingenommen — sie schnitzen drauflos."

Mas

Die balinesischen Chroniken überliefern, daß Danghyang Nirartha (Padanda Sakti Bahu Rauh) gegen Ende des 15. Jahrhunderts von Java nach Bali kam und in dem Dorf eine Heimat fand. Dieser Priester, der fast allen Brahmanen Balis als Stammvater gilt, hat dem balinesischen Hinduismus sein heutiges Gesicht gegeben, die komplizierten Opferzeremonien festgelegt und die Verbrennungsrituale entwickelt. Unter den Gelgelherrschern wurde er Priester am Fürstenhof. Dutzende von Tempeln sind mit seinem Namen verbunden, denn er machte lange Reisen, meistens zu Fuß, quer über die ganze Insel. Die meisten Bewohner von Mas (d.h. „Gold") sind Brahmanen und verehren ihren Ahnherrn im Pura Taman Pule, erbaut am Ort seines einstigen Wohnsitzes.

Früher war die Kunst des Holzschnitzens und Malens fast ausschließlich königlichem oder religiösem Gebrauch vorbehalten. Heute malt und schnitzt man hauptsächlich zum Gelderwerb; Männer aller Kasten können Künstler werden; in Mas leben einige der begabtesten. Am berühmtesten ist Ida Bagus Nyana, der 1974 aufgrund seiner Verdienste eine hohe Auszeichnung erhielt. Seine Werke sind seit vielen Jahren unverkäuflich und nur in seinem Haus zu besichtigen. Sein Sohn, Ida Bagus Tilem, ist ein sehr bekannter Künstler in Mas. Einige der Holzschnitzer fertigen nur Tanzmasken an.

Wie fast alles auf Bali wird auch die Holzbildhauerei in Gruppenarbeit betrieben. Der Holzschnitzer wählt sich einen gut abgelagerten Holzblock aus — oft ist es Ebenholz aus Sulawesi — und gibt ihm mit der Axt die erste rohe Form. Mittels eines Hammers und Dutzender oft selbst von ihm geschmiedeter Schnitzwerkzeuge gewinnt die Plastik ihre endgültige Form, wird abschließend glattgerieben und mit Schuhcreme poliert.

UNTERWEGS NACH OSTEN

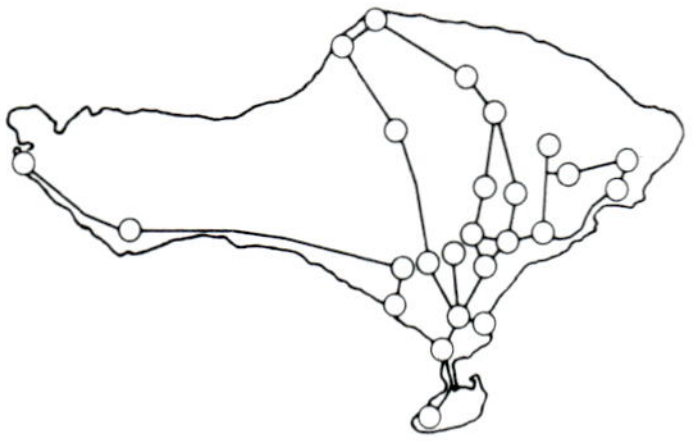

In vielen Mythen haben die Götter sich Berge als Thron errichtet: den höchsten im Osten — nach balinesischem Brauch ein Ehrenplatz. Während jahrhundertelanger Abgeschiedenheit war der heilige Vulkan Agung für die Balinesen der „Nabel der Welt". In jedem Tempel Balis ist ein Schrein der Gottheit des Agung gewidmet. In der hochaufsteigenden Form der Verbrennungstürme, auch in den turmartig geschichteten Opfergaben, manifestiert sich die Verehrung des Berges. Am Fuß des Agung liegt der Muttertempel aller balinesischen Tempel: Besakih. Die große Anlage, in der jedes Fürstentum der Insel seinen eigenen Tempel unterhält, versinnbildlicht die religiöse Einheit des hinduistisch-balinesischen Glaubens.

Im Februar 1963, als viele Menschen zu den Vorbereitungen für das Eka Dasa Rudra (das größte balinesische Opferfest, das nur alle hundert Jahre gefeiert wird) herbeiströmten, zeigte sich plötzlich ein feuriger Schein über dem Krater. Eine Priesterin legte die herabfallende Asche als symbolische Reinigung Besakihs aus, und die Vorbereitungen wurden fortgesetzt.

Am 8. März — während der großen Opferzeremonien — stiegen dicke schwarze Rauchsäulen aus dem Krater empor. Kurz darauf schien der ganze Berg zu explodieren. Bei dem Ausbruch fanden über tausend Menschen den Tod, Hunderte von Häusern wurden zerstört. Das Unglück war insofern besonders tragisch, als der Vulkan schon seit Jahrhunderten ruhig war. Die herabregnende Vulkanasche vernichtete fast die gesamte Ernte der Insel. Die Balinesen erzählen noch heute von der entbehrungsreichen Zeit, als Insekten und Ratten zur Nahrung dienen mußten, bis endlich Hilfe kam. Heute ist Gunung Agung wieder friedlich, und Pura Besakih, der allerheiligste Tempel Balis, ein Zentrum der Frömmigkeit.

Ostbali unterscheidet sich sehr von den Ebenen Südbalis. Es ist eine stille Landschaft mit hohen, kargen Hügeln, gesäumt von alten Terrassen.

Der Küstenstreifen besteht aus Kokospalmen- und Mangrovenhainen. Man sammelt Korallen zur Mörtelherstellung, aber die Riffe werden allmählich zerstört. An klaren Tagen dominiert über der Landschaft der eindrucksvolle Kegel des Gunung Agung.

Nach Klungkung kommt man bei der Ubud-Kintamani-Tour, der man bis Gianyar folgt. Von dort aus fährt man ostwärts. In der Gegend zwischen Gianyar und Klungkung gibt es üppige Flußtäler, die hinunter zum Meer führen. Im Osten von Klungklung ist die Landschaft noch schwarz von den Lavaströmen von 1963, die das Gebiet für mehrere Jahre vom Fremdenverkehr abschnitten. An der Küste spiegeln sich die Palmen in den Wellen der Selat Badung, die zwischen Bali und der Nachbarinsel Nusa Penida hindurchführt. Interessante Orte liegen oftmals abseits der Hauptstrecke. Man plant besser zwei Tagestouren: einmal nach Klungkung und Besakih, dann in die Gegend östlich von Klungkung und in das Gebiet von Karangasem. Die Witterung kann den Zustand der Nebenstrecken beeinträchtigen: Erkundigen Sie sich zuvor nach der Passierbarkeit der Straßen!

Vorherige Seiten: Der Pura Besakih.

Beim Anblick der Decke des Gerichtsgebäudes wurde armen Sündern angst und bange.

Klungkung

Als Sitz des Dewa Agung — des nominell ranghöchsten der balinesischen Radschas — hat Klungkung immer einen besonderen Platz in der Geschichte und Kultur der Insel eingenommen. Die Paläste der Radschas und Edelleute Klungkungs waren Zentren der Künste; diese förderten und beeinflußten Musik, Tanz und bildende Künste in außergewöhnlichem Maß. 1710 wurde die Hauptstadt von Gelgel nach Klungkung verlegt und ein neuer Palast erbaut. Wahrscheinlich gegen Ende des Jahrhunderts errichtete man die ursprüngliche Kerta Gosa, die Gerichtshalle. Sie ist ein ungewöhnlich schönes Beispiel des von Klungkung beeinflußten Bau- und Malereistils, harmonisch angelegt und von einem Wassergraben umgeben. Drei Brahmanenpriester walteten als Richter an diesem Gerichtshof, der noch bis in holländische Zeiten bestand. Hier wurden alle die Fälle behandelt, die nicht innerhalb der Familie oder Dorfgemeinschaft geregelt werden konnten, denn die Kerta war das höchste Gericht der Insel, und bei weitem das strengste. Stellen Sie sich den armen Angeklagten vor, der vor seinen Richtern kniete und den Blick an die Decke schweifen läßt, auf der all die gräßlichen Strafen dargestellt sind, die er nach seinem Tod zu erwarten hat, falls er für schuldig befunden wird. Damals konnte Meineid noch Fluch über drei Generationen bringen.

Zwei Kilometer südlich von hier, zwischen Klungkung und Gelgel, liegt das Dorf Kamasan, das heutige Zentrum der von Klungkung geprägten Malerei. Tatsächlich wird dieser Stil häufig Kamasan- oder *wayang*-Stil genannt, da seine Themen hauptsächlich in der klassischen Literatur Javas liegen. Kamasan ist ebenfalls bekannt für seine Gold- und Silberschmieden. In Klungkung selbst kann man alte und neue Bilder, Holzschnitzereien, Silberarbeiten und Seiden kaufen.

Balis bedeutendstes Tempelheiligtum.

Besakih

Von Klungkung geht es aufwärts und nach Norden durch eine ungewöhnliche Landschaft und dann 900 m steil bergan bis zum Fuß des Gunung Agung, wo Pura Besakih liegt, das große Tempelheiligtum Balis. Früher mag sich hier ein terrassenförmig angelegtes Heiligtum befunden haben, in dem der Gott des Berges verehrt wurde, der beherrschend über der Landschaft der Insel thront. Über einen Zeitraum von mehr als tausend Jahren wurde der Tempel ausgebaut und erweitert, bis er zum gegenwärtigen Komplex von etwa 30 Tempeln angewachsen war. Seit dem 10. Jahrhundert ist Besakih mehr oder weniger auch Staatstempel. Inschriften ist zu entnehmen, daß im Jahre 1007 hier wahrscheinlich die Totenfeiern für Königin Mahendradatta stattfanden, die im vorangegangenen Jahr gestorben war.

Seit dem 15. Jahrhundert war Besakih offizieller Tempel der Gelgel-Klungkung-Dynastie, die eine Reihe von kleineren Tempeln zu Ehren von gottgewordenen Herrschern baute. Heute ist er der Tempel der Provinz- und Landesregierungen, die auch für seinen Unterhalt aufkommen.

Innerhalb des Besakih-Komplexes ist das überragende Heiligtum der Pura Panataran Agung, der mit seinen erhabenen *merus* von den Terrassenanlage in die Höhe weist. Viele Stufen führen zum gespaltenen Eingangstor hinauf. In einem der Innenhöfe erhebt sich ein dreisitziger Schrein, der Trinität von Brahma, Wischnu und Schiwa geweiht. Während der Feste werden die Schreine mit den Symbolfarben der Götter geschmückt.

Der Pura Panataran Agung und zwei andere bedeutende Tempel, etwas höher am Hang gelegen, symbolisieren ebenfalls zusammen die Trinität. In der Mitte wird Pura Panataran Agung mit weißen Tüchern und Bannern für Schiwa

PURA PANATARAN AGUNG (BESAKIH)

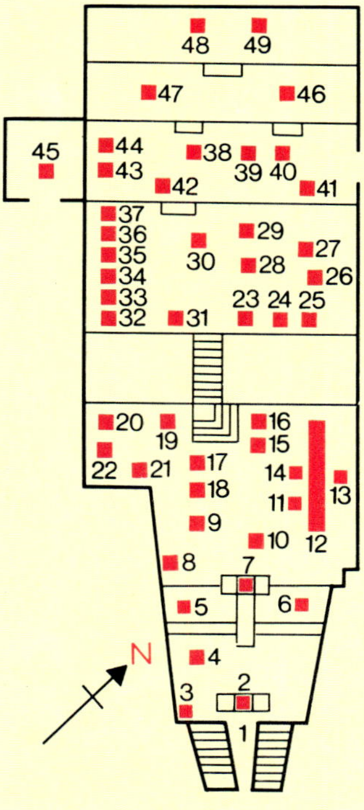

1. Candi Bentar — Split gate.
2. Bale Pegat — Special pavilion where the gods, seated in their palanquins, are honoured.
3. Bale Kulkul — Tower for the wooden slit-gong.
4. Bale Pagambuhan — Pavilion for gambuh musicians.
5. Bale Mundar-Mandir (Bale
6. Ongkara) — Pavilions where worshipper utters prayer on entering the main courtyard. Ongkara is the holy syllable A-U-M, a symbol of the Trinity, Brahma, Wisnu and Iswara (Siwa).
7. Gelung Agung — Gateway to main courtyard.
8. Bale Pagongan — Pavilion for the gamelan orchestra.
9. Bale Kembang Sirang — Pavilion where the raja used to sit during major ceremonies.
10. Bale Pawedan — Pavilion where brahmana priests perform their ritual.
11. Panggungan — A little pavilion where offerings are place.
12. Bale Agung — Long pavilion of 24 posts for important meetings.
13. Gedong Kawas — Pavilion associated with flesh offerings.
14. Bale Pepelik — Pavilion for offerings.
15. Sanggar Agung — Tripartite padmasana "seat" for Brahma (to the right or east), Wisnu (to the left or west) and Iswara or Siwa (center).
16. Pasamuhan Agung — Pavilion where the gods gather at times of ceremony.
17. Bale pelik — dedicated to Ratu Sanghyang Siyem.
18. Bale pelik — dedicated to Mpu Bharada (Airlangga's court priest):
19. Meru with 11 roofs — dedicated to Ratu Manik Makentel.
20. Meru with 9 roofs — dedicated to Ratu bagus Kubakal.
21. Bebaturan (open altar) — dedicated to Ratu Sula Majemuh.
22. Bale Paruman (Pyasan) — Pavilion for decorating statues of the gods.
23. Bale pepelik.
24. Kawitan — shrines dedicated
25. to deified ancestors of three
26. descent groups.
27. Kehen — Building for storing temple possessions including old charters written on wood.
28. Meru with 7 roofs — dedicated to Ratu Geng.
29. Meru with 11 roofs — dedicated to Ratu Maspahit.
30. Bale pepelik.
31. Bale pawedan — pavilion for high priest ritual.
32. Gedong — Shrines dedicated
33. to Ida Gusti.
34. Meru with 3 roofs — dedicated to Ida Tohjiwa.
35. Meru with 5 roofs — dedicated to Ida Panataran.
36. Meru with 7 roofs — dedicated to Ida Tulus Sadawa.
37. Meru with 5 roofs — dedicated to I Gusti Ngurah Dauh.
38. Meru with 11 roofs — dedicated to Ratu Sunaring Jagat.
39. Shrine dedicated to widyadara (male heavenly beings).
40. Shrine dedicated to widyadari (female heavenly beings).
41. Bale pelelik.
42. Shrine dedicated to Bhatara Surya-Candra (sun and moon).
43. Shrine dedicated to Ratu Ulang Alu.
44. Shrine dedicated to Ratu Subandar (Ratu Waruna, god of the sea).
45. Sub-temple belonging to the Pande or genealogical group of the goldsmiths and blacksmiths.
46. Meru with 11 roofs — dedicated to Sanghyang Wisesa.
47. Meru with 3 roofs — dedicated to Ratu Ayu Magelung.
48. Gedong — Shrine dedicated to Ratu Bukit Kiwa (or Ratu Pucak).
49. Gedong — Shrine dedicated to Ratu Bukit Tengen or (or Ratu Pameneh).

Mit Tüchern und Fahnen geschmückte, hochaufragende Schreine zu Ehren der Hindutrinität.

drapiert; Rot ist im Pura Kiduling zur Rechten die Farbe Brahmas; links, im Pura Batu Madeg, herrscht Schwarz vor, die Farbe Wischnus. Diese beiden Tempel werden jeweils von den Regierungen in Karangasem und Bangli unterhalten, weitere Schreine von anderen Provinzen. Ganz Bali findet sich im Pura Besakih vereint. Die religiöse Einheit ist symbolisiert im *padmasana* im Pura Panataran Agung, dem allerhöchsten Gott, Sanghyang Widi, geweiht.

Am eindrucksvollsten präsentiert sich Pura Besakih während eines Tempelfestes; aber seine Großartigkeit ist auch an normalen Tagen spürbar. Die Fahrt nach Besakih nimmt einen vollen Tag in Anspruch, wenn man den Aufenthalt zur Besichtigung und zu Einkäufen in Klungkung einplant.

Den abschließenden Teil des Ausflugs nach Ostbali beginnen Sie am besten morgens ganz früh, so daß Sie noch vor Mittag in Klungkung sind, irgendwo in der Gegend oder am Meer zu Mittag essen und die Fledermaushöhle, die Fischerdörfer und Tenganan gesehen haben, bevor Sie Karangasem (Amlapura) am frühen Nachmittag erreichen. (Die Fertigstellung der Straße Rendang—Karangasem ermöglicht die Besakih-Karangasem-Rundfahrt an einem Tag.) Vielleicht sind Sie gerade zu einer Zeit in Bali, wenn die Dörfer im Osten eines ihrer zeremoniellen Feste begehen. Das sollten Sie sich nicht entgehen lassen.

Auf dem Weg nach Kusamba kommt man an den ersten der erstarrten Lavaströme, die sich durch Karangasem ergossen. Wo einst Flüsse, Reisfelder und Dörfer lagen, sind nun breite Lavastreifen, die sich bis hinunter zum Meer erstrecken. Der Ausbruch des Agung 1963 zerstörte die Straßen und isolierte ein Fünftel der Insel und ihrer obdachlosen Bewohner. Straßen und Brücken sind inzwischen wieder gebaut worden, aber das Land ist weitgehend unfruchtbar und verödet.

Flinke Auslegerboote bilden die Verbindung von und nach Nusa Penida.

Kusamba

Vom schwarzen Sandstrand des Fischerdorfes Kusamba heben sich pittoresk die bunten Auslegerboote ab. Genau gegenüber liegt Nusa Penida, eine von 40 000 Menschen bewohnte Insel. Der Meeresarm zwischen den beiden Inseln ist reich an Fischen.

Zweimal täglich wird Nusa mit Erdnüssen, Reis und Früchten beliefert, denn die Insel ist trocken; nur wenig gedeiht dort. Die Fischer von Kusamba sind stolz auf ihre großen *prahus,* mit denen sie — bei nur fünf Mann Besatzung — bis zu anderthalb Tonnen Fracht transportieren. Sie setzen auch Passagiere zur Insel über, die die Korallengärten und die weißen Strände erleben möchten.

Ein wichtiger Erwerbszweig ist die Salzgewinnung. Reihen brauner Strohdächer bedecken die kleinen Fabrikationshütten. Aus dem Meer holt man nassen Sand und trocknet ihn; dann schüttet man ihn in einen großen Bottich. Allmählich rinnt nun eine hochkonzentrierte Salzlake in schmale Bambuströge, die in die Sonne gestellt werden, wo die Lake sich kristallisiert. Das dauert insgesamt einen Tag, und ein Arbeiter kann täglich bis zu 5 kg Salz gewinnen, das er auf dem Markt in Klungkung verkauft. Obgleich Kusamba ein Fischerdorf ist, leben die Menschen etwas mehr landeinwärts, aus der alten balinesischen Furcht vor dem Meer als einem magisch-gefährlichen Ort.

Nusa Penida ist, im Hinblick auf äußeren Komfort, anspruchslosen Reisenden zu empfehlen. Die *prahus* von Kusamba ankern in Sampalan, dem Fischereihafen von Nusa, was besonders schön am frühen Morgen ist, wenn Bali am andern Ufer sichtbar wird. Alle Terrassen auf diesem felsigen Eiland sind von Steinen eingefaßt. In manchen Dörfern wird ein rötliches *Ikat*-Tuch gewebt, das man auch in Klungkung kaufen kann.

Goa Lawah

Die Straße führt (mit wunderbarer Aussicht auf Nusa Penida) östlich an der Küste entlang und lädt zum Verweilen ein.

In der Nähe liegt die Fledermaushöhle ,,Goa Lawah'', deren Decke zu leben scheint. Es sind Tausende von Fledermäusen, die dort dicht aneinandergedrängt hängen — eine dunkle, atmende Masse von Körpern. Die lebhaft heraus- und hereingleitenden ,,Radarsegler'' mindern den unheimlichen Eindruck ein wenig. Die Höhle gilt als heilig. Ein Tempel mit Schreinen beschützt ihren Eingang. Sie soll sich bis nach Besakih erstrecken und einen unterirdischen Fluß aufweisen, der in Pura Goa (,,Höhlentempel'') innerhalb der Anlage in Besakih zutage treten soll. Dieser Tempel steht in engem Bezug zur mythologischen Schlange, der *naga* Basuki, die ebenfalls in Pura Goa Lawah verehrt wird, wo angeblich ein Schlange lebt.

Padangbai

Eine vollkommene Bucht, landein von Hügeln eingefaßt, ist der Hafen Padangbai, der die Verbindung zur Nachbarinsel Lombok herstellt. Jeden Morgen fahren Schiffe mit Passagieren und Waren hinüber. Die Dampfer internationaler Schiffahrtslinien liegen auf der linken Seite der Bucht auf Reede. Es gibt herrliche Badeplätze mit türkisgrünem Wasser bei Padangbai.

Die Geschichte dieses Küstendorfes ist eng verbunden mit jener ereignisreichen Zeit zu Beginn des 11. Jahrhunderts, als Mahendradatta und Udayana starben. In Padangbai lebte zu der Zeit ein hochgewachsener Priester, der noch bis heute durch seine dörflichen Reformen bekannt ist. Wo jetzt Pura Silayukti steht, soll er einstmals gelebt haben. Weiter östlich führt die Straße durch die schöne Gegend um Manggis: Auf der einen Seite hat man die Berge, auf der anderen das Meer.

Ein schauriger Höhlentempel zu Ehren der Schlange Basuki.

Zollstelle für den Handel mit Lombok.

Tenganan

Am Ende der Abzweigung, die ins Hügelland um Karangasem führt, liegt Tenganan, eines der konservativsten Dörfer der *Bali Aga* — einer urbalinesischen Dorfgemeinschaft ohne Hindueinfluß. Der Ort ist von einer Mauer umschlossen; innerhalb dieser haben alle Anwesen den gleichen Grundriß. Die Einwohner von Tenganan sollen ursprünglich aus Bedulu stammen. Man erzählt sich, daß der mächtige König Dalem Bedaulu, der Anfang des 14. Jahrhunderts lebte, sein Lieblingspferd verloren hatte und seinen Leuten befahl, es zu suchen. Sie zogen nach Osten und fanden den Kadaver des Pferdes in der Gegend von Tenganan. Als der König ihnen eine Belohnung zusprach, erbaten sie sich Land — soweit, wie der Verwesungsgeruch des toten Pferdes reichte. Der König sandte ihnen einen Beamten mit guter Nase, um die Zuteilung des Landes gerecht vorzunehmen. Tagelang ritten sie mit dem Beamten durch die Hügel — immer noch lag der Geruch des Kadavers in der Luft. Schließlich entschied der ermüdete Beamte, daß es genug sei, und reiste ab. Da zog der Anführer der *Bali Aga* unter seinen Kleidern das Stück verwesenden Fleisches hervor, das ihnen ihr Land eingebracht hatte!

Die Gemeinde von Tenganan besitzt noch heute große fruchtbare Felder, die vorbildlich bestellt sind. Früher pflegten die aristokratischen Bewohner von Tenganan Leute aus der Nachbarschaft für die Feldarbeit anzumieten. Sie selbst pflegten nur ihr *tuak,* das beliebte Palmbier, herzustellen. Die Frauen weben das berühmte Flammentuch *Kamben Gringsing,* das den Träger vor schädlichen magischen ,,Schwingungen'' schützen soll. Die Färbe- und Webtechnik, die es nur hier in Tabanan gibt, ist so kompliziert, daß eine Frau zur Anfertigung eines Tuches fünf Jahre benötigt. Die Einwohner von Tenganan tragen nur die schönsten Stücke.

Zu den Klängen der Gamelans wird der rituelle *Rejang*-Tanz zelebriert.

An Festtagen kleiden sich die Mädchen in Seide, eine bunte Schärpe wird um die Taille geschlungen und Blüten aus gehämmertem Gold ins Haar gesteckt. Die Musiker eröffnen das Fest mit einer geheimnisvollen Musik des *Gamelan Selunding,* das ein altertümliches Xylophon mit eisernen Klangplatten zu seinen Instrumenten zählt. Langsam kommen die Tänzerinnen nacheinander aus dem Dunkel hervor. Mit gesenktem Blick heben sie wie im Traum ihre Schärpen und lassen sie wieder gleiten: Das ist der *Rejang,* ein ritueller Opfertanz.

Der Kampf mit Pandanusblättern findet nur einmal im Jahr statt: während des Festes *Usabe Sambah.* Begleitet vom heiligen *Gamelan Selunding,* greifen sich zwei Männer an; jeder ist mit einem runden, geflochtenen Schild und einem Büschel Pandanusblättern ausgerüstet, und zwar von jener Art, die auf beiden Blattseiten Dornen hat. Dabei gibt es zwei Taktiken — den Sturmangriff und den Clinch —, wobei letztere den Nachteil hat, daß, während der eine Mann den Rücken des Gegners mit dem dornigen Büschel bearbeitet, der andere es ihm mit gleicher Münze heimzahlen kann. Ob da nicht manchmal wirkliche Streitigkeiten ausgetragen werden? Während des Festes sind im Dorf Riesenräder aufgestellt. Manche haben ein Rad mit Sitzen, andere zwei Räder, die hölzerne Konstruktion wird von zwei Männern mit den Füßen in Gang gesetzt.

In der näheren Umgebung von Tenganan gibt es noch weitere abgeschiedene Dörfer, in denen eigentümliche, seit Jahrhunderten unveränderte Rituale zelebriert werden.

In Asak kämmen sich die Tänzerinnen das Haar in einer großen Locke auf die Seite, so, wie man es auf den alten Statuen sehen kann. Die Männer spielen noch das hölzerne *Gamelan Gambang.*

Hinter Tenganan geht es durch einen Paß zum Pura Gumang.

Ausgewählte Stilelemente zeichnen die Bauwerke der letzten Radschas aus.

Amlapura (Karangasem)

Über einen breiten erstarrten Lavastreifen, der Jahr für Jahr ein bißchen weiter kultiviert wird, kommt man nach Amlapura. Das frühere Königreich entstand, als Gelgel im späten 17. Jahrhundert immer schwächer wurde. Ende des 18. und zu Beginn des 19. Jahrhunderts war es das mächtigste Reich auf Bali. Der Puri Agung Karangasem diente lange Zeit als Residenz seiner Könige, die ihre Herrschaft über das Meer bis nach Lombok ausdehnten. Das Tor zum Palast mit seinem dreistufigen Dach ist eine gute Einführung in den strengen Stil der Architektur Karangasems.

Während der Kämpfe mit den Holländern um die Jahrhundertwende erklärte der Radscha von Karangasem den Niederlanden seine Loyalität und durfte Titel und Amt behalten. Der Puri Kanginan, in dem der letzte Fürst geboren wurde, ist eine Schöpfung des 20. Jahrhunderts mit europäischen, chinesischen und balinesischen Stilelementen. Das Hauptgebäude mit einer großen Veranda wird „Londonhaus" genannt, weil die Möbel mit dem Wappen des englischen Königshauses verziert sind. Die hölzerne Täfelung scheint chinesische Arbeit zu sein, während im nächstgelegenen Pavillon die *Ramayana*-Szenen der Reliefs wieder balinesisch sind. Das Foto über dem Eingang zum „Londonhaus" zeigt König Anak Agung Anglurah Ketut mit seinem Religionslehrer. Er liebte Wassergräben und -becken. An der Küste erbaute er in Ujung (5 km entfernt) ein Wasserschloß, das 1921 mit einer religiösen Zeremonie eingeweiht wurde. Um 1947 errichtete er Tirta Gangga als Erholungsstätte mit von Skulpturen geschmückten Wasserbecken. Leider wurden sie mehrfach beschädigt: durch Vulkanausbruch, politische Hitzköpfe und Erdbeben. Die Küstenstraße geht durch eine herrliche Landschaft bis nach Singaraja.

In diesen selten besuchten Gegenden finden faszinierende Tempelfeste statt.

Sibetan, Selat und Iseh

Von Subagan aus, einem Dorf im erstarrten Lavafluß außerhalb von Amlapura, führt eine Straße nach Westen durch das Hügelland um den Gunung Agung. In Rendang trifft sie auf die Straße Klungkung — Besakih und ermöglicht so eine Rundfahrt durch das Gebiet von Karangasem. Auf dieser Route kann man selten besuchte Dörfer des schönen Ostens entdecken. Die Frauen ziehen zum Markt, beladen mit Kartoffeln und Gewürzen, und führen Ferkel an der Leine; Männer treiben ihre Kühe zum Verkauf dorthin. Große Märkte gibt es etwa jeden drittenTag; der von Bebandem ist besonders interessant. Ein paar Kilometer weiter westlich liegt Sibetan, wo Reis und Früchte im Überfluß wachsen. Berühmt ist die *salak,* eine braune apfelähnliche Obstsorte mit einer Schale, die an braune Schlangenhaut erinnert. Die niedrigen Salakpalmen bedecken weite Teile dieses Gebietes.

Iseh ist der Name eines Bergdorfes, dessen Bewohner Reis und Zwiebeln anbauen. 1932 errichtete sich hier Walter Spies ein Haus, in dem viele Jahre lang der Schweizer Maler Theo Meier wohnte. Man hat von hier eine ungehinderte Aussicht auf den großen Vulkan.

Die Hänge sind von tiefen Schluchten durchzogen, die sich als dunkle Schatten ins Tal hinab winden. Dort erstrecken sich die Reisfelder, die in den vielfältigsten Farben vom zartesten Gelbgrün bis zum kräftigen Goldgelb schimmern und die Landschaft höchst abwechslungsreich gestalten.

Wo immer Sie im Osten reisen — Sie erleben eine liebliche Landschaft, urtümliche Dörfer, faszinierende Feste: Tempel und mit geflochtenen Ornamenten geschmückte Bambusstangen sind in bunte Tücher gehüllt und mit Reiskeksen verziert; das lebhafte Gewimmel der Menge, die Frauen mit den Opfergaben, die Gamelanmusik … alles einmalige Eindrücke!

UNTERWEGS NACH WESTEN

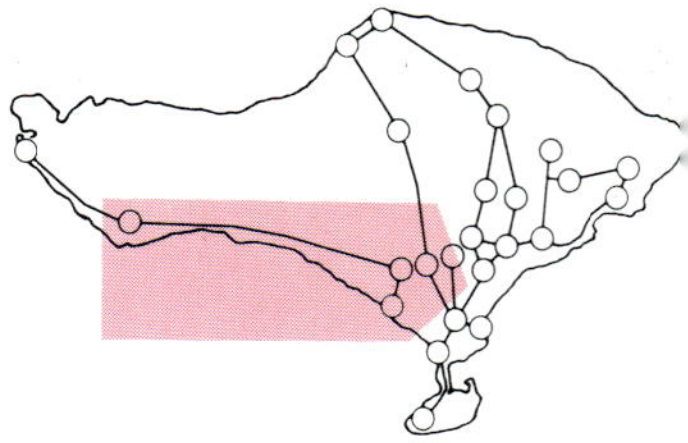

Die westlichen Bezirke von Tabanan und Mengwi waren einst mächtige, kriegerische Fürstentümer. 1891 wurde Mengwi von seinen Nachbarn Tabanan und Badung vereinnahmt. Die Zeit der absoluten Herrschaft der Radschas endete 1908 mit der holländischen Eroberung von Südbali. Der Radscha von Tabanan hatte kein Abkommen mit den Holländern und verlor sein Land: Es wurde unter den einzelnen Dörfern des Gebietes aufgeteilt, die durch den Landgewinn zu neuer Blüte gelangten.

Wenn auch die Radschas unter den Holländern keinen politischen Einfluß mehr hatten, blieben sie doch Führer ihres Volkes und ihre Paläste die Mittelpunkte des künstlerischen Lebens und Schaffens.

Die Fürstenfamilien erfüllten weiterhin ihre Pflichten als Schirmherren der religiösen Zeremonien in den Landestempeln. So zelebrieren die Einwohner Mengwis Kultveranstaltungen um Pura Taman Ayun, den Tempel dieses alten Königreiches. Nahe dem Vulkangipfel des Batukau befindet sich das Bergheiligtum Pura Luhur, ebenfalls ein königlicher Tempel, inmitten unwirtlicher, fast undurchdringlicher Dschungelwildnis. Dennoch pilgern Tausende von Menschen zu diesem Heiligtum.

Das westliche Hochland um Batukau ist berühmt für seine großartige Landschaft. Von Jatiluwih, hoch oben an einem Terrassenhang, überblickt man den ganzen Süden Balis. Das Dorf trägt seinen Namen zu Recht: Jatiluwih heißt „wahrlich wunderbar“.

Verborgen in der Bergkette, die sich bis zum westlichsten Zipfel der Insel erstreckt, liegt eine wildromantische Gegend, wo die Geister von Pulaki hausen, jener legendären Stadt, die dazu verdammt war, in der Erde zu versinken. Hochwild, Sauen und Krokodile leben hier. (Hier soll es sogar einen Tiger geben, obgleich ihn seit Jahren niemand mehr gesehen hat.)

Eine donnernde Brandung rollt auf die märchenhaft schönen Strände zu, die sich kilometerweit entlang der westlichen Küste hinziehen. Auf einigen vulkanischen Felsenklippen am Ufer, der Halbinsel Bukit gegenüber, stehen Ruinen alter Meerestempel. Die abgeschiedenen Buchten sind für viele Sonnenhungrige ein Paradies.

Vorherige Seiten: Ernte bei Tabanan.

Zur Erkundung des Westens unternimmt man anstelle einer Rundreise lieber Einzeltouren, die einem bestimmten Ziel gelten: z.B. zum „Affenwald“ bei Sangeh, zum Wassertempel Pura Taman Ayun, zu den Korallengärten von Tanah Lot, den Stränden von Krambitan oder zur westlichen Hauptstadt Negara mit ihren Büffelrennen.

Wer abgelegenere Orte besuchen will, sollte sich zuvor über den Straßenzustand ausreichend informieren. Von Denpasar aus kann man die meisten Ziele leicht in kurzen Ausflügen erreichen.

Viele Javaner sind nach Westbali gezogen. Dort arbeiten sie vornehmlich in den für die Bewässerungsprobleme zuständigen Organisationen *subak*. Die Umsiedlung von Indonesiern aus dichtbesiedelten Gebieten (z.B. Java) in ein dünnbesiedeltes Gebiet oder in die Wildnis wird vom *Transmigrasi*-Programm der Regierung unterstützt.

Anführer einer Affenhorde im legendären Bukit Sari.

Sangeh

Rawana, der große Bösewicht des *Ramayana*-Epos, konnte nicht sterben — weder auf Erden noch in der Luft. Der Affenführer Hanuman fand eine Lösung. Er packte den heiligen Berg Mahameru und teilte ihn in zwei Hälften, zwischen denen er den Riesen erdrückte. Dabei fiel ein Teil des Berges bei Sangeh auf die Erde und mit ihm Truppen aus Hanumans Affenarmeen.

So beschreibt die Legende die Entstehung des Bukit Sari — des ,,Affenwaldes'', ein Gehölz mit gigantischen Bäumen, von Hunderten kleiner grauer Affen bevölkert. Der Wald ist heilig; lange Zeit durfte niemand sein Holz schlagen. Der mit grünem Moos überzogene Tempel darin ist den flinken Affen ein beliebter Schlupfwinkel. Ihre Freundschaft läßt sich schnell durch Erdnüsse gewinnen.

Die Einheimischen berichten, dort sei ein ,,Affenhäuptling'', der ein Affenvolk beaufsichtige, während einem gegnerischen Oberhaupt und seiner Horde ein anderer Teil des Waldes unterstehe. Sangeh ist ein friedliches, erholsames Ausflugsziel, das immer wieder Maler angezogen hat.

Der Tempel Pura Bukit Sari ist ursprünglich im 17. Jahrhundert als Bauernheiligtum entstanden und wurde verschiedene Male wiederhergestellt (zuletzt 1973). Im zentralen Innenhof steht eine große Statue Garudas. Sie versinnbildlicht die Erlösung vom Leid und die Gewinnung von *amerta,* dem Lebenselixier.

Der umliegende Muskatnußwald ist wahrscheinlich vor langer Zeit von Menschenhand angelegt worden.

Vor der Jalan Kartini in Denpasar führt eine direkte Straße nach Sangeh. Kurz vor Sangeh biegt in Blahkiuh eine Straße nach Mengwi ab, welches man sich noch auf dem Rückweg ansehen kann, wenn man nicht von Denpasar aus eine andere Tour dorthin unternehmen will.

Ruhige einladende Straßen abseits der vielbefahrenen Tabanan-Route.

Schönheit und Anmut.

Sempidi, Lukluk und Kapal

Diese Dörfer liegen westlich von Denpasar. Sie sind berühmt für den kunstvollen, reichen Skulpturenschmuck ihrer Tempel. Dargestellt sind häusliche und mythologische Szenen, mit leuchtenden Farben ausgeschmückt. Je länger man sie betrachtet, desto mehr entdeckt man die Fülle von Figuren und Formen, besonders am Pura Dalem von Lukluk, 150 m von der Straße entfernt, und an den drei Dorftempeln Sempidis. Der bedeutendste Tempel ist der Pura Sada in Kapal, ein Ahnenheiligtum, in dem die vergöttlichte Seele von Ratu Sakti Jayengrat, dessen Identität nicht genau feststeht, verehrt wird.

Der Tempel, dessen Grundmauern sicherlich aus dem 12. Jahrhundert stammen, wurde während der Majapahitperiode von einem frühen König Mengwis wiederhergestellt. Der älteste der königlichen Schreine Mengwis, Pura Sada, der noch älter ist als Pura Taman Ayun, wurde beim großen Erdbeben von 1917 zerstört und 1950 von Archäologen wiederaufgebaut. Eine große *candi* aus Backstein, verziert mit modernen Plastiken, beherrscht den Komplex. Sieben Heilige umgeben die *candi* oder *prasada,* und die Spitze huldigt den Neun Göttern — den Herrn der acht Himmelsrichtungen und der Mitte. Die 64 Steinthrone des Tempels stehen angeblich als Erinnerung an treue Gefolgsleute, die in der Schlacht gefallen sind, und gemahnen ein wenig an megalithische Ahnensitze. Vor dem Dorf Kapal wächst am gegenüberliegenden Ufer des Flusses eine seltsame Kokospalme mit einem zweigeteilten Stamm. Nicht weit davon ist ein großer Banyanbaum, in dessen Geäst ein Tempel gebaut wurde.

Links: Schöne Plastik am Pura Sada in Kapal, vermutlich einem Majapahit-Fürsten zu Ehren. Unten: Die vielschichtigen *merus* im Innenhof des Pura Taman Ayun in Mengwi.

Mengwi

Eine Abzweigung in die Berge führt zum Fürstentum von Mengwi, bis 1891 der Mittelpunkt eines mächtigen Königreiches aus der Gelgeldynastie. Diese Könige werden noch heute in den Landestempeln Mengwis verehrt, besonders im Pura Taman Ayun.

In Bali hat jede soziale Einheit — als kleinste die Familie — einen Tempel, in dem den vergöttlichten Ahnen gehuldigt wird. Die Familienahnen werden im Haustempel verehrt, die der Sippe im Sippentempel, die der Dorfgründer im Pura Puseh und die Vorfahren einer königlichen Familie in Landestempeln. Zu diesen gehören Berg- und Meerestempel und solche im Landesinnern, wie der Pura Taman Ayun in Mengwi.

In den Reihen der *palinggihs,* der Schreine, die den zu den Tempelfesten herabsteigenden Göttern als Throne dienen, steht ein ostwärts gerichtetes rotes Ziegelgebäude, der *paibon,* der königliche Ahnenaltar. In den umgebenden Pavillons werden von Priestern Gebete gesprochen, Sitzungen der Dorfältesten abgehalten sowie Möbel und Musikinstrumente aufbewahrt. Die Türen der kleinen Schreine sind wunderschön geschnitzt. Der große Wassergraben ringsum gibt dem Besucher das Gefühl, das Heiligtum befände sich inmitten eines Sees, was zugleich den Namen *Taman* („Garten mit Teich“) erklärt.

Innerhalb des Wassergrabens liegt der Tempel auf einer leichten Anhöhe. Mit der Weite des äußeren Hofes, der harmonischen Gruppierung der *merus* und Pavillons im Innenhof und dem gepflegten Zustand der ganzen Anlage ist dies einer der schönsten Tempel auf Bali. Ursprünglich wurde Taman Ayun 1634 erbaut, dann restauriert und im Jahre 1937 erweitert. An Festtagen *(odalan)* kommen die Frauen mit farbenprächtigen Opfergaben in den Tempel, die sie vor den *merus* niederlegen.

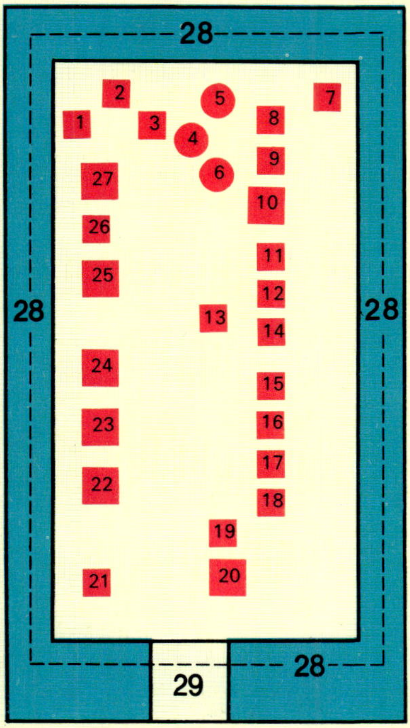

PURA TAMAN AYUN

1. Gedong dedicated to Bhatara Puncak Padangdawa (for the arts).
2. Méru Tumpang XI (11-roofed) – dedicated to Hyang Gunung Batukau (mountains and forests).
3. Gedong – dedicated to Dewan Gusti.
4. Candi Kuning dedicated to Dewi Ciligading
5. Candi-Padmasana dedicated to Bhatara Wawurauh (Siva and Buddha).
6. Candi dedicated to Hyang Purasada (for heroes).
7. Tugu – dedicated to Bhatara Dugul, for the gods of the rice fields.
8. Méru Tumpang XI (11-roofed) – dedicated to Ulunsuwi (Bhatara Sri).
9. Méru Tumpang XI (11-roofed) – dedicated to Bhatara Sakenon (for the sea god).
10. Gedong Palinggih Ibu or paibon, serves as ancestral altar where offerings to ancestors of the rulers of Mengwi are put.
11. Méru Tumpang IX (9-roofed) – dedicated to Hyang Gunung Batur.
12. Méru Tumpang XI (11-roofed) – dedicated to Gunung Agung (for the security of the state).
13. Dedicated to Hyang Siwa Raditya (for the Sun-god Surya).
14. Méru Tumpang IX (9-roofed) – dedicated to Hyang Puncak Pengalengan Gunung Mangu Bratan (for the irrigation god).
15. Méru Tumpang VII (7-roofed), dedicated to the ancestral gods of the Majapahit settlers.
16. Méru Timpang V (5-roofed) dedicated to Batungaus.
17. Méru Tumpang III (3-roofed) – dedicated to Syang Pasurungan.
18. Méru Tumpang II (2-roofed) – dedicated to Batu pasek Badak.
19. Balé – simple shed for offering to Ratu Pasek.
20. Balé Murdha – Assembly Hall of the village elders.
21. Gedong – For keeping temple clothes.
22. Balé Saka IX – For the Orchestra.
23. Balé Saka VIII – for relaxing and for preparing offerings.
24. Balé Pawedan – where the priests recite their weda.
25. Bale Papelik – the Communal seat of the Gods.
26. Balé Panggung – For offerings.
27. Balé Saka IX – For Keeping furniture.
28. Kolam, pond or moat.
29. Kuri Agung – Main covered gate. It is opened only when there is a ceremony in progress.

Von langer Tradition: die Kunst, golddurchwirkte Festgewänder zu weben.

Blayu

Von Mengwi kann man nach Norden über das Gebirge bis zur Küste von Nordbali weiterfahren. Ein Abstecher Richtung Westen führt nach Blayu. Von weitem schon hören wir das Klappern der Bambuswebstühle. Die Frauen weben selbstgefärbtes Garn zu golddurchwirkten Hüfttüchern. An einem 2 m langen *sarong* arbeiten sie bis zu einem Monat. Diese Tücher legt man zur Reinigung in die Sonne und schüttelt sie dann aus. Sie sind nicht waschbar. Früher saßen schon die zehnjährigen Mädchen mit ihrer Mutter am Webstuhl; heute wird das traditionelle Handwerk nur noch von den älteren Frauen ausgeübt. Die *sarongs,* die man auf Bali täglich trägt, sind javanische Batiken oder stammen aus balinesischen Fabriken. Aber die Nachfrage nach *songkets,* den golddurchwirkten Tüchern zu festlichen Gelegenheiten, ist groß genug, um die Frauen Blayus zu beschäftigen.

Gedenkstätte an die Opfer des „Margarana Incident".

Marga

Am 20. November 1946 starben in der Schlacht von Marga der Befehlshaber der nationalen Truppen auf Bali, Oberstleutnant I Gusti Ngurah Rai, und ein Regiment von Guerillakämpfern. Eingekreist von einer zahlenmäßig überlegenen holländischen Truppe, weigerten sich die 94 Mann, trotz starker Luftangriffe aufzugeben. Sie griffen immer wieder an und fielen bis zum letzten Mann — ein *puputan,* das an die königlichen *puputan*, ebenfalls gegen die Holländer, erinnert. In Marga wird dieser Männer mit einem Ehrenmal und der Inschrift einer Botschaft Ngurah Rais gedacht. In Steinmedaillons finden sich die fünf Grundsätze des *Panca Sila* dargestellt: der Stern für den Glauben, eine Gliederkette für die Demokratie, ein Stier für die Nation, ein Banyanbaum für Humanität, Reis und Baumwollsamen für soziale Gerechtigkeit. Der Todestag Ngurah Rais ist Heldengedenktag.

Ein heiliger Ort auf einer kleinen Felseninsel.

Tanah Lot

Von Marga kehrt man wieder auf die westwärts führende Hauptstraße zurück. In Kediri geht eine Seitenstraße zur Küste hinunter. Die Straße endet auf einem grünen Hügel, dessen Hänge zum Meer auslaufen und zu dem Tempel von Tanah Lot führen, der auf einem Felsen dicht am Ufer errichtet wurde. Von weitem wirkt Tanah Lot mit seinen schwarzen Türmen und den grünen Tuffs der Baumwipfel wie eine chinesische Malerei.

Tanah Lot ist nur ein kleines Heiligtum, aber es gehört zu einer ganzen Kette von Meerestempeln an der Südküste, zu denen Pura Sakenan, Pura Ulu Watu, Pura Rambut Siwi und Pura Petitenget zählen. Sie sind mit den großen Gebirgstempeln Besakih (am Agung), Pura Batur (am Batur) und Pura Luhur (am Batukau) verschwistert. In den Bergtempeln werden die zu Bergen und Bergseen in Beziehung stehenden Gottheiten verehrt, in den Meerestempeln alle Geister und Gottheiten, die mit dem Meer in Verbindung stehen. Diese großen Tempel werden den *sad-kahyangan,* den sechs heiligen ,,National''-Tempeln, zugerechnet.

Die Chroniken schreiben den Tempel von Tanah Lot dem Priester Nirartha zu. Während seiner Reisen entlang der Südküste bemerkte er die zauberhafte Lage des kleinen Felseneilands und rastete hier. Fischer, die ihn sahen, brachten ihm Geschenke und baten ihn, Unterkunft bei ihnen zu nehmen. Nirartha aber zog es vor, die Nacht auf der kleinen Insel zu verbringen. Später riet er den Fischern, einen Schrein auf diesem Felsen zu errichten, da es ein heiliger Ort sei und somit auch ein geeigneter Platz, um Gott zu verehren.

Die Buchten von Tanah Lot sind ideale Plätze zum Schwimmen und Sonnenbaden. Nachmittags heben sich Felsen und Tempel eindrucksvoll und imponierend vom leuchtenden Himmel ab.

Die Reiskammer der Insel.

Tabanan

Alle drei Tage — wie es der religiöse Kalender angibt — kommen Kaufleute aus dem Süden nach Kediri, um auf dem größten Tiermarkt Balis Großvieh einzukaufen. Aber auch Gänse, Enten, Schweine, Hühner und Kampfhähne werden hier zum Verkauf angeboten.

Der Bezirk von Tabanan bildet zusammen mit Badung und Gianyar den Reisgürtel der südlichen Ebenen. Kilometerweit erstrecken sich die gepflegten, unter Aufsicht der *subak*-Organisationen stehenden Felder von den Ausläufern des Batukau bis dicht an die Küste. Es gibt keine jahreszeitlich gebundenen Arbeiten. Das ganze Jahr hindurch wird gepflanzt und geerntet. Jedes Feld hat seinen eigenen Rhythmus. Auch hierfür weiß die Legende eine Erklärung: Nach vielen schlechten Ernten versammelten sich die Dorfbewohner im Haupttempel, um die Götter um bessere Erträge zu bitten. Für die Erfüllung dieser Bitte verlangten die Götter ein *guling buntut* — ein Ferkel, das gebraten und ohne Schwanz sein sollte. Als die Felder prächtig gediehen, bemerkten die Leute mit Entsetzen, daß es gar kein Tier ohne Schwanz gab; so wurde beschlossen, ein Kind zu opfern. Dann kam ihnen ein rettender Gedanke: Da sie gelobt hatten, das Opfer nach der Ernte zu bringen, wurde schnell neu gepflanzt, ehe die anderen Felder reif waren, und die Erntezeit währte ständig.

Tabanan wurde während der politischen Machtkämpfe im 17. Jahrhundert ein selbständiges, mächtiges Königreich. Seit langem sind hier berühmte Gamelanorchester und Tänzer zu Hause, unter ihnen der große Mario, von dem es folgende Geschichte gibt: Als man ihm sein Foto in Covarrubias' Bali-Buch zeigte, rief er aus: ,,Dieser Mann ist ein großer Tänzer! Warum habe ich ihn noch nie gesehen?'' Er lachte staunend und erfreut bei der Entdeckung, daß er es selbst war.

Unberührte Strände und romantische Landschaften.

Mario wurde um die Jahrhundertwende geboren und tanzte bereits im Alter von sechs Jahren. Er entwickelte den Solotanz *Kebyar,* der aus Nordbali stammt, bis zur Perfektion.

Tabanan wurde, wie auch die anderen Bezirkshauptstädte, von Denpasar weit überflügelt. Aber es ist eine lebhafte wachsende Stadt mit vielen Läden, die, wie anderswo auch, chinesischen Kaufleuten gehören. Kay It, ein chinesisch-balinesischer Künstler, der in Tabanan lebt, hat erfolgreich in Australien ausgestellt. Er ist Maler, Batikkünstler und Designer neuer Formen für die Tontöpfereien im nahegelegenen Pejaten. Zu seinen Kunstwerken gehören reizvolle, lebendige Fliesenmuster mit unterschiedlichsten Motiven und oftmals zwei alten balinesischen Gestalten: *Cili* und *Barong Landung.*

Nur wenig bekannt sind die einsamen großartigen Strände von Tabanan, auf die mächtige Brandungen mit manchmal bis zu 3 m hohen Wellen donnern.

Abgelegene Dörfer am Weg zeigen noch ursprünglichere Formen balinesischen Lebens als die an den großen Straßen und Hauptverkehrsadern.

In vielen Tempeln dieser Gegend sind die Schnitzereien mit Silberbronze angemalt und wirken wie versilbert. In **Krambitan,** einem Dorf südwestlich von Tabanan, gibt es viele schöne, noch im alten Stil erbaute Häuser. Bemerkenswert ist der *balé gong,* eine Musikhalle mit vergoldeter Holztäfelung und weißen Porzellaneinsätzen an den Wänden. Krambitan war früher ein kleiner Hof unter dem Radscha von Tambanan. Getreu seiner Tradition leben hier Literaten, die die klassische javanische und balinesische Literatur studieren und schauspielerisch umsetzen.

Eine Straße führt hinter dem Dorf zur Küste mit einem schönen schwarzen Sandstrand, der so groß ist, daß die Kinder ihn als Fußballfeld benutzen.

Der „Kokosnußschalenberg“ beherbergt Westbalis meistverehrtes Heiligtum.

Batukau

Der ,,Kokosnußschalenberg'' ist der westlichste der drei hochragenden Gipfel auf Bali und beherrscht mit seiner Höhe von 2278 m die Umgebung von Tabanan. In allen Tempeln Westbalis wird in einem der Schreine der Geist des Batukau verehrt. An der Straße von Tabanan nach Penebel führt eine Abzweigung nach Wongaya Gede, ein Dorf bei Pura Luhur, dem Bergheiligtum hoch oben an den Hängen des Batukau. (Die Straße ist nur mit Jeep oder Motorrad befahrbar.) Der unwirtliche Dschungel oberhalb Wongaya Gedes umgibt den Tempel, der — weit entfernt von dichtbesiedelten Ackerland — erhaben auf einer einsamen Lichtung inmitten üppiger Vegetation steht.

Ein einziger, siebenstufiger *meru* erhebt sich zu Ehren von Mahadewa, der Gottheit des Batukau. Die benachbarten Steinschreine haben eine merkwürdige Pagodenform, den thailändischen *stupas* ähnlich. Nicht weit von Pura Luhur erinnert ein quadratischer See an den benachbarten Pura Taman Ayun mit seinem breiten Wassergraben. Beide Tempel gelten als *pura taman* — als Wassertempel, die stets vom Fürsten selbst unterhalten wurden.

Wasser ist seit je eng mit einem Bergheiligtum verbunden, denn zu den Ritualen gehören auch die Verehrung von Bergseen und der Segen für die Feldbewässerung. In Pura Luhur sind Schreine für die drei Seen, die zu seiner Umgebung gehören: Bratan, Buyan und Tambelingan. Zu der Zeit, als Tabanan noch Königreich war, war Pura Luhur sein großes Berg- und Ahnenheiligtum.

Bei Pura Luhur sprudelt die heiße Quelle Air Panas, die wie alle Naturphänomene als heilig verehrt wird. So hat man um Air Panas einen kleinen Tempel gebaut, in dem Gebete verrichtet und Opfer dargebracht werden.

Fast zwanzig Zentner geballte, überschäumende Kraft...

Negara

Ein gutes Stück hinter Tabanan liegt Negara, die Hauptstadt des Bezirks Jembrana, eines zerklüfteten Streifens an der Südwestküste Balis. Von Gilimanuk, dem Hafen am westlichen Punkt der Insel, setzen Fähren über den schmalen Sund nach Ostjava über, den Haupttransportweg für die meisten der in Bali benötigten Güter und Exporte wie Kopra und Kaffee.

Das aufregendste Ereignis in Negara sind die Ochsenrennen. Möglicherweise entwickelten sie sich aus dem Brauch, den geernteten Reis auf Ochsenkarren nach Hause zu befördern, oder sie kamen aus Java bzw. Madura, wo dieser Sport verbreitet ist. Die Ochsen werden sorgfältig ausgesucht und gemästet und nie zum Pflügen der Felder herangezogen. Umweht von seidenen Bannern, paradieren sie dann mit bemalten Hörnern und riesigen Holzglocken vor der Zuschauermenge. Die Distanz geht über 2 km, und die Gespanne werden nach Geschwindigkeit und Stil beurteilt. Es ist erstaunlich, wie die an sich phlegmatischen Tiere die Zielgerade mit bis zu 50 km/h herunterdonnern. Die wendigen Wagenlenker fahren meistens im Stehen und zerren anfeuernd an den Schwänzen der Tiere. Dies ist ein großer Tag für Wettlustige. Die Familie, die einen siegreichen Ochsen besitzt, ist sehr angesehen, und sein Preis verdoppelt sich. Sollten Sie zwischen Juli und Oktober gerade auf Bali sein, müssen Sie sich solch ein Rennen ansehen.

Negara ist der westlichste Punkt dieses Ausflugs. Doch die Straße führt noch weiter um die Insel herum nach Singaraja über die einsame nördliche Küstenstrecke. Das ist eine Ganztagestour auf wenig befahrenen, holperigen Straßen. Von Negara aus können Sie auch über Gilimanuk mit der Fähre nach Ostjava übersetzen, wo es eine atemberaubende Landschaft zu sehen gibt.

RUNDREISE IN DEN NORDEN

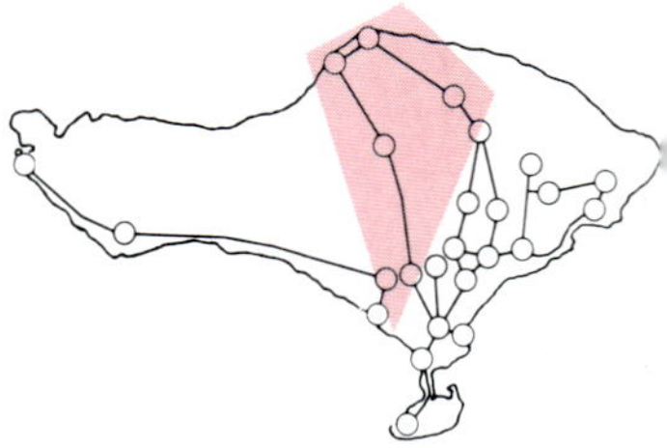

Eine der interessantesten Rundreisen führt uns, nachdem wir die Vulkankette überquert haben, in den nördlichen Teil der Insel und hinunter in den Küstenbezirk Buleleng. Der trennende Wall der Gebirge hat im Norden und Süden zu einer kulturell unterschiedlichen Entwicklung geführt.

Die Feudalherrschaft der Radschas von Nordbali endete 1848, als die Holländer das Gebiet übernahmen — 60 Jahre früher als in Südbali. Zu dieser Zeit wurden viele Söhne der Radschas holländische Beamte. Nordbali ist mehr durch den europäischen Einfluß geprägt worden als der Süden. Die Frauen von Buleleng waren die ersten, die die malaiische *kebaya*-Bluse zum *sarong* trugen. Ein Erlaß der Holländer verlangte das, um ,,die Moral der holländischen Soldaten zu schützen". In Sigaraja haben die *banjars* nicht mehr kommunale Bedeutung als im Süden: Die soziale Ordnung basiert im Norden auf den einzelnen Familien. Ebenso ist das Kastensystem nicht so ausgeprägt wie im Süden, wo die einheimischen Fürsten noch bis 1908 regierten.

Auch die Kunst Nordbalis ist anders. Die verschlungenen Sandsteinreliefs bedecken im Norden viel größere Flächen an den Tempeln. Die hohen Tore streben in dynamischen Linien empor und sind völlig mit üppigem Bildwerk überzogen. Der in der Nähe von Singaraja gewonnene rosa Sandstein ist sehr weich und leicht zu bearbeiten, so daß den Bildhauern genügend Zeit für satirische und humoristische Szenen blieb. Burleske Karikaturen von wohlgenährten holländischen Beamten sind wie Cartoons entlang der Wände mancher nördlicher Tempel abgebildet. Im Überschwang des Schaffens wurden manche Steinarbeiten noch durch leuchtendes Blau, Weiß, Rot und Gelb betont. In der balinesischen Kunst hat sich auf diesem Gebiet erstmals der Einfluß der verschiedenen europäischen Techniken gezeigt.

Die Rundreise ist eine lange Tagesexkursion. Die westliche Strecke über Bedugul ist in besserem Zustand und schneller als der Rückweg über Kintamani. Es ist ratsam, die kürzere Strecke für den Heimweg zu wählen und so zeitig abzufahren, daß man noch am Vormittag in Singaraja ankommt, um die Rückfahrt nicht zu spät am Nachmittag anzutreten. Dazu empfiehlt es sich, eine warme Jacke mitzunehmen, da in den Bergen die Temperaturen recht frisch sind. Wer Zeit hat und ein paar rauhe Wegstrecken nicht scheut, kann sich einen Jeep mieten, um die ganze Nordküste zu erkunden. Übernachten kann man in einfachen Dorfgasthäusern.

Ehe Bali mit dem Flugzeug zu erreichen war, kamen alle Besucher per Schiff in Singaraja an und wurden von dort nach Denpasar gefahren. Jetzt besuchen nur noch wenige Reisende den Norden, der nun wieder ein relativ unberührter, aber interessanter Teil der Insel ist.

In der Nähe von Bedugul wurde ein Golfplatz eröffnet, der internationalem Standard entspricht: auf dem in den dunstigen Hügeln von Bratan gelegenen Gelände fanden schon internationale Turniere statt.

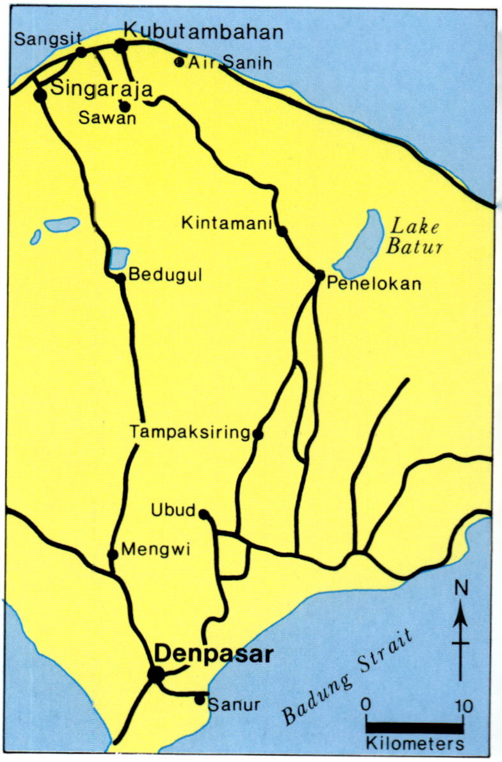

Vorherige Seiten: Der Bratansee in Bedugul. Das fruchtbare Bratanbecken dient als Gemüsegarten, der die Insel mit frischen Produkten versorgt.

Bergsee im feinen Dunstschleier.

Bedugul

Von Denpasar fährt man die westwärts führende Straße über Mengwi ins Gebirge. Die Ebenen lassen wir hinter uns zurück. Allmählich wandelt sich die Landschaft: Reisfelder werden durch Zwiebel- und Kohlfelder abgelöst, Papayabäume werfen ihren Schatten, die Bauernhäuser tragen nicht mehr die vertrauten Strohdächer. Es sind robuste Behausungen aus Holz und Ziegeln, um den häufigen Regenfällen standzuhalten. Dies ist das fruchtbare Bergland Balis. Den Boden, der von den Gebirgsflüssen getränkt wird, bedecken dort, wo kein Ackerland ist, Moose und Kletterpflanzen. Die Straße steigt weiter an und windet sich um Felsnasen, die mit Blumen und Gräsern bewachsen sind.

In einem Dschungelgebiet liegt der klare Bratansee im Nebeldunst. Da sein Wasser für die umliegenden Felder wichtig ist, haben die Einwohner von Bedugul auf einer kleinen Erhebung am Seeufer den Tempel Ulu Danu errichtet, in dem Dewi Danu, die Göttin des Wassers, verehrt wird. In einem nahen Rasthaus kann man in Ruhe und Kühle übernachten. Kinder fischen im See nach Elritzen; Kanus, mit Feuerholz beladen, fahren über das ruhige Wasser zu entlegenen Dörfern. Etwas unterhalb Beduguls befindet sich der Markt von Bukit Mungsu, wo wilde Orchideen und Gemüse verkauft werden. In der Nähe des Marktes gibt es eine Orchideenzucht.

Der Bratansee ist ungemein lieblich im Gegensatz zu den ihn umgebenden dunkelbewaldeten Bergen. Vom Marktplatz aus führt ein Pfad durch Pinienanpflanzungen bis hinauf in den Dschungel. Mitten im Wald liegen geheimnisvoll ein altes holländisches Waldhaus und die Überbleibsel eines früher einmal weitläufigen Gartens. Ganz oben steht ein kleiner Tempel mit ausgezeichneten Mauerreliefs. Im Norden von Bedugul, vorbei am neuen Golfplatz, steigt die Straße an zum Buyansee.

Vergnügliche Stadtrundfahrt mit dem 1-PS-*dogcart.*

Singaraja

Vom höchsten Punkt des Passes, etwa 1220 m über dem Meeresspiegel, führt eine ungewöhnlich schöne Strecke hinunter zur Nordküste und nach Singaraja, der Hauptstadt des Regierungsbezirks Buleleng.

Buleleng ist ein Landstreifen, der sich längs der gesamten Nordküste der Insel vor der ruhigen Javasee hinzieht. Archaische Sozialstrukturen haben in den Dörfern überdauert, auf die in Inschriften bereits aus dem 10. Jahrhundert hingewiesen wird. Vor und während der Majapahitzeit nicht mehr als eine Provinz, erstarkte das Land gegen Ende des 16. Jahrhunderts unter Radscha Panji Sakti, der seine Siege mit der Eroberung von Javas Ostspitze krönte. 1604 erbaute er einen Palast, den er Singaraja nannte — dort, wo die Menschen ein *buleleng* genanntes Getreide anbauten. Nach einiger Zeit bezeichnete man dann so die ganze Nordküste. Der offizielle Gründungstag Singarajas wird immer festlich begangen.

Als Raffles Generalgouverneur war, hielt sich 1814 eine Militärexpedition einige Monate in Singaraja auf. Die Engländer gingen — die Holländer kamen: zunächst mit Forderungen, später aber dann auch mit Waffen, weil die Radschas angeblich gestrandete Schiffe „geplündert" hatten.

Die ersten Angriffe der Holländer endeten in Niederlagen oder unentschieden. Erst 1849 stürmte eine verstärkte Truppe die Festung Jagaraga und nahm sie nach einer tagelang tobenden Schlacht ein.

Ab 1882 übten die Holländer direkte Kolonialherrschaft über Buleleng und Jembrana aus. Singaraja wurde zur Haupt- und Hafenstadt und blieb Sitz der indonesischen Kolonialregierung für die alte Provinz Nusa Tenggara (die kleinen Sunda-Inseln) bis 1953.

Da Singaraja dem Einfluß Europas stets mehr

Hauptstadt der Insel und zugleich kosmopolitische Metropole.

ausgesetzt war als das übrige Bali, erlebte es oft zuerst kulturelle, soziale und politische Veränderungen.

Als wichtiger Schiffahrtsplatz hat Singaraja etwas Weltoffenes, das sich auch in seinen 15 000 zu vielen ethnischen und religiösen Gruppen gehörenden Einwohnern ausdrückt. Eine mohammedanische Prozession vor einem chinesischen Tempel, der neben einem europäischen Bürogebäude steht, ist kein ungewöhnlicher Anblick.

Verglichen mit der Regsamkeit Denpasars, erscheint Singaraja eher gedämpft. Ein Erbe aus holländischen Zeiten ist seine Rolle als Erziehungszentrum.

Die Stadt beherbergt außerdem eine historische Bibliothek, Gedong Kirtya, in der insgesamt etwa 3000 balinesische Manuskripte aufbewahrt werden. *Lontar*-Bücher (in Streifen geschnittene Blätter der Lontarpalme, zwischen zwei Edelholzblöcken gepreßt) enthalten Texte aus der klassischen Literatur und Mythologie, historische Chroniken und religiöse Abhandlungen, darunter neuere Werke und solche, die fast tausend Jahre alt sind. Mit einem Eisengriffel auf die Blätter gestrichelte Miniaturen sind Meisterwerke der Buchillustration. *Prasastis* (Metalltafeln, in die königliche Erlasse geritzt sind) gehören zu den frühesten schriftlichen Aufzeichnungen, die man auf Bali gefunden hat.

Buleleng ist Balis Hauptanbaugebiet für Kaffee, der auch nach Europa und in den Orient exportiert wird. Hier ist es trockener als im Süden, und man baut Mais, Orangen und andere Früchte an, die ohne künstliche Bewässerung gedeihen.

Die nachfolgend beschriebenen Tempel liegen nahe bei Singaraja. Eine schöne und schattige Straße führt nach Yeh Sanih, wo es einen See gibt, in dem man herrlich baden kann. Von Yeh Sanih aus führt eine rauhe Landstraße nach Karangasem.

Überschwenglich-barocke Bildwerke.

Sangsit

Statt der vielen kleinen Schreine und *Meru*-Türme erhebt sich im inneren Hof der nördlichen Tempel nur ein einziges Postament auf einer terrassierten Steinbasis. Häufig trägt es ein *padmasana,* den Thron des Sonnengottes, und „heilige Häuser", die Reliquien enthalten und als Ruheplatz für die Götter während der langen Tempelfeste dienen. Der nördliche Stil ist so überschwenglich barock, daß der südliche dagegen fast klassisch genannt werden könnte.

Ein gutes Beispiel für den nördlichen Stil ist der Pura Beji in Sangsit, ein *subak*-Tempel, der Dewi Sri, der Göttin der Felder, gewidmet ist. *Naga*-Schlangen ziehen sich zu beiden Seiten der Treppe als Balustraden hinab. Aus der in sich verwobenen Steinflora des prächtigen Tores wachsen Fabeltiere und dämonische Wächter hervor, oft absichtlich in einer Dreivierteldrehung des Körpers dargestellt, die noch mehr Unruhe in das Gesamtbild bringt. Die dynamische Asymmetrie setzt sich im Inneren des Heiligtums fort. Vögel ohne Unterschnabel, wilde Tiger und Sonnenblumen ragen überall aus dem Sockel hervor. Reihen von Steintürmen stehen auf den Terrassen. Der nordbalinesische Bildhauerstil mit seinem Hang zur Karikatur findet sich bei vielen Tempeln (außer an denen von Sangsit, Jagara und Kabutambahan), z.B. auch in Bungkulan und Bebetin.

Halten Sie auf Ihrer Fahrt entlang der Küstenstraße Ausschau nach den hölzernen *kulkuls,* auf die ein menschlicher Kopf geschnitzt ist. In Südbali sieht man sie seltsamerweise kaum. Beispiele gibt es in Bungkulan, dem Dorf hinter Sangsit.

Kurz nach Sangsit empfehlen wir einen Abstecher nach rechts, in Richtung Sawan, der sich besonders lohnt für die Freunde feiner Skulpturen: sie schmücken verschiedene Tempel links und rechts der Straße.

Sawan

Südöstlich von Singaraja kommt man zu dem :leinen Tempel von Jagaraga, wo auf einem Re-ief zwei fesche Europäer in ihrem Auto zu sehen ind, die von einem bewaffneten Räuber über-allen werden. Kunstflieger mit einmotorigen 'lugzeugen tauchen ins Meer, und ein holländi-cher Dampfer, der von einem schuppigen Mee-esungeheuer angegriffen wird, funkt SOS. \uch die böse Rangda und Fruchtbarkeitsfigur – eine unter einer Masse Kinder begrabene Mutter — sind meisterlich und voller Humor ge-.rbeitet. Die Fahrt endet in Sawan, wo es eine Gonggießerei und ein Orchester begabter Musi-er gibt. Plastiken, die ihre Motive in der Mo-.erne suchen, finden sich vereinzelt auch im Sü-en. Am Pura Dalem von Blahkiuh bei Sangeh eigt ein Relief einen Japaner, der auf ein Flug-eug schießt, und die Vergewaltigung balinesi-:her Mädchen durch Japaner.

Kubutambahan

Hier werden im Pura Maduwe Karang („Tempel des Herrn, dem die Erde gehört") Mutter Erde und die Sonne, die über das Gedeihen der Feldfrüchte wachen, verehrt. Während in den *subak*-Tempeln um reichen Ertrag der Reisfelder gebetet wird, erfleht man hier den Segen für die hiesigen Produkte wie Mais und Kaffee. An Festtagen kommen die Bauern der umliegenden Dörfer und bitten um die Reste der in den Feldern vergrabenen Opfergaben. Das ist ein Ritual, um das Wohlwollen der Götter auf den Ackerboden zu lenken.

Früher war Kubutambahan Mittelpunkt einer Vereinigung von Dörfern, was die weitreichende Bedeutung von Pura Maduwe Karang erklären hilft.

Von Kubutambahan fährt man in südlicher Richtung über die Berge nach Penulisan und von dort zurück nach Denpasar.

Zeitgenössische Tempel-skulpturen.

Ein Tempel zur Lobpreisung der Mutter Erde.

GESTALTETE VISIONEN

Um die Jahrhundertwende war die Kunst Balis ein Spiegel seiner wohlgeordneten Gesellschaft, die unter der weltlichen Führung der Feudalherren und der geistlichen ihrer Priester stand. Paläste und Tempel waren die politischen und religiösen Zentren der Insel und zugleich Zentren der Kunst. Die Paläste der Fürsten zierten kunstvolles Schnitzwerk und feine Malereien. An ihren Höfen erklangen die schönsten Gamelanmelodien, traten die besten Tänzerinnen zum *Legong*-Tanz an und tollten die witzigsten Narren in den beliebten Maskenspielen. Der Herrscher kleidete sich in kostbare Seidengewänder und trug einen mit Edelsteinen besetzten goldenen Kris. Er mußte selbst in den Künsten bewandert sein und malen, schnitzen, musizieren und tanzen sowie Verse in *kawi,* der klassischen Dichtersprache, vortragen können. Das war ein Idealbild, dem wohl kaum ein Herrscher in allen Punkten entsprochen haben mag. Und wenn er gar künstlerisch unbegabt war? Diesen Mangel konnte er ausgleichen, indem er ein großzügiger Förderer der Künste wurde. Das Volk, für das die Fürsten Vorbilder waren, begeisterte sich bald auch für Tanzkunst, Dichtung, Musik und Malerei. So blieb die Kunst nicht allein der Aristokratie vorbehalten: Bauern, Händler, selbst einfache Kulis konnten es dem Herrn gleichtun.

Die Tempel standen an Pracht nicht hinter den Fürstenhöfen zurück: Kostbare Stoffe, goldene Schirme, Statuen und heilige Masken schmückten die Tempelschreine während der Festlichkeiten, und die ganze Nacht hindurch begleiteten die Klänge des Tempelorchesters die Opfertänze, das Schattentheater und die Dramenspiele. Neben den Fürsten war es vor allem die Religion, die die Kunst Balis lebendigerhalten hat: Sie verlangte eine ständige Erneuerung der Verbindung mit den Göttern, und die Menschen haben ihr ganzes handwerkliches und künstlerisches Können in der Erfüllung religiöser Pflichten entfaltet. Die Gestaltung der Opferteller, der Bau von neuen Schreinen, die Pflege von Tanz, Musik und Drama waren Arbeiten, die immer wieder getan werden mußten. Die Skulpturen aus dem weichen Sandstein Balis verwitterten schnell, die Schnitzereien wurden von Termiten befallen. Generationen von Schnitzern und Bildhauern waren ständig mit Reparaturen und Neuanfertigungen beschäftigt. Nicht anders erging es den Malern, die die von Feuchtigkeit zersetzten Farben ihrer Werke regelmäßig auszubessern hatten oder neue Bilder anfertigen mußten.

In Abständen zerstörten Erdbeben Hunderte von Tempelbauten. Unverzüglich machten sich alle Einwohner eines betroffenen Gebietes an die Arbeit, um die zerstörten Tempel wieder zu errichten.

Die balinesische Sprache kannte ursprünglich kein Wort für ,,Kunst" oder ,,Künstler". Die Kunst wurde niemals um ihrer selbst willen ausgeübt, sondern ergab sich aus der Forderung der Religion an die Menschen, alle zu verrichtenden Tätigkeiten in ihrem Dienst auf das beste und schönste zu vollbringen. So entstanden die schöngestalteten Opferteller und die prächtigen, golddurchwirkten Tücher. Bewegungen wurden im Tanz umgesetzt, Töne reihten sich zu schönen Melodien.

Niemals empfanden die Menschen diese zusätzlichen Mühen als Zwang. Wenn der Holzschnitzer unermüdlich an einer Säule im Palast arbeitete, um etwas besonders Schönes zu schaffen, tat er es aus Verehrung für den Fürsten. Wenn der Bildhauer, ohne die Stunden zu zählen, mit Hingabe an dem Portal eines Tempels arbeitete, geschah es aus Liebe zu den Göttern. So entstanden in den vielen Tempeln und Palästen die vollkommensten Beispiele balinesischer Kunst.

Der Künstler war ein angesehenes Mitglied der Gemeinschaft, aber ein Mensch wie jeder andere und hatte seinen Alltagsberuf. Dazu war er noch ,,Statuenmacher" oder ,,Bildermacher" und

Vorherige Seiten: Kletterpflanzen zieren eine Tempelstatue und eine aus Reis geformte Opfergabe für den Tempel.

wurde gerufen, wenn sein Können benötigt wurde. Nie setzte er seinen Namen auf das Werk oder verlangte Geld für seine Arbeit. Ihm genügte es, der Gemeinschaft zu dienen.

In den ersten Jahrzehnten dieses Jahrhunderts wurde Bali Kolonie der Niederlande. Eine neue Zeit brach an und ermöglichte manchem Insulaner eine westliche Erziehung. Die neuesten Errungenschaften der Technik kamen nach Bali, auch Filme, Zeitschriften, Zeitungen — und immer mehr Touristen! Den Balinesen eröffneten sich neue Perspektiven. Die Erweiterung ihres Gesichtskreises spiegelte sich bald in ihrer Kunst wider: Erstmals betrachteten Handwerker ihre Werke bewußt als Kunst um ihrer selbst willen und versuchten, mit neuen Stilen, Themen und Werkstoffen ihren eigenen Weg zu finden.

Das Charakteristische der heutigen balinesischen Kunst ist die Verschmelzung von ornamentaler, zweckgebundener Volkskunst mit der reinen bewußten Kunst. Aber jedes Tempelportal läßt erkennen, daß die Liebe zum Dekorativen, die das Kunsthandwerk einst zur höchsten Blüte gebracht hatte, noch lebendig ist. Bis heute sind die balinesischen Künstler überwiegend hervorragende Handwerke, die von ihren Vätern lernten und auch viele traditionelle Formen von ihnen übernahmen. Ihre Liebe zum Detail und die Sicherheit in der technischen Ausführung sind die Kennzeichen dafür.

Der balinesische Künstler ist sich seiner Umwelt zutiefst bewußt; er fühlt sich mehr als Teil von ihr denn als ihr Beobachter. So treffen wir den Maler nicht draußen in der Natur an, sondern daheim, wo er das innere Bild seiner Welt sublimiert zum Ausdruck bringt. Je nach beabsichtigter Aussage läßt er fort, betont oder verhilft Einzelheiten zu neuer Bedeutung. Es ist eine Kunst des Details. Ein gewisser Realismus ist erforderlich, selbst in mythologischen Bildern. Der auf Bali ansässige holländische Maler Arie Smit, der gern in einer schnellen, impressionistischen Weise malt, zeigte einmal eines seiner Werke einem einheimischen Künstler, der daran kritisierte, daß die Ziegelsteine am Tempelportal so aussähen, als seien sie nicht sorgfältig genug gemauert worden!

Nie wird man einen Baum mit leicht hingetuschten Pinselstrichen nach chinesischer Art dargestellt finden. Auf Bali ist ein Baum ein fester Stamm mit zwanzig riesengroßen Blättern, die klar und sorgsam gezeichnet sind; es ist nicht nur einfach ein Baum, sondern ein Unterschlupf für seltsame Vögel, Schlangen, Eidechsen, Schmetterlinge und Kobolde. Diese Betrachtungsweise entspricht der Empfindungswelt der Inselbewohner, die ja ständig den Kräften von Natur und Magie ausgesetzt sind; sie ist „realistisch", aber nicht „fotografisch", was für sie einen großen Unterschied ausmacht.

Ein gegenwärtiges Problem liegt darin, daß ein Kunsthandwerk nach zwei verschiedenen Gesichtspunkten beurteilt wird: einmal, ob es balinesischen Wertvorstellungen entspricht, und zum anderen, ob es Ausländer anspricht und an sie verkauft werden kann.

Bei einigen von Balis prominenten Künstlern, die auch im Ausland berühmt wurden, verschmelzen diese beiden Gesichtspunkte, bei vielen anderen nicht. Dieses Problem gilt es zu lösen, damit die balinesische Kunst nicht in einen gefährlichen Zwiespalt gerät. Ein in balinesischen Kreisen geschätzter Künstler findet nicht unbedingt auch den Beifall der wichtigen ausländischen Käufer.

Da er aber mehr verdienen möchte, wird er vielleicht eines Tages seinen eigenen Stil kommerziellen Gesichtspunkten opfern. Oftmals werden balinesische Kunsthandwerker durch die Bedürfnisse des ausländischen Marktes irregeleitet. Viele der klischeehaften Aktbilder, der in Heimarbeit gefertigten „Antiquitäten" und der in Serien hergestellten kleinen Kopien von Masken zeugen davon. Sie entsprechen nicht dem Charakter eines Volkes, das auf eine alte Tradition meisterhafter Handwerkskunst zurückblicken kann. Jedes Land hat seine Andenkenindustrie; es wäre ungerecht, wenn man sie als Ausdruck seiner Kunst betrachten wollte. Aber auch der ernstzunehmenden Kunst ist einiges von der Vollkommenheit der antiken Skulpturen und dem Geist der frühen modernen Malerei der 30er Jahre verlorengegangen.

Ein schwerwiegendes Problem liegt in der Struktur der balinesischen Gesellschaft. Moderne Kunst, die um ihrer selbst willen geschaffen wird, hat keine Tradition und erfüllt keine Funktion in der Gemeinschaft. Die Förderung durch die Fürsten hat vor Jahrzehnten praktisch aufgehört und damit auch die wichtigste rein balinesische Führung in ästhetischer Hinsicht. Die beiden Hauptmuseen in Denpasar und Ubud verfügen über keine Mittel mehr, um weiterhin zeitgenössische Kunstwerke anzukaufen. Die berühmten Maler und Holzschnitzer haben meist eigene Galerien. Dem unbekannten Maler bleibt keine andere Wahl, als seine Bilder rein kommerziellen Galerien zum Verkauf zu geben. Solange die moderne Kunst keinen Platz in der einheimischen Gesellschaft findet, werden weiterhin viele der besten Werke für Bali verlorengehen und in alle Welt verstreut werden.

Eines Tages werden vielleicht die einheimischen Künstler — ermutigt durch wirklich sachverständige ausländische Sammler — das frühere hohe Niveau wieder erreichen. Dann sollte aber auch gute Kunst ihrem Wert entsprechend gut bezahlt werden, so daß der Künstler die für echte schöpferische Arbeit nötige und wichtige Zeit gewinnt.

Obwohl Stile und Traditionen in Bewegung geraten sind, ist das alle Lebensbereiche durchdringende Kunsthandwerk des Volkes lebendiger denn je, und die Freude an schöner Gestaltung aller den Tempeldienst betreffenden Arbeiten ist wie ehedem jedem ein natürliches Bedürfnis. Wo in der Welt wird heute noch die Kunst durch Religion und Brauchtum täglich neu belebt wie auf Bali!

Die alte balinesische Literatur ist uns in *lontar*-Büchern erhalten, die aus Blättern der Lontarpalme geschnitten und zwischen Edelholzblöcken aufbewahrt sind.

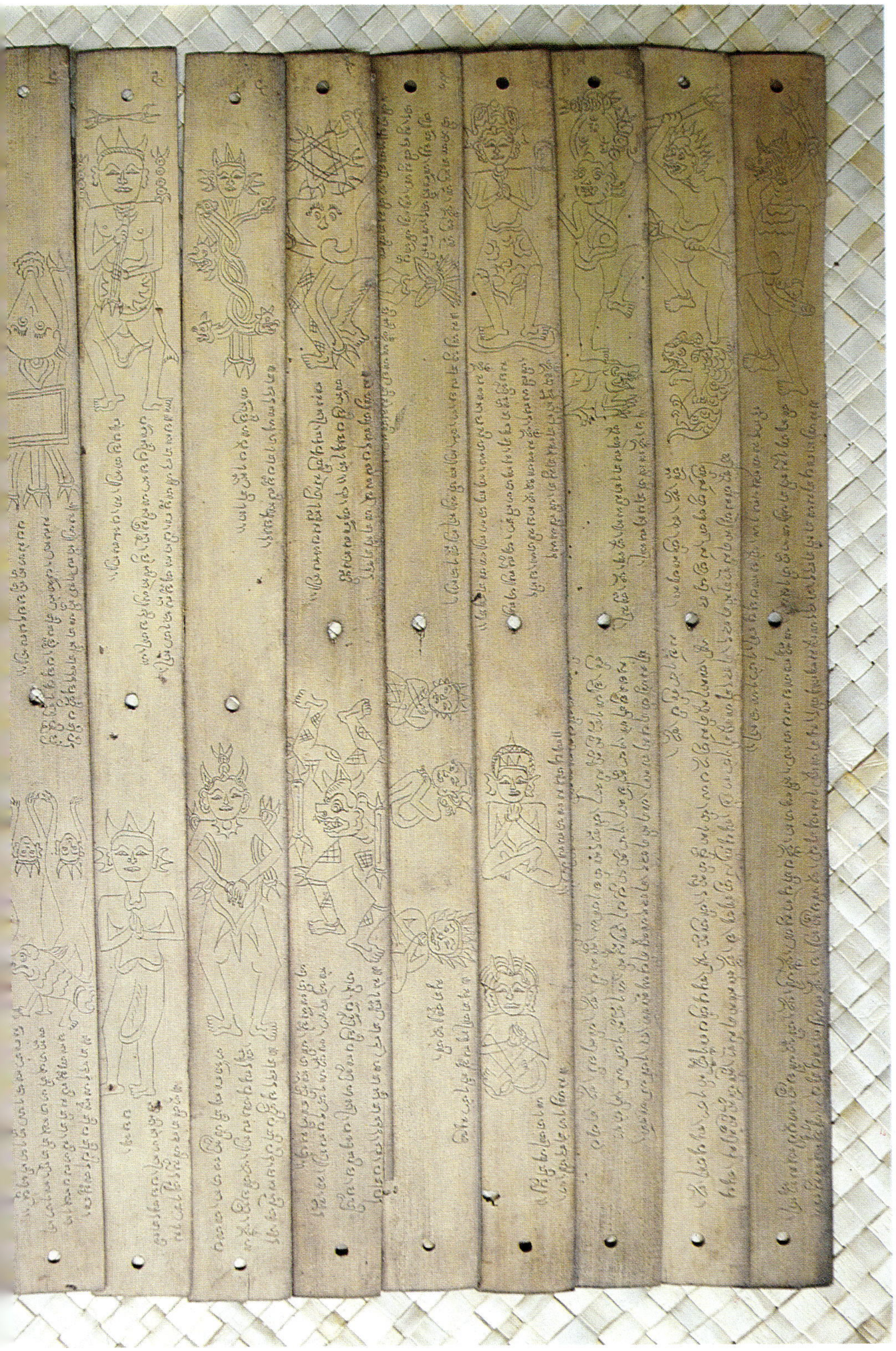

Architektur und Steinskulptur

Diese Fülle von Steinzierat an Mauern und Prachtportalen und der Reichtum an kleinen und großen Skulpturen auf so begrenztem Raum wie in Bali ist wohl einmalig auf der Welt. Ganze Scharen von Bildhauern müssen auf der Insel unterwegs gewesen sein, um die vielen Tempel- und Palastmauern, die Trommeltürme, Badestellen und Schreine zu schmücken und die Galerien zu füllen. Dieser reiche Zierat ist allein den öffentlichen Gebäuden vorbehalten. Die Wohnhäuser stellten keine Objekte für die Bildhauer dar; hierfür waren die Zimmerleute und Strohdachmacher zuständig.

Das Hauptarbeitsfeld der Bildhauer war die Ausstattung der *puris,* der Paläste der Fürsten, mit figurenreichen Reliefs und vergoldeten Schnitzereien. Die *puris* sind heute noch die schönsten Beispiele balinesischer Architektur, aber es sind — obwohl oft noch von den Nachkommen der Fürsten bewohnt — Denkmäler der Vergangenheit. Heute lassen die Bildhauer ihre Kunstfertigkeit den Gemeindegebäuden des Ortes, vor allem aber den Tempeln, zukommen.

Der Ursprung der balinesischen Tempel liegt erstaunlicherweise nicht in den Hindutempeln Altjavas, sondern geht zurück auf prähistorische Heiligtümer, die aus großen, unbehauenen Steinen bestanden. Den Platz, auf dem sie aufgestellt waren, umgab eine Mauer. Nach dem Vollzug bestimmter Rituale stiegen auf dieses Steinmonument die großen Naturgottheiten, die Götter der Sonne, der Berge und des Meeres, herab. Diese megalithischen Blöcke sind demnach die Urform der balinesischen Schreine, die sich in den inneren Höfen der Tempel befinden. In manchen Dörfern, in denen urbalinesische Bräuche erhalten blieben, gibt es jetzt noch uralte, rohe Stufenpyramiden aus Megalithen.

Bei der Anlage eines Tempels müssen viele bedeutsame religiöse Regeln beachtet werden, deren Erfüllung für die später abzuhaltenden Rituale unerläßlich ist. Ein Tempel ist immer nach den vier Himmelsrichtungen ausgerichtet: zu den heiligen Bergen und meerwärts, nach Osten und Westen. Die ,,Sitze der Götter" befinden sich an der den Bergen zugekehrten Seite, der Tempeleingang in entgegengesetzter Richtung, also meerwärts. Niemals wird eine Tempelmauer einen runden Platz umschließen.

Die Tempel werden nicht von Architekten entworfen; Bildhauermeister werden mit dem Bau betreut. Sie nehmen oft gemeinsam mit einer Gruppe einfacher Bauarbeiter an den Arbeiten teil. Sie haben das Handwerk beim Vater und Großvater erlernt und kennen die alten Regeln, nach denen ein Tempel gebaut werden muß. Es ist ein System der Proportionen, das sogar schriftlich überliefert wurde. Ihm zugrunde liegen die Maße des menschlichen Körpers, und zwar die des jeweiligen Baumeisters. So ist die Höhe des Portals ein bestimmtes Vielfaches seines ausgestreckten Arms, die Breite errechnet sich auf gleiche Weise aus der Länge seines Fußes. Die Mauer der Frontseite steht in einem bestimmten Verhältnis zur Höhe des Portals usw. Man findet auf Bali wohl kaum zwei gleichgroße Tempel. Die Ästhetik einer Tempelanlage wird allein nach ihren Proportionen beurteilt und wie sie sich in die Umgebung einfügt.

Ein erfahrener Bildhauermeister kennt alle Schmuckformen und weiß, wo sie ihren Platz haben.

Über den Eingang gehört das Ungeheuer Kala Makara, das die Hände spreizt, als wolle es jeden bösen Eindringling packen; das uralte *swastika*-Symbol, magisches Zeichen für Glück und Wohlstand, hat ebenfalls seinen besonderen Platz. Skurriles, wie der obere Teil eines Vogelschnabels oder eine groteske Fratze mit nur einem Auge, wird meist an den Ecken angebracht. Hinzu kommen Bordüren in sich verschlungener Voluten, Spiralen, Arabesken sowie eine Vielfalt von Blättern, Blüten, Reben und Ranken, die die Tempelmauern üppig zieren.

Die Hexenkönigin Rangda empfängt die Besucher des Pura Dalem bei Tampaksiring.

Die balinesische Vorliebe für Gold, Silber und leuchtende Farben hebt zuweilen ein Ornament mit einer kühnen weißen Linie hervor, zuweilen betonen rosa, blaue und gelbe Tupfer einzelne Elemente eines Schnörkels. In Westbali wurden sogar ganze Schreine mit glänzender Silberbronze angemalt.

Zusätzlich zu dem reichen ornamentalen Schmuck bevölkern unzählige übernatürliche Wesen die Tempel: es sind die zu Stein gewordenen Visionen von Fabeltieren, Riesen, Teufeln und Zauberinnen.

Die Eigenheiten sind bei jeder einzelnen Figur stark herausgearbeitet: Viele zeigen sich in herausfordernden Posen, als seien sie in einer Tanzbewegung, mitten im Stampfen, Schnauben und Augenrollen, erstarrt. Ihre kräftigen Körper und reichen Gewänder sind beispielhaft für den barocken Charakter der balinesischen Kunst. An keinem Tempeleingang fehlen diese furchterregenden Gottheiten, gewaltige Helden und Dämonen.

Das Eingangstor und die Frontmauern eines Pura Dalem (Totentempels) zeigen die ihm besonders zugeordneten Figuren. Häufig ist es die Hexenkönigin Rangda in ihrer allbekannten Gestalt. Sie ist in einer reich verzierten Nische untergebracht.

Verschiedentlich wird die Reihe der konservativen Figuren durch verspielte, naturalistische Elemente aufgelockert. In einem Tempel tanzt auf der Rückseite des Schreins, auf dem Rangda dargestellt ist, ein drolliger Dämon auf den Händen. Es ist eine erfrischend lebendige und ansprechende Darstellung in einfachen Konturen, die ganz im Gegensatz zu der starren Haltung Rangdas steht.

Früher, als es noch keine Kunstgalerien und Museen gab, boten die öffentlichen Gebäude, vor allem die Mauern von Tempeln und Palästen, Gelegenheit zu solchen zwanglosen und amüsanten Darstellungen, die allerdings immer wieder den klassischen Motiven untergeordnet waren.

Man kann sich gut vorstellen, wie es einem Bildhauermeister ergehen konnte (nachdem er gewissenhaft alle die Hauptfiguren und traditionellen Schmuckformen vollendet hatte), wenn er an der Mauer mit Entzücken noch einen freien, unauffälligen Platz fand, den er nach seiner Phantasie gestalten konnte. Halb verborgen am Fuße einer Treppe, an einem Sockel oder an der Rückseite eines kleinen Schreins, sind die lustigsten und phantasievollsten Darstellungen zu entdecken: Szenen leidenschaftlicher Liebe, grausame Folterszenen aus der Hölle oder „westlich inspirierte" Themen wie eine Autopanne, ein bewaffneter Raubüberfall, eine fröhliche Bierrunde, ein Fahrrad mit Blumenrädern, ein untergehendes Segelboot oder vielleicht ein Flugzeug.

Hübsche Beispiele dieser spielerischen, weltlichen Seite der Tempelkunst sind auf der Terrasse des Museums in Denpasar und an den verschiedenen Tempeleingängen Nordbalis zu sehen.

Die regelmäßigen Renovierungsarbeiten an den Tempeln umfassen natürlich auch die Genreszenen, die aber auffällig der Architektur untergeordnet bleiben. Wegen des porösen Materials und des wohl auch schwierigen Transports sind die freistehenden Skulpturen im Thema auf die klassischen Dämonen und Gottheiten beschränkt geblieben — in der Art, wie sie in Batubulan verkauft werden, oder wie die kleinen einfachen Statuen, die in Ubud angefertigt werden.

Dieser Tempel mit seinem reichen Figurenschmuck ist seit je ein Spiegel der balinesischen Seele, ihrer Frömmigkeit und Fröhlichkeit. Die mehr irdische Seite der Tempelkunst, die vom Dorfleben und von Fröhlichkeit inspiriert wurde, ist eine uralte Tradition, die mit den modernen Richtungen in der Schnitzkunst und der Malerei fortbesteht, die den Künstlern von Bali somit auch neue Ausdrucksmöglichkeiten eröffnet haben.

Auf der Rückseite des Rangda-Schreins tanzt ein putziger Dämon auf den Händen.

Malerei

Als die balinesische Malerei vom Ausland entdeckt wurde, erregte sie Begeisterung. Man war von ihrer Eigenart bezaubert und gebannt von diesen exotischen Bildern, auf denen geheimnisvolle Urwälder von einer phantasieentsprungenen Vogel- und Tierwelt belebt wurden, wo groteske Gespenster und Vampire sich den Menschen zugesellten oder geflügelte Jungfrauen über einem schlafenden Prinzen schwebten. Kritiker priesen diese ungewöhnlichen Bilder, entdeckten darin „die Urwälder des Zöllners Rousseau", „die Richtung von Aubrey Beardsley" oder „die höllischen Phantasien eines Hieronymus Bosch". Die Bilder waren jedoch rein balinesisch — ihr Wert lag in der schöpferischen Wiedergabe des überschäumenden Lebens auf dieser einzigartigen Insel.

Die ersten Werke dieser Art entstanden während der Zeit der geistigen Erneuerung der Künste in den 30er Jahren. Vorher trat die Malerei als lebendige Kunst kaum in Erscheinung. Abgesehen von der Bemalung von Gegenständen des täglichen Gebrauchs oder von Holzstatuen gab es nur drei Arten von Bildern: *iders-iders,* lange Bandmalereien, die an den Dachkanten von Tempelschreinen befestigt wurden; *langse,* große rechteckige Malereien, die als Wandbehang oder als Vorhang im Haus eines Adeligen dienten; und gemalte astrologische Kalender, die die „Glückstage" jedes Monats nannten. Die meisten waren erzählende Darstellungen mythologischen Inhalts und wurden im traditionellen *wayang*-Stil ausgeführt, der vom *Wayang Kulit,* dem Schattenspiel, inspiriert war. Von einigen Malern in der Gegend um Klungklung wird dieser Stil noch praktiziert.

Vorherige Seiten: Die europäischen Maler auf Bali regten die Phantasie der einheimischen Künstler an, wie dieses Bild von etwa 1910 belegt. Links: Ausschnitt aus der Deckenmalerei des Gerichtssaals von Klungkung.

Bei der *wayang*-Malerei müssen viele Regeln beachtet werden, die dargestellten Personen, den Hintergrund, die Komposition und sogar die Farben betreffend. Traditionelle Farben sind Rot, Blau, Braun, Gelb, ein lichter Ocker- oder Fleischton, Weiß und Schwarz. Jede freie Fläche wird mit Mustern ausgefüllt.

Ein Bild ist eigentlich eine Bildergeschichte in mehreren Episoden, in denen immer wieder die gleiche Hauptperson auftaucht. Die einzelnen Episoden sind von Berg- oder Flammenrahmen eingefaßt oder durch Ornamentbänder getrennt. Wird eine Schlacht dargestellt, drängen sich die Krieger in dichten Scharen auf dem Schlachtfeld. Blutige und verstümmelte Körper füllen die letzten freien Flächen, der Himmel ist verdeckt von Pfeilwolken und merkwürdigen anderen Geschossen. Bilder, auf denen Götter sich zu einer Beratung versammeln, sind fast symmetrisch aufgebaut, und jeden Gott umgibt eine helle Aureole.

Wie im *Wayang Kulit* werden die dargestellten Personen durch ihre Attribute gekennzeichnet: Gottheiten, Fürsten und Helden sind an ihren höfischen Gewändern, kunstvollen Kopfbedeckungen und großen Edelsteinen zu erkennen. Ihre Gesten sind bedacht und anmutig wie die gemessenen Bewegungen des klassischen Tanzes. Ein unverwandtes Lächeln erhellt ihre Gesichter, selbst im härtesten Kampf oder unter den grausigsten Foltern. Die derberen Figuren der Teufel, Riesen und Narren haben runde Quellaugen, Reißzähne, lange drohende Daumennägel und kleine Hörner an den Schläfen. Ihre Bewegungen sind lebhafter, die Farben dunkler, die Körper gedrungener und behaart.

Alle Gesichter werden im Dreiviertelprofil dargestellt, selten direkt von vorn und nie im Vollprofil.

Wayang-Bilder entstehen in Werkstätten. Sie werden vom Meister vorgezeichnet und von den Gehilfen ausgemalt. Die Tradition der kolorierten Zeichnung hat sich auf Bali bis zum heutigen Tag erhalten; im Grunde sind die alten wie die modernen Bilder kolorierte Zeichnungen.

Obgleich Maler von *wayang*-Bildern viele konventionelle Vorschriften beachten müssen, können sie doch ein feines Gefühl für Zeichnung und Stil entwickeln. Die Bildern erinnern in ihrer steifen Würde an byzantinische Mosaiken oder an Abbildungen in alten Handschriften. Wie mittelalterliche Illustrationen zu Bibeltexten waren sie einst ein wichtiges Ausdrucksmittel der reichen einheimischen Sagenwelt.

Die traditionelle Malerei hatte Anfang des Jahrhunderts einen Tiefstand erreicht. In den Tempeln blieben viele Wände weiß, die Maler erhielten kaum noch Aufträge aus den Palästen. Auch hier gab die Blütezeit der 30er Jahre neue Impulse. Die Einführung neuer Materialien, wie Zeichenblöcke, Tusche, Wasserfarben und Tempera, die wachsende Nachfrage aus dem Ausland, wo auch die Mode des Bilderrahmens herkam, brachten die Maler dazu, sich mit den neuen Mitteln in neuen Stilen zu versuchen. Statt der szenenreichen Erzählbilder wurde nun eine einzige Szene zum Thema des Bildes. Gusti Njoman Lempad aus Ubud füllte ganze Zeichenblöcke mit einzelnen Szenen aus dem *Ramayana*-Epos. Es waren ungewöhnlich feine Zeichnungen, mit aufgesetzten Lichtern in Gold und Rot.

Immer mehr Maler wandten sich von den Themen der Sagenwelt ab und widmeten sich solchen des täglichen Lebens, wie sie sich auf den Dorfstraßen, bei der Ernte, auf dem Markt, bei Tempelritualen und Theateraufführungen oder anderen Veranstaltungen abspielten: Themen, die bisher von Malern nie gestaltet worden waren. Nach der Befreiung von einem in Regeln erstarrten Stil begannen die Künstler, das balinesische Leben selbst in seiner ganzen Schönheit und Vielfalt darzustellen.

Die Sujets der neuen Bilder entsprangen persönlichen Erlebnissen der Maler. In der Stimmung waren sie dunkel und mysteriös. Die Leinwand wurde bis zum Rand mit lebhaften, detail-

„Barongtanz": Malerei im Stil von Batuan.

lierten Formen ausgemalt, die in Halbtönen gegen einen völlig schwarzen Hintergrund gesetzt waren. Zerbrechliche, naiv gestaltete Figuren von Dörflern erschienen, in einer wuchernden Pflanzenwelt verstrickt, gefangen in Geisterwäldern, in denen seltsame Tiere und Kobolde spukten.

Angeregt durch den australischen Künstler Donald Friend, begann Ida Bagus Rai, ein berühmter balinesischer Maler, kleine Szenen aus dem Alltag darzustellen. Da entdeckt man auf einem seiner Bilder einen eifrigen Touristen, der auf einen Schemel gestiegen ist, um die lebhafte Marktszene zu fotografieren.

Der Ausbruch des Zweiten Weltkriegs und die Zeit der politischen Umwälzungen in Indonesien ließen viele künstlerische Aktivitäten zum Erliegen kommen. In den 50er Jahren war ein gut Teil des früheren Elans wieder verlorengegangen. Der Gehalt der Bilder wurde kraft- und geschmacklos. Es entstanden idyllische Malereien von Hahenkämpfen, Tänzen oder von der Reisernte — meistens Werke von Kopisten, für Touristen produzert.

Nur in Ubud und Sanur entwickelte sich ein neuer Malstil, der unter dem Namen „Schule der Jungen Künstler" bekannt wurde. Jungen im Alter von 13 bis 20 Jahren malten erstaunliche Bilder, die kühne, klare Linien und herrlich kräftige Farben zeigten. Der Maler Arie Smit förderte diese Richtung besonders; er lehrte die jungen Maler europäische Maltechniken, aber überließ ihnen die Wahl des Themas, der Farben und der Komposition. Eine Fülle frischer, lebendiger Schilderung balinesischen Lebens im ganzen Facettenreichtum und balinesischer Phantasiewelt war das Ergebnis.

Das reizvolle Wechselspiel zwischen naiver und bewußter Gestaltungsweise ist ein Spiegelbild des heutigen Bali. Wo sonst in der Welt — wenn nicht hier auf dieser Insel — ist eine Hexe ebenso „real" wie ein Auto!

„Überfall auf einen Lastwagen" — Vision eines jungen Malers aus Ubud.

Holzschnitzkunst

Wer möchte seinen Schlaf nicht von einem geflügelten Löwen bewachen lassen? Auf Bali ist das möglich. Geflügelte Löwen und andere Fabeltiere haben ihren festen Platz in der traditionellen Architektur des Landes. Betreten wir einen alten balinesischen Palast, trifft uns der prüfende Vogelblick eines Garuda, der auf einem Querbalken sitzt. Zuweilen trägt er Gott Wischnu auf seinem Rücken. In der Ecke wacht ein Dämon, der den Kris des Fürsten umklammert hält, und im Familienschrein ruhen zwei majestätische, mit Blattgold überzogene Gottheiten.

Früher wurde jedes bedeutende Gebäude mit einer Vielfalt ausgezeichneter Schnitzereien versehen. Sie erschienen an Türen, Podesten, an den Balken der Tempelschreine und an den Pavillons der Füsten — wo immer es möglich war. Freistehende Holzplastiken dienten als Wächterfiguren für das Anwesen oder als stellvertretend verehrte Götterfiguren bei Tempelzeremonien. Auch hier war die Welt der Sagen und Mythen mit ihren Helden, Fabeltieren und Dämonen unerschöpfliche Quelle der Inspiration. Die Plastiken waren auf traditionelle balinesische Art wundervoll gearbeitet, zeigten kräftige, volle Proportionen, trugen historische Gewänder und besaßen die gleiche steife Würde wie die Steinplastiken.

Aus Holz, Bein und Horn wurden auch kleine Figürchen geschnitzt, die als Flaschenstöpsel oder als Griff eines Betelnußmörsers dienten. Hier entstand in Form von Insekten, Fröschen, Vögeln und Bauernköpfen eine reiche Volkskunst, die parallel zur konservativen, würdigen Kunst der Tempel und Paläste ausgeübt wurde. Die Schnitzereien der Vergangenheit — stark im Ausdruck und meisterhaft in der Ausführung — blieben immer zweckgebunden. Sie wurden mit leuchtenden Farben bemalt, lackiert und mit Gold verziert.

Vorherige Seiten: Totentanz-Masken. Links: Ein Holzlöwe an einem Tempeltor in Besakih.

Die Schnitzkunst erlebte in den Jahren eine fast dramatische Wandlung. Nachdem sie bisher nur rein dekorativ der Ausschmückung gedient hatte, wurde sie nun eine unabhängige Kunstform. Für die Holzschnitzer, die zuvor nie daran gedacht hatten, ihre Arbeiten zu verkaufen, eröffnete sich durch die interessierten Fremden ein neuer Markt. Bald wurden überall balinesische Schnitzwerke angeboten.

Der Wettbewerb der Holzschnitzer untereinander spornte sie zu Experimenten an. Die großen mythologischen Plastiken wurden durch kleinere abgelöst, die Szenen des täglichen Lebens darstellten. Betende Frauen, badende Mädchen oder Tänzer waren für Bali etwas ganz Neues. Die Statuen aus Teakholz, Ebenholz und anderen Harthölzern wurden geschliffen und poliert. Die Holzschnitzer verzichteten immer mehr auf die barocke Formenfülle der bunten traditionellen Schnitzwerke und gingen zu klaren, durchdachten Linien über.

Im Zug dieser Entwicklung entstand eine Stilrichtung mit ungewöhnlich verlängerter Darstellung des Rumpfes, woran der deutscher Maler Walter Spies nicht ganz unbeteiligt war. Es heißt, daß Spies, der sich 1930 auf Bali niedergelassen hatte, einem Schnitzer einen länglichen Holzblock gab mit dem Auftrag, zwei Figuren daraus zu fertigen. Der Schnitzer überbrachte ihm dann eine schöne Mädchenfigur mit überlangem Körper und meinte entschuldigend, es wäre doch schade gewesen, ein so schönes Stück Holz in zwei Teile zu zerschneiden. Walter Spies war von dieser ungewöhnlichen Plastik begeistert. Da sein Urteil unter den balinesischen Künstlern etwas galt, entwickelte sich diese Darstellungsweise sehr bald zu einem Stil, der von vielen Schnitzern aufgenommen wurde.

In Nyuhkuning und Peliatan wurden Vögel und Tiere sehr naturalistisch dargestellt. Der den Balinesen angeborene Spieltrieb und ihre Spottlust verlieh einigen dieser Figuren groteske Menschenähnlichkeit. Durch solch versteckte Verspottung kann man vielleicht einen Wichtigtuer belehren.

Der berühmte Holzschnitzer I Tjokot aus dem kleinen Dorf Jati entwickelte einen ganz anderen Stil. Seine dargestellten Figuren entsprangen einer visionären Welt der Kobolde, Ungeheuer und Hexen, die aus dicken Ästen oder Baumstümpfen herausgearbeitet wurden. Als Zugeständnis an die alte Tradition der Zweckkunst gab Tjokot vielen seiner figurenreichen Skulpturen eine Funktion als Lampenfüße, Blumenhocker oder Stühle. Der Stil Tjokots ist leicht zu erkennen, denn die meisten seiner Arbeiten hat er aus einen Meter hohen, kräftigen Baumstümpfen geschaffen. Einige seiner Plastiken befinden sich im Museum von Ubud.

Ida Bagus Njana aus Mas, einer der besten Holzschnitzer von Bali, hat in der Zeit von 1930 bis 1960 einige außergewöhnliche Abstraktionen des menschlichen Körpers mit ineinander verschlungenen Gliedern hervorgebracht. Ein andermal ließ er aus einem knotigen Baumwurzelstumpf einen surrealistischen Waldgeist entstehen. Während der 50er Jahre, als fast alle Schnitzer Figuren mit verlängerten Rümpfen schufen, wandte sich Ida Bagus Njana dem entgegengesetzten Extrem zu und brachte gedrungene Plastiken rundlicher, schlafender Frauen hervor. Die Darstellungsweise war vollendet: Nur leicht eingegrabene Linien streiften die Oberfläche seiner Plastiken. Geschickt wußte er die Maserung des Holzes zu nutzen, so daß sich eine natürliche Betonung der Formen ergab. Ida Bagus Njanas Arbeiten erzielten Höchstpreise auf dem internationalen Kunstmarkt. Auch von ihm befinden sich einige sehenswerte Arbeiten im Museum von Ubud und in Mas in der Galerie seines Sohnes Ida Bagus Tilem, der ebenfalls ein berühmter Bildhauer ist.

Die zeitgenössische Holzschnitzkunst hat wie die Malerei verschiedene Stile entwickelt, die an bestimmte Orte gebunden sind. Aus Mas stammen die stark stilisierten Figuren aus poliertem Ebenholz oder Teak. Schnitzschulen der Bergdörfer nahe Ubud bringen derbe, primitive Figuren hervor, die an magische Idole aus der Vorzeit erinnern. In Batuan werden musizierende Knaben, meist Flötenspieler, geschnitzt. Sie haben gedrungene Körper und anliegende Arme. Eine Fülle von schlichten Skulpturen und fein ausgearbeiteten Miniaturen von Fabelwesen produzieren die Werkstätten von Denpasar. Sie tragen schon fast den Charakter der Serienherstellung und werden in allen Verkaufsgalerien der Insel angeboten.

Wie immer gilt: Es gibt nur einige wenige wirklich schöpferische Künstler; alle übrigen sind eher Kunsthandwerker. Sie übernehmen die von den Meistern geschaffenen Stile und machen sie zum Gemeingut. Leider läßt sich die Holzschnitzkunst immer mehr von kommerziellen Gesichtspunkten leiten, und es bleibt kaum Zeit zum Experimentieren. Was sich gut verkauft, wird reproduziert, und wir erkennen im Angebotenen alle gängigen Stilrichtungen. Dennoch darf man den Wert der Arbeiten nicht unterschätzen: Jedes einzelne Stück hat typisch balinesische Wesenszüge, die sich im handwerklichen Können, in der Verbundenheit mit der Welt der Natur und des Imaginären sowie in der Liebe zum edlen Werkstoff Holz manifestieren.

Im Zug der allgemein günstigen wirtschaftlichen Entwicklung Balis werden auch den Holzschnitzern mehr Möglichkeiten geboten, ihr Talent unter Beweis zu stellen und eine bessere Schulung zu erhalten. Dabei kommt ihnen die hohe handwerkliche Tradition zugute. Und wie unbekümmert sie ans Werk gehen! Keiner bildet sich etwas darauf ein, zur Elite der Künstler zu gehören. Auch wird keine neue Technik oder Idee als „Geheimnis" gehütet; großzügig lassen sie Söhne oder Gehilfen daran teilhaben. Gelungene Arbeiten werden aufrichtig von Freunden, Verwandten und dem ganzen Dorf bewundert. Die Anerkennung, die einem Künstler aus dem Kreise seiner Freunde gezollt wird, ist für ihn der beste Ansporn.

Rechts: Hanuman und Sita (moderne Schnitzarbeit). Folgende Seiten: Die herrliche Decke im Gerichtssaal von Klungkung.

Kunstgewerbe

Neben der Malerei und der Holzschnitzkunst, die durch ausländisches Interesse stimuliert werden, gibt es noch die traditionelle Handwerkskunst. Sie dient überwiegend der Verschönerung der Feste und Zeremonien.

Die Balinesen sind sehr modebewußt. Zu den Tempelfesten legen die Frauen ihren schönsten Schmuck an, stecken sich Blumen aus getriebenem Gold ins Haar und kleiden sich in golddurchwirkte Stoffe. Die Männer tragen als Kopfbedeckung ein geschlungenes Brokattuch, von dem ein Zipfel über der Stirn nach oben steht. Kleine Jungen kommen manchmal ganz untraditionell ausstaffiert daher, mit nagelneuen Jockeymützen, in Kniestrümpfen oder T-Shirts. Kleine Mädchen tragen wie ihre Mütter Blumen im Haar. Nicht allein zu Ehren der Götter kleidet man sich so prächtig — auch aus Gründen des Prestiges. Die vornehme Weiblichkeit erkennt man an Festtagen am Unterkleid, das gerade eine Handbreit unter dem Sarong hervorschaut: ist es aus Brokat, stammt das Mädchen gewiß aus angesehener Familie.

Klungkung und Karangasem in Ostbali sind berühmt für die Herstellung von feingemusterten Seidenbrokaten in Gold und Silber. Manchmal weben sie besonders phantasievolle Motive ein, wie *wayang*-Figuren, Vögel und Schmetterlinge.

Eine der seltensten Webtechniken der Welt praktizieren die Frauen von Tenganan, einem Dorf im Osten. Eine Frau braucht etwa ein Jahr, um ein *Gringsing* („Flammentuch") herzustellen. Die Technik heißt *Ikat* („binden"): Durch sorgfältiges Abbinden und Färben der Fäden wird das Muster schon vor dem Weben vorbereitet, das sich erst auf dem Webstuhl richtig zusammenfügt. Die Techniken des *„Kett-Ikats"* und des *„Schuß-Ikats"* sind auch auf anderen Inseln Indonesiens heimisch. Der komplizierte „doppelte *Ikat*", bei dem Kette und Schuß eingefärbt werden, kommt nur in Tenganan auf Bali vor.

Der Knauf eines Königskris: Ein mit Rubinen besetzter, goldener Dämon.

Die prächtigen Muster eines anderen Tuches, des *Kain Prada,* sind nicht eingewebt, sondern in Blattgold aufgetragen; beliebt ist das Lotusmotiv. Diese in kräftigen Grundfarben gehaltenen Tücher werden zu Ritualen und Dramen von den Tänzern und Schauspielern getragen ohne Unterschied des Rangs. Königin und Narr sind oft in die gleichen kostbaren Stoffe gekleidet.

Zum Festgewand eines Adeligen gehört unbedingt der Kris, der traditionelle Dolch Indonesiens! Dieser war früher einmal das wichtigste Attribut des Mannes: Am Kris erkannte man seinen Rang und seine Familie. Ein Prinz, der ein Mädchen aus einer niederen Kaste heiratete, konnte sogar stellvertretend seinen Kris zur Zeremonie senden! Geschichten berichten von Zauberkrisen, die Menschen töteten, wenn man nur die Spitze der Klinge auf sie richtete.

Der Wohlstand eines Mannes war also an seinem Kris zu erkennen, für den oft ein halbes Vermögen aufgewendet wurde. Bei einem Königskris war der Knauf ein goldener, mit Rubinen besetzter Dämon, an dem ein Goldschmied mehrere Monate arbeitete. Die Scheide war aus Holz, mit gehämmertem Gold oder Silber verkleidet; an der Öffnung hatte sie ein Querstück aus Elfenbein. Sie schützte nicht allein den Kris vor sichtbarer und unsichtbarer Beschädigung — etwa durch magische Kräfte —, sondern schloß auch seine eigenen magischen Kräfte sicher ein, damit sie keinen Schaden anrichten konnten.

Die Klinge ist das heiligste an einem Kris. Griff und Scheide dürfen in der Not verpfändet werden. Wenige Klingen sind gerade, die meisten sind gewellt — eine Form, die vielleicht auf die mythologischen *nagas* zurückgeht, denn auf einigen alten Krisblättern fanden sich Spuren einer in Gold eingelegten Schlange.

Die Krismacher gehörten einer besonderen Zunft der Metallschmiede an. Sie verehrten den Vulkan Batur. Man hielt sie für große Magier.

Da in der Vorstellung der Menschen dem Metall magische Kräfte innewohnten, so mußte jemand, der ständig damit umging, ebenfalls magische Kräfte besitzen. Die Metallschmiede genossen besonderes Ansehen und wurden von den unteren Kasten als Edelleute betrachtet. Selbst stolze Brahmanen sprachen zu einem Schmied, der sein Werkzeug in der Hand hielt, in Hochbalinesisch.

Ein besonderer, weniger beachteter Zweig der balinesischen Volkskunst — vielleicht ihr liebenswertester und phantasievollster — ist die ,,vergängliche Kunst''. Wer findet es nicht schade, wenn in einem Dorf nach Wochen der Vorbereitungen die großen Verbrennungstürme und prächtigen Tiersarkophage fertig sind, um alsbald in ihrer ganzen Herrlichkeit in Flammen aufzugehen!

Auch viele andere kunstvolle Handarbeiten Balis haben nur eine kurze Lebensdauer. Frauen verbringen z.B. Stunden damit, spitzenfeine Dekorationen aus Blumen und Speisen zu fertigen. Wenn sie im Tempel den Göttern dargeboten wurden, werden sie wieder nach Hause getragen und verspeist oder bleiben achtlos auf dem Boden liegen. Auch die schönen Palmblattornamente, die von soviel Farben- und Formensinn und selbstvergessenem Schaffen zeugen, liegen noch frisch und unverdorben nach einem Fest im Staub. Doch dieses zweckfreie, selbstlose Tun, das in Bali das weltliche und religiöse Leben beherrscht, ist der Weg, der zur wahren Kunst führt.

Den größten Einfluß auf alle Kunstgattungen Balis hat das Schattenspiel ausgeübt. Die unruhigen Bilder des *Wayang Kulit* sind bei Erwachsenen und Kindern gleich beliebt und seit je von unwiderstehlicher Wirkung auf die Vorstellungswelt der Inselbewohner. Man hat einmal Kinderzeichnungen daraufhin untersucht, wie weit die Wirkung des Schattenspiels reicht: Die meisten der von den Kindern gemalten Figuren waren durch die Schattenpuppen inspiriert. Das ist auch nicht verwunderlich. Denn die gleichen Figuren, die als Schattenbilder über die Leinwand huschen, tauchen langgliedrig in Stoffmustern auf, sitzen in Stein gebannt über Tempeltoren, tanzen als lebende Wesen zum Klang des Gamelan und werden noch menschlicher im Theaterspiel.

Der Schatten des *Wayang Kulit* ist auf fast jede Kunstgattung gefallen. Die Vorliebe für lineare Darstellungsweise in der Kunst, das Fehlen der dritten Dimension in der Malerei und die leidenschaftliche Darstellungsweise von Fabelwesen ist, bewußt oder unbewußt, dem *Wayang Kulit* entlehnt.

Der Name (*wayang* heißt ,,Spiel'' und *kulit* ,,Haut'') verrät, daß die Puppen aus Tierhäuten hergestellt werden. Diese feinen, filigranartigen Gebilde werden mit einem Stahlstecher ausgeschnitten und koloriert. Wenn das *Wayang Kulit* im Rahmen einer religiösen Zeremonie am Tag stattfindet, wird es ,,in Farben'' vorgeführt. Die Puppen selbst erscheinen — nicht ihre Schatten. Ein vor den Puppen gespanntes Band versinnbildlicht dann die Leinwand. Das kleinste Detail an den Puppen — in Kleidung, Farbe, Umriß — ist wichtig, denn daraus ersehen die Zuschauer, um welche Figur aus der Dichtung es sich handelt.

Ein Puppenmacher, der einen vollständigen Satz von über 150 Puppen fertigen kann, könnte auf einer Weltausstellung damit Ehre einlegen. Auch er hat größte handwerkliche Meisterschaft erreicht.

Die Unbefangenheit, mit der die Balinesen an die Kunst herangehen, darf uns nicht über ihr Können hinwegtäuschen, das sie durch die tägliche Praxis erreichen. Sei es die zwanglose Probe eines Theaterspiels, die rhythmische Musik zu einer Prozession oder auch nur die Kette aus geschnitzen Knochen, alles ist geschmackvoll und formvollendet. Die Kunst Balis ist einzigartig in ihrer ganzen Vielfalt.

Die hängenden *penjor*-Dekorationen aus Palmblättern und Blumen zieren das Dorf Gulungan.

LIEDER VON HELDEN UND ABENTEUERN

Die Liebe der Menschen Asiens zu den beiden großen Hinduepen, dem *Ramayana,* das die Geschichte vom Prinz Rama berichtet, und dem *Mahabharata,* in dem der Kampf der Bharata besungen wird, ist mehr als tausend Jahre alt. Diese unsterblichen Dichtungen wurden vom Sanskrit auch in *kawi,* die alte javanische Dichtersprache, übertragen. Sie inspirieren heute noch die Künste und regen die Phantasie der Indonesier mit ihrer Welt aus Mut und Abenteuer an.

Begeistert drängen sich die Menschen vor dem *Wayang Kulit,* wenn die Schatten der sagenhaften Prinzen und Bösewichte über die Leinwand geistern oder wenn der Geschichtenerzähler in singendem Tonfall die beliebten Verse rezitiert. Im klassischen *Wayang Wong*-Spiel oder im modernen Ramayana-Ballett sowie auch im *Ketjak*-Tanz — immer begegnen uns die bekannten Themen, die stets aufs neue vom Publikum mit viel Beifall aufgenommen werden, das seine alten Epen in jeder Art der Darstellung liebt.

Die Popularität von *Ramayana* und *Mahabharata* ist nicht in ihrem Unterhaltungswert begründet, sondern liegt weit tiefer. Das Hauptthema der Hinduliteratur ist der ewige Kampf zwischen Gut und Böse. Die beiden Prinzipien werden durch die Hauptpersonen der Epen verkörpert.

Rama, der Held des *Ramayana,* ist die Inkarnation von Wischnu, dem „Bewahrer", und verkörpert das Gute. Er besitzt alle männlichen Tugenden: Stärke, Ausdauer, Liebe und Wahrhaftigkeit. Seine Gemahlin Sita ist das Idealbild ehelicher Treue und Liebe, und Ramas Bruder Laksmana versinnbildlicht brüderliche Treue und Tapferkeit. Ramas böser Gegenspieler ist der Dämonenkönig Rawana mit seinem Gefolge von Riesen. Er ist ein lüsterner, betrügerischer und mißgünstiger Bösewicht. Der Gegensatz

Themen des *Ramayana* und *Mahabharata* im Maskenspiel des *Wayang Wong.*

zwischen dem Helden und seinem Widersacher könnte nicht größer sein.

Das *Mahabharata* besingt die ruhmreichen Feldzüge und Heldentaten der Bharata, eines altindischen Kriegervolkes aus dem Norden. Ein großer Teil seiner Verse ist den gewaltigen Waffentaten zweier sich grimmig befehdender Sippen gewidmet, ihren unbesiegbaren Recken, den Kampfspielen der Prinzen, glücklichem Entrinnen aus drohendem Untergang und gnadenloser Rache. Die Helden des Epos sind die edlen Pandawa, fünf Brüder göttlicher Abstammung, die Güte und Tugend verkörpern. Sie kämpfen gegen ihre hundert Vettern — gegen die falschen Kaurawa und ihren bösen König Duryodana, die Inbegriffe von Habsucht und Mißgunst.

Beide Hinduepen sind erfüllt von dem moralischen Anliegen, immer wieder den Sieg des Guten und die Unterwerfung des Bösen aufzuzeigen. Hierin liegt die Zeitlosigkeit. Jede Begebenheit in ihnen läßt sich zur Gegenwart in Beziehung setzen. In jeder Gestalt manifestiert sich ein ganz bestimmter Charakter. „Stark und ausdauernd wie der Kämpfer Bima" — dieser Vergleich eines Mitmenschen mit einem Helden des *Mahabharata* ist bis heute in Indonesien geläufig.

Die älteste Version des *Ramayana* soll um das 10. Jahrhundert v.Chr. von dem indischen Heiligen Valmiki verfaßt worden sein. Das *Mahabharata* (etwa im 4. Jahrhundert v.Chr. entstanden) wird dem Dichter Vyasa zugeschrieben, dem gemeinsamen Stammvater beider sich bekämpfenden Familien. Im Lauf der Zeit haben Dichter und wandernde Sänger den Hauptthemen der Epen ständig neue Episoden hinzugefügt, bis die Werke schließlich gewaltigen Umfang angenommen haben: Die heutige Fassung des *Ramayana* besteht aus 500 Gesängen mit insgesamt 24 000 Versen. Das *Mahabharata* ist mit ca. 90 000 Versen wohl die längste zusammenhängende Dichtung.

Der muntere Heerführer Hanuman — eine Holzskulptur von Rodja aus Mas.

Die Geschichte vom Prinzen Rama

Im Königreich Kosala, unweit des Himalaya, regierte König Dasarata, der vier Söhne hatte: Rama, Barata, Laksmana und Saturgna. Sie waren einander in brüderlicher Liebe zugetan und wurden zu Klugheit und Aufrichtigkeit erzogen. Für den König und das Volk waren sie ein Quell der Freude. Eines Tages entschloß sich Dasarata, hochbetagt abzudanken. Er befahl, die Krönung seines ältesten Sohnes Rama vorzubereiten. Kekayi, Dasaratas zweite Gemahlin und die Mutter Baratas, hatte jedoch ehrgeizige Pläne für ihren eigenen Sohn. Sie forderte, Barata solle König werden und Rama 14 Jahre lang verbannt im Dandakawald leben.

Der König, von Gram und ohnmächtigem Zorn gebeugt, ließ schließlich Kekayis Forderungen als königlichen Erlaß verkünden. Rama achtete den Befehl seines Vaters und bereitete seine Abreise vor. Seine Gemahlin Sita bat, ihm folgen zu dürfen, doch Rama wollte es ihr nicht erlauben, denn das Leben im Wald war hart und gefahrvoll. Sita antwortete voll Inbrunst mit folgenden Worten (die heute noch fast jede Hindubraut auswendig lernt):

„Meine Mutter sagte mir,
und mein Vater sprach gleich ihr,
daß ein wahrlich liebend Weib
stets bei seinem Manne bleib'.
Wie ein treuer stiller Schatten
folgt die Frau dem lieben Gatten,
sei's in Reichtum oder Not —
scheiden darf sie nur der Tod!"

Auch sein Bruder Laksmana bestand darauf, mitzugehen. Rama willigte ein, und sie traten ihre Wanderung an.

Bald darauf herrschte Trauer im Königrerich von Kosala. Der König, den tiefe Schwermut befallen hatte, war erkrankt und gestorben. Kekayi trauerte jedoch nur zum Schein. Schnell begab sie sich zu ihrem Sohn, der nun König werden sollte. Da mußte sie erfahren, daß ihr böser Plan sich nicht erfüllte: Barata wollte die Krone nicht annehmen und nur als Stellvertreter regieren.

Inzwischen waren Rama, Sita und Laksmana tief in den Wald hineingewandert. Bei frommen Einsiedlern fanden sie Obdach. Einer von ihnen, Agastya, gab Rama einen Zauberbogen. Auf einer Lichtung bauten sich die drei Verbannten eine Hütte.

Nach 13 friedlichen Jahren wurde Rama von bösen Ahnungen geplagt. Er sorgte sich um Sita und beschloß, daß stets nur Laksmana oder er zur Jagd gehen sollte, damit einer von ihnen bei Sita blieb.

Ramas Vorahnungen erfüllten sich bald. Der Dämonenkönig Rawana hatte ihren Schlupfwinkel entdeckt. Vom Anblick der liebreizenden Sita betört, beschloß er, sie zu rauben — angestachelt von seiner Schwester Sarpakenaka, deren Liebe Rama und Laksmana verschmäht hatten. Rawanas Minister, der Riese Marica, lockte Rama fort. Auf einmal sah Sita im Walde einen wunderschönen goldenen Hirsch. Sie bat Rama, ihn für sie zu fangen. Er gab schließlich Sitas inständiger Bitte nach und folgte dem seltsamen Tier. Als er immer tiefer in den Wald gelockt wurde, erwachte sein Argwohn. Er schoß einen Pfeil auf den goldenen Hirsch ab. Das Tier brach zusammen — vor Rama lag der Riese Marica. Bevor er starb, schrie er, die Stimme Ramas nachahmend, gellend um Hilfe. Sita hörte den Schrei und beschwor Laksmana, Rama zu Hilfe zu eilen. Entgegen der Abmachung brach dieser sofort auf, nicht ohne Sita noch zu ermahnen, unter keinen Umständen die Hütte zu verlassen.

Kaum war Sita allein, durchrüttelte ein gewaltiger Windstoß die Hütte. Ein Bettelmönch klopfte an die Tür. Er sprach so salbungsvoll, daß Sita ihm öffnete. Als ein glühender Blick sie traf, erkannte sie ihren Fehler — zu spät! Rawana entführte sie hoch in die Lüfte nach Langka, seinem Königreich auf der Insel Ceylon. Der tapfere Vogel Jatayu versuchte, die Entführung zu verhindern, doch Rawana war der stärkere. Tödlich verwundet rettete sich der Vogel zu Rama, um ihm von der Missetat zu berichten.

Rama und Laksmana machten sich auf die Suche nach Sita. Da Rama einst dem Affenkönig

Sugriwa geholfen hatte, sein Königtum von seinem mißratenen Bruder Subaldi zurückzuerobern, standen ihm dessen Heerführer Hanuman und seine Truppen auf der Suche bei.

Endlich erreichten sie die Küste vor Ceylon. Mit einem mächtigen Satz sprang Hanuman auf die Insel hinüber. Bald fand er Sita und berichtete ihr, daß Rama, von dem er einen Ring überbrachte, sie in einem Monat befreien werde. Beglückt über diese Nachricht zog Sita ihren Ring vom Finger, den Hanuman als Zeichen ihrer unverbrüchlichen Liebe überbringen sollte. Auf dem Rückweg verwüstete er Rawanas Hauptstadt.

Dann begannen die Affen, einen großen

Die Abenteuer des Prinzen Rama sind beliebte Themen der Tempelreliefs.

ıamm als Felsbrocken über das Meer zu bauen. ıachdem dieser fertig war, marschierte Rama ıit seinen Verbündeten in Alengka ein. Ein hef- ger Kampf entspann sich, der erst endete, als ıawana von Ramas Pfeil durchbohrt wurde.

Endlich waren Rama und Sita wieder vereint. a die 14 Jahre der Verbannung inzwischen ab- laufen waren, kehrten sie zusammen mit Laks- ana nach Kosala zurück. Barata war froh, die egentschaft an Rama übergeben zu können, ıd Kosala kam unter der Herrschaft von König ama zu neuem Ruhm und Wohlstand.

In einer anderen Version ist der Ausgang we- ger glücklich: Darin zweifelt das Volk von Ko- la, ob Sita nicht doch dem Werben Rawanas nachgegeben habe. Rama verbannt sein unschuldiges Weib. Sita findet Zuflucht bei dem Weisen Valmiki, wo sie Rama die Zwillinge Lawa und Kusa gebärt. Nach vielen Jahren ziehen dann die Söhne in die Stadt und singen die Geschichte des *Ramayana,* wie der Weise Valmiki es sie lehrte. Rama erkennt seine Söhne und bittet Sita um Vergebung; sie kehrt zu Rama zurück. Doch mußte sie zuviel erdulden — sie stirbt bald darauf. Da öffnet sich die Erde; ein goldener Thron steigt empor, der Sita in den Himmel erhebt.

Der Kampf der Bharata

Einst lebten zwei Sippen, die Kaurawa und die Pandawa, die dem Volk der Bharata angehörten, dessen Ursprung auf den sagenhaften Herrscher Bharata zurückging. Die Kaurawa, die hundert Söhne des blinden Königs Dastara, waren die mißratenen Nachkommen von König Kuru. Wohlgeraten waren die fünf Söhne des edlen Pandu, der das Königreich stellvertretend für seinen blinden Bruder regierte.

Alle Söhne Pandus waren halb göttlichen Ursprungs: Der Älteste, Yudistira, ein wahrhafter, frommer Mann, stammte von Dharma, dem Gott der Tugend, ab; der unerschrockene Kämpfer Bima von Bayu, dem Gott des Windes. Ardjuna, der unvergleichliche Bogenschütze, stammte von Indra, dem Gott des Regens, ab und die Zwillinge Nakula und Sahadewa waren von den göttlichen Aswin-Zwillingen gezeugt. Pandus Gemahlin gebar noch einen sechsten Sohn: Karna, der Sprößling Suryas, des Sonnengottes. Karna blieb seine Abstammung verborgen. So kam es, daß er sich den Kaurawa anschloß.

Die Vettern beider Sippen wuchsen zusammen auf. Bei allen Unternehmungen waren die Pandawa den Kaurawa überlegen, die darob neidisch und erbost wurden. Als Pandu starb, ernannte der blinde König Dastara seinen ältesten Neffen Yudistira zum Thronfolger. Seine Söhne empörten sich über die Zurücksetzung und planten, ihre Vettern zu vernichten.

Sie überredeten die Pandawa und ihre Mutter, ein besonderes Rasthaus zu besuchen. Als diese dort eingetroffen waren, ging es plötzlich in Flammen auf. Brüder und Mutter konnten sich gerade noch durch einen unterirdischen Gang retten und flohen in die Wälder. Da erreichte sie die Kunde, daß in einem fernen Reich ein König Drupada zu einem Wettstreit um die Gunst seiner Tochter aufgerufen habe. Die Brüder reisten

Der Dämonenkönig Rawana bei einem leidenschaftlichen Tanz in Bengkel.

sogleich an den Hof des Königs. Arjuna hatte bald alle Rivalen besiegt und erhielt Prinzessin Drupadi zur Frau.

Die Brüder kehrten zur Mutter zurück und berichteten, daß ihnen ein wunderbares Geschenk zuteil geworden sei. Ahnungslos gebot sie ihren Söhnen, sich daran gemeinsam zu erfreuen. So kam es, daß Drupadi Gemahlin aller Brüder wurde. Später nahmen sie noch andere Gemahlinnen. Arjuna heiratete die Schwester des Königs Krishna, der eine Inkarnation des Gottes Wischnu war.

Inzwischen erfuhr Duryodana, daß seine Vettern in den Königen Drupada und Krishna mächtige Verbündete gewonnen hatten. Er sah ein, daß er nun den Pandawa ihr Erbe nicht länger vorenthalten konnte, und teilte das Reich: Die Pandawa erhielten die öde Westprovinz, er selbst behielt die blühende Ostprovinz. Die Pandawa hatten bald die Wälder gerodet und eine neue Hauptstadt erbaut, die sie Ngamatra nannten. Yudistira, der König von Ngamatra, rief zu einem großen Opferfest auf; gleichzeitig wollte er seine Oberherrschaft über alle Herrscher Indiens proklamieren. Viele Würdenträger kamen zu dem Fest nach Ngamatra; unter ihnen waren auch die hundert Vettern der Kaurawa und ihr greiser Vater, tief gedemütigt und voller Neid.

Böse Pläne hegend, kehrte Duryodana heim. Er war fest entschlossen, die Pandawa endgültig zugrunde zu richten, und gewann die Hilfe von Prinz Sukani, der seinen Haß teilte. Sukani war ein geschickter Falschspieler. Yudistiras Leidenschaft für Glücksspiele war bekannt. Sukani forderte ihn heraus und gewann Spiel auf Spiel. Mit jedem Verlust wuchs die Unbesonnenheit Yudistiras. Immer höher wurden die Einsätze. Er verspielte alles — Geld, Pferde, Elefanten, Sklaven, Ländereien, schließlich sein ganzes Königreich. Weiter ging das Spiel. Er setzte sich selbst, seine Brüder, ja sogar Prinzessin Drupadi ein — und verlor!

Duryodana wollte, daß die Pandawa seine Sklaven würden. Nur mit Mühe gelang es seinem Vater, ihn davon abzubringen und es beim Urteil der Verbannung bewenden zu lassen, das hart genug war: Zwölf Jahre waren die Pandawa in die Wildnis verbannt, ein dreizehntes mußten sie unerkannt unter dem Volk leben. Würden sie entdeckt, hätten sie weitere zwölf Jahre Verbannung auf sich zu nehmen.

So zogen die Pandawa und Drupadi in die Wälder. Nach Ablauf der zwölf Jahre begaben sich die Söhne Pandus unters einfache Volk und dienten einem fremden König unter angenommenen Namen ein weiteres Jahr.

Dann kehrten sie zurück und verlangten die Rückgabe ihres Königreiches. Duryodana weigerte sich: Kein Stückchen Land sollte ihnen zuteil werden!

Die Pandawa berieten sich mit Krishna und entschieden sich, ihr Land zurückzuerobern. Es folgte der große Krieg der Bharata. Achtzehn Tage lang verdunkelten Wolken von Pfeilen den Himmel, und die Erde bebte unter dem Zusammenstoß der Wagen und Berittenen.

In der *Bhagavadgita* wird der Dialog zwischen Ardjuna und seinem Wagenlenker, dem verbündeten König Krishna, wiedergegeben: Ardjuna vertraut ihm seinen Schmerz an über den mörderischen Bruderkampf und daß die Wunden des Krieges vor allem auch seelische Wunden seien.

Unter den unzähligen Toten waren die verehrten Lehrer beider Familien sowie die jungen, heldenhaften Söhne Ardjunas und Bimas. Die beiden Rivalen Ardschuna und Karna treffen sich zu einem erbitterten Kampf. Ardjuna rächt den Tod seines Sohnes und tötet Karna, den Erzfeind. Dann wird der Kampf zwischen Bima und Duryodana geschildert: „... gleich zwei Stieren in rasender Wut, von Wunden bedeckt und die Augen voll Blut", so griffen sie einander an und kämpften, bis endlich Duryodana tödlich getroffen zu Boden sank.

Rama tötet den goldenen Hirsch(Zeichnung von Gusti Nyoman Lempad aus Ubud).
Folgende Seiten: Der *Kecak*-Tanz oder: lebende „Seeanamone".

MUSIK, TÄNZE UND DRAMEN

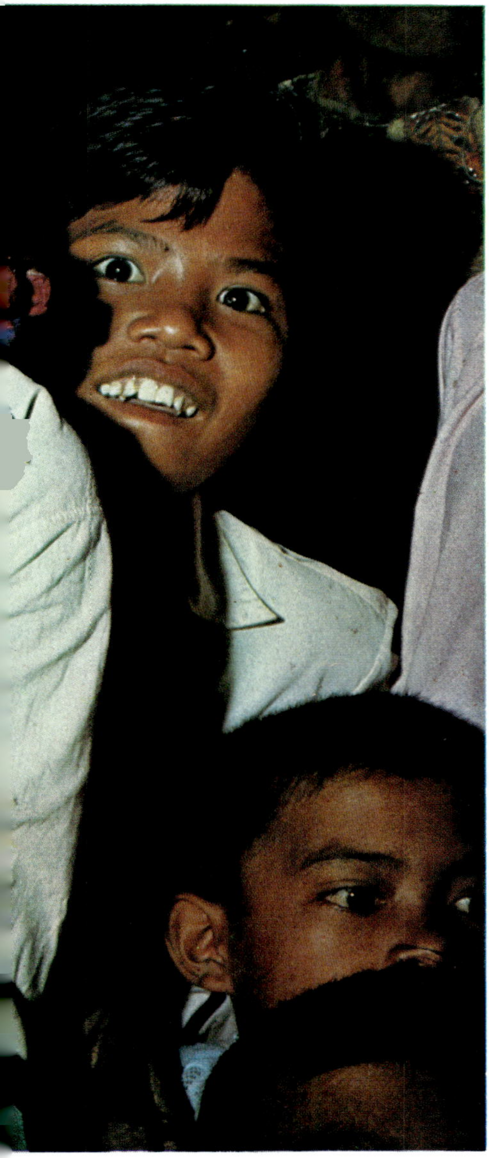

Der Tänzer in der Hütte beim Tempel ist nun fertig mit dem Be alen des Gesichts. Ein kräftiger Akkord des Gamelanorchesters ertönt — im Tempeltor werden vibrierende Finger sichtbar. Ein Gesicht zeigt sich, mit farbig umrandeten Augen und einem seltsam-neugierigen Lächeln auf den Lippen. Der Tänzer hat sein eigenes Wesen mit dem der darzustellenden Gestalt vertauscht; sie ist es, die jetzt hier erscheint, vorsichtig etwas näher kommt — so, als überschreite sie eine unsichtbare Grenze, um in eine andere Welt zu gelangen: in die geistige Welt des Tanzes.

Auf Bali gibt es keine Berufsschauspieler. Theater spielt man im Dorf, um sich und seine Mitmenschen zu unterhalten und zu vergnügen. Die des Nachts so dämonisch auf der Bühne wirken, führen am Tag ein ganz normales Leben als Bauern, Fischer oder Goldschmiede. Das Theater ist einfach ein Teil ihres Lebens. Geburtstage, Hochzeiten, Tempelfeste, Prozessionen zum Meer, Reinigungszeremonien — alles sind Anlässe, zu denen Theater gespielt wird.

Das balinesische Theater ist religiösen Ursprungs. Bei einem Speiseopfer gilt die Schönheit des Dargebotenen als Gabe für die Götter. Bei einem Tempeltanz schenken die Tänzer den Göttern die Schönheit der gestalteten Bewegung. Gute Musik, prächtige Gewänder, vollkommene Tänze und Theaterspiele erfreuen sowohl göttliche wie irdische Gäste. Religiöse Tänze gelten als Opfergabe und als Andachtsübung. Aber auch viele Formen des heutigen Dramas dienen religiösen Zwecken, indem sie einen Kontakt zwischen den Menschen und der Welt der Geister herstellen können, wie z.B. die ,,Austreibungsspiele''.

Wegen ihres religiösen Hintergrunds werden Tänze und Dramen von den Einheimischen mit besonderer Innigkeit gepflegt. Sie sind ihnen von frühester Kindheit an vertraut, so daß ein Er-

Bei einem Tempelfest in Pejeng bereitet sich ein Clown auf seinen Auftritt, der einer *Cupak*-Vorstellung vorausgeht, vor.

wachsener alle zur Aufführung kommenden Themen kennt. Schon im ersten Auftritt erkennt der balinesische Zuschauer die Geschichte und sieht das Stück im größeren Zusammenhang. Wenn ein solcher Hirsch erscheint, weiß er, daß es sich um eine Episode aus dem *Ramayana* handelt, daß Sita gleich entführt, aber am Ende doch gerettet wird. So warten die Zuschauer nicht begierig darauf, was wohl als nächstes passiert, und harren dennoch Stunden aus, ohne müde oder ungeduldig zu werden.

Kulissen sind nicht nötig. Da alle traditionellen Geschichten und Tänze allgemein bekannt sind, ist aus dem Dialog auch schnell der Ort der Handlung zu erkennen. Durch das Vertrautsein mit ihrem Theater von Jugend auf und durch ihre gute Vorstellungskraft schaffen sich die Zuschauer die fehlenden Bühnenbilder in der Phantasie.

Etwas Faszinierendes liegt in der Wechselbeziehung zwischen dem Geschehen auf der Bühne und dem Publikum. Gespielt wird meist nach allen Seiten, da die Bühne oft nichts weiter als ein freier Platz vor oder nahe beim Tempel ist, um den sich die Schaulustigen scharen. Die Bühne erfährt zuweilen eine Erweiterung ihres Spielfeldes, wenn ein Dämon im Eifer des Spiels die Kinder, die immer in den ersten Reihen sitzen, erschreckt und in die Flucht treibt. Oder ein Hund läuft ganz unbeteiligt zwischen den Beinen eines Schauspielers hindurch. Solche Zwischenfälle stören den Ernst der Handlung überhaupt nicht.

Das Theater ist für alle da: Die Großmütter haben meistens während der Vorstellung das Jüngste im Arm. Für die Jugend ist es ein willkommener Treffpunkt; man sitzt in den hinteren Reihen, wo sich unbemerkt flirten läßt. Andere treffen sich an den *warungs*, wo Mädchen und Frauen Nüsse, Getränke und Süßigkeiten verkaufen. Alles dient dem einen Ziel: den Abend auf das angenehmste zu verbringen. Die Zuschauer, die selbst Tänzer sind oder waren, beobachten kritisch jede Bewegung der Akteure auf der Bühne.

Die leidenschaftliche Art des Vortrags verleiht den balinesischen Tänzen etwas Spontanes. Doch verbirgt sich hinter diesem Anschein eine hochstilisierte Technik mit abgezählten Schritten und wohlkalkulierten Bewegungen. Jede der eindrucksvollen Gebärden hat phantasievolle, von der Pflanzen- oder Tierwelt inspirierte Bezeichnungen: Eine hektische mehrmalige Drehung heißt „Tiger, einen Insektenschwarm abwehrend". Ein Seitwärtsschritt ist ein „Rabensprung". Eine Flatterbewegung der Finger heißt „zwei blaue Vögel, auf leichtem Palmblatt schaukelnd". Und ein bestimmtes Anheben des Kopfes bedeutet „Affe, nach Früchten im Baumwipfel ausschauend". Diese Bezeichnungen sind nur beschreibend, ohne tiefere symbolische Bedeutung.

Das Gebärdenspiel der Hände und Finger kennt — wie fast überall in Asien — unendlich viele Ausdrucksmöglichkeiten. Die tanzenden Hände und Finger, die fast ein Eigenleben führen, sind ein wichtiger Maßstab bei der Beurteilung eines Tänzers. Die sich vom Boden schnellenden Sprünge, Läufe, Drehungen und das Emporheben der klassischen westlichen Ballettkunst fehlen dagegen fast ganz im klassischen balinesischen Tanz. Hier wird der Raum eher gemessen durchschritten, wobei der Rumpf oft noch dem Boden zugeneigt ist. Kaum verschmelzen zwei Tänzer zu einer Figur; körperliche Berührung ist nach der Tradition nicht erlaubt. Es gibt zwar in einigen Tänzen stark synchrone Bewegungen zwischen beiden Akteuren, aber sie bleiben selbständige Figuren.

Eine Sonderstellung haben die Clowns, die an keine choreographischen Regeln gebunden sind. Die Balinesen sind so sehr an ihre stilisierte, verfeinerte Tanzkunst gewöhnt, daß der Clown in seiner Narrenfreiheit um so komischer wirkt. Genauso frei in ihren Bewegungen sind Hexen, Tiere und Dämonen, die mit ihren kühnen Improvisationen einen großen Teil der Attraktionen ausmachen.

Für denjenigen, dem das balinesische Theater vertraut ist, sind Kostüme, Kopfbedeckungen und Tanz eine untrennbare Einheit. Durch die Fähigkeit des Tänzers, in der Erscheinung und der Bewegung völlig mit seiner Rolle zu verschmelzen, lebt der Tanz von innen heraus. Durch die Bemalung wird das Gesicht des Tänzers zu jenem der darzustellenden Person. Durch das Aufsetzen einer Maske nimmt er noch vollkommener das Aussehen des Darzustellenden an. Das starre Maskenantlitz scheint seinen ganzen Körper zu verwandeln. Auf einmal ist er eine Gestalt, die der abstrakten Welt der Masken angehört. Auf Bali dient das eigene Temperament nur dazu, den Charakter des Tanzes oder der darzustellenden Person, die Stimmung der Melodie und den Rhythmus des Gamelan zum Ausdruck zu bringen — mit dem Ziel, die Zuschauer das Wesen des Tanzes erkennen zu lassen.

Die Tanzschüler lernen durch Nachahmen von Vorbildern; viele sind noch nicht zehn Jahre alt. Der Lehrer tanzt vor, und der Schüler folgt jeder seiner Bewegungen. Wenn ihm die Bewegungsfolge vertraut geworden ist, tritt der Lehrer hinter ihn und bringt Arme und Finger des Eleven in die richtige Stellung, hilft dem Kopf, genau dem Takt des Trommelrhythmus zu folgen und korrigiert die Haltung des Körpers. Dies wird so lange wiederholt, bis im Schüler das Gefühl für den Tanz erwacht — bis der Tanz in ihn eindringt. Es wird immer ein bestimmter Tanz gelehrt, wie *Legong, Baris* oder *Janger,* niemals nur einfach tanzen. Der Schüler folgt dem Schlag der Trommel, die den Rhythmus des Tanzes bestimmt. Der Trommler ist der Dirigent des Gamelanorchesters, und er wechselt ständig das Tempo.

Balinesische Tänze und Dramen finden ihren Ausdruck in einer Reihe von theatralischen Formen. Die meisten Vorführungen sind eine Kombination aus Tanz, Musik, Gesang und Schauspiel. Nie darf jedoch die Musik fehlen, und kein Tanz — auch der am schwersten verständliche — ist ohne Handlung oder Bedeutung. Von über 50 Tänzen, die heutzutage in Bali aufgeführt werden, hier ein paar Beispiele:

Die besprochenen Tänze unterstreichen die Vielseitigkeit und Geschicklichkeit der Tänzer. Sie werden regelmäßig von gastierenden Tanzgruppen aufgeführt und sind das Ergebnis jahrelangen Trainings, strenger Koordination und Technik und der ineinander verflochtenen Beziehung zwischen Bewegung und Orchester. Ein außergewöhnlicher Tänzer bringt den Tanz auf neue Höhen, indem er der traditionellen Choreographie seinen eigenen Stil vermittelt und seine Hingabe als Lehrer ausdrückt. In der zweiten Gruppe von Tänzen mit dem Titel ,,Könige und Narren" liegt der Schwerpunkt in der Dramatisierung eines Geschehnisses. Dagegen beschreibt das ,,Tranceritual" die zeremoniellen Tanzdramen bei religiösen Veranstaltungen.

Einer der ältesten balinesischen Tänze ist der möglicherweise tausend Jahre alte *Gambuh.* Viele von Balis beliebtesten Tänzen stammen entweder von ihm ab oder sind davon beeinflußt — z.B. der *Topeng, Wayang Wong, Cupak, Calon Arang, Legong, Arja* und *Joged Pingitan.*

Die meisten dieser Tänze sind zwischen 1850 und 1900 entstanden, einer für den Tanz überaus fruchtbaren Periode unter der Schutzherrschaft der Ägide der Radschas und des Adels.

Der *Sanghyang*-Trancetanz beeinflußte Tänze wie den *Kecak.* Andere, z.B. der *Kebyar,* stammen aus dem 20. Jahrhundert und wurden von den bedeutenden Tänzern Mario und Nyoman Kaler geschaffen.

Gamelan

Auf Bali läßt sich ganz einfach herausfinden, wo etwas los ist. Man muß nur den Klängen des Gamelanorchesters folgen, das im allgemeinen aus Messingbecken, Gongs und Xylophonen besteht. Folgen Sie Ihrem Gehör, und Sie können sicher sein, daß Sie auf eine Tanzvorstellung, eine Tempelzeremonie oder eine religiöse Prozession stoßen, denn jede Art darstellender, religiöser oder gesellschaftlicher Funktion wird von Musik begleitet.

Das Wort *Gamelan* ist — streng genommen —

javanisch, obwohl es heute zum allgemeinen Begriff für ein Orchester von Schlaginstrumenten geworden ist — ob javanisch oder balinesisch. Auf Bali benutzt man das Wort *gong,* um die verschiedenen Arten von Orchestern zu beschreiben. Balinesische Musik wurde im Lauf ihrer Geschichte vielen Änderungen unterworfen. In der Zeit um 1920 bis 1930 wurde der alte *Gong Gede* durch den schnelleren *Gong Kebyar* ersetzt, der heute die allgemeine Form eines Orchesters darstellt.

Ein Grundsatz der Gamelanmusik ist, daß Instrumente im Bereich der höherliegenden Noten öfter angeschlagen werden als im Bereich der niedrigen. Gongs verschiedener Größen markieren das Grundthema der Musik, während die anderen Instrumente dagegen zur komplizierten Ausschmückung beitragen.

Die meisten Musikanten spielen verschiedene Instrumente der *Gangsa*-Xylophon-Familie, die aus über Bambus hängenden Bronzestäben bestehen. Mit einer Hand schlägt der Musikant die Tasten mit einem hölzernen Hammer an und mit der anderen dämpft er die soeben angeschlagene Taste.

Im Mittelpunkt des Orchesters befinden sich die beiden Trommeln *(Kendang),* von denen die eine als ,,männlich'' und die andere (etwas kleinere) als ,,weiblich'' gilt. Die Trommler kontrollieren das Tempo des Musikstücks. Manchmal benutzen sie ihre Hände, manchmal einen Stock, in jedem Fall aber sind ihre rhythmischen Techniken atemberaubend. Die kleinen Handzimbeln *(Cengceng)* betonen die immer schneller werdende Musik. Das ständige Schlagen des *Kempli* — ein einzelner kleiner Gong, der mit einem Stock bearbeitet wird — hilft, das Orchester zusammenzuhalten. Die abgerundeten langsamen Klänge des *Trompong* (ein Satz von Becken wie der *Reyong,* aber nur von einem Mann gespielt) hört man in gewissen Orchesterstücken und beim *Kebyar*-Tanz.

Andere Instrumente, die Tänze oder Theatervorstellungen begleiten, sind Bambus-Xylophone, Flöten *(Suling)* und die zweisaitige Violine *(Rebab).* Das Schattenspiel verfügt über ein eigenes kleines Ensemble, das aus vier *Genders* besteht.

Uralte Ensembles, die noch in wenigen alten Dörfern Ostbalis zu finden sind, schließen den *Gong Selunding* ein, der aus Instrumenten mit eisernen Tasten besteht, und den *Gambang* mit Holztasten. Sodann gibt es noch die ,,Judenharfe'' *(Genggong).*

Gamelaninstrumente werden immer noch auf Bali hergestellt, und zwar findet man die besten Instrumentenbauer in Tihingan in der Nähe von Klungkung sowie in Blahbatuh.

Fast alle *banjars* haben einen Musikverein, einen *sekaa.* Er hat nur männliche Mitglieder von acht bis über sechzig Jahre. Wie der Reisanbau der Unterhalt der Tempel und die Dorfverwaltung sind die Vereine ein Gemeinschaftsunternehmen, und jeder nimmt zu gleichen Teilen an der Verantwortung teil — eine Selbstverständlichkeit für jeden Balinesen.

Jeder praktizierende Musiker gehört zu einem dieser *sekaas,* und häufig sind sie die Quelle für die Unterhaltung der Dorfbewohner, die sich zwanglos um den *Bale Gong* — den Pavillon, wo sich das Dorforchester aufhält — versammeln und den Proben des Gamelan zuhören.

Manche Vereine treffen sich nur alle fünf Monate, um Stücke für die bevorstehende Tempelzeremonie aufzufrischen, andere dagegen sehen sich fünfmal die Woche, um neue Kompositionen einzuüben.

Die vieltönigen Kompositionen werden dem Gedächtnis einverleibt. Musikanten spielen selten nach Noten. Das erstaunliche Gefühl der balinesischen Bevölkerung für Rhythmus ist schon den Kindern eigen. Väter nehmen oft ihre Jüngsten mit zur Probe, wo sie schlafend oder wachend auf dem Schoß sitzend das ganze Konzert miterleben.

Erfahrene Musiker behaupten, daß es für sie keinerlei Anstrengung bedeutet, Kompositionen zu lernen. Sie haben sie so oft gehört, daß die Hände unwillkürlich von selbst ihr Werk vollbringen.

LEGONG

Nach der Überlieferung ist *Legong* der „himmlische Tanz der göttlichen Nymphen". Er ist der anmutigste unter den klassischen Tänzen Balis. Die kleinen Mädchen träumen davon, *Legong*-Tänzerin werden zu dürfen. Im Alter von etwa fünf Jahren werden sie dazu von einem Komitee ausgesucht. Tanzliebhaber können über den *Legong* und seine verschiedenen Abarten stundenlang diskutieren. Am bekanntesten ist der *Legong Kraton,* der früher nur im Palast aufgeführt und von den Fürsten gefördert wurde. Nur die begabtesten, schönsten Mädchen werden für diesen Tanz ausgebildet. Eine *Legong*-Tänzerin ist stets jung; bereits schon mit 14 Jahren nähert sie sich dem Ende ihrer Laufbahn.

Der *Legong Kraton* ist stark stilisiert und wirkt völlig abstrakt. Er wird von drei Mädchen getanzt. Zwei von ihnen stellen immer Angehörige des Könighauses dar. Man nennt sie *legong* (Tänzer). Sie sind stets gleich gekleidet. Das dritte Mädchen tanzt eine Figur aus dem Gefolge, *Condong* genannt. Ursprünglich saß beim Orchester der Geschichtenerzähler und begleitete den Tanz mit erzählendem Gesang. Heute ist die Stilisierung des Tanzes so weit fortgeschritten, daß er fast überall ohne Geschichtenerzähler stattfindet.

Das eingeweihte Publikum spürt den Fortgang der Handlung in den feinsten Andeutungen, unterstützt durch die suggestive Musik des prächtigen *Gamelan Gong* — des großen Gamelanorchesters. Die dargestellte Geschichte stammt aus dem 12. oder 13. Jahrhundert: Der König von Lasem findet im Wald das Mädchen Rangkesari, das sich verirrt hat. Er nimmt es mit sich und schließt es in einem „Haus aus Stein" ein. Rangkesaris Bruder, der Prinz von Daha, erfährt von ihrer Gefangenschaft und droht mit Krieg, wenn der Schwester die Freiheit nicht wiedergegeben werde. Rangkesari bittet den König, sie freizulassen, doch dieser entscheidet sich für den Kampf. Auf dem Weg zur Schlacht prophezeit ein Vogel ihm seinen Tod, was sich im darauffolgenden Kampf erfüllt.

Der Tanz stellt den Aufbruch des Königs von Lasem zum Kampf dar. Er beginnt mit einem Solotanz der *Condong.* Die Tänzerin bewegt sich mit unvergleichlicher Geschmeidigkeit, gleitet zu Boden und erhebt sich wieder in einer einzigen fließenden Bewegung. Langsam richten sich ihre Augen auf zwei Fächer vor ihr auf dem Boden. Sie nimmt sie auf und wendet sich der Ankunft der *Legong* zu. Die zierlichen Tänzerinnen funkeln und glitzern; sie sind von Kopf bis Fuß in Goldbrokat gehüllt. Es ist unbegreiflich, wie sie so ausgeprägte Bewegungen ausführen können. Die gespannte und doch gelassen wirkende Haltung des Körpers, unverändert im Gleichgewicht ruhend trotz dynamischer Gebärden, das kontrollierte Spiel der Augen, das Vibrieren zweier Finger — alle Bewegungen sind von uhrwerkhafter Präzision. Die *Legong* haben jetzt die Aufgabe, die Geschichte pantomimisch darzustellen. Wie der sichere Strich einer guten Zeichnung schlüpfen die Tänzerinnen von einer Person in die andere, ohne die Harmonie des Tanzes zu unterbrechen: Jetzt treten sie als Doppelbild einer einzigen Person auf, erkennbar durch absolut synchrone Bewegungen und besondere Betonung des Rhythmus ... Bald trennen sie sich wieder, um jede ihre eigene Rolle darzustellen. Dann stehen sie wieder sich in spiegelgleicher Haltung gegenüber.

Der König von Lasem sagt seiner Königin Lebewohl und nimmt Abschied von Rangkesari. Sie weicht seinen Verführungskünsten aus, schlägt ihn mit ihrem Fächer und zieht sich erzürnt zurück. Jetzt erscheint der *Tjandong* als Vogel, den Unheil verkündenden Blick fest auf den König gerichtet. Er schlägt die goldenen Flügel zu einem seltsamen Tremolo der Becken und stürzt sich auf den Herrscher, um ihn zurückzuhalten. Mit dem Entschluß des Königs, zu kämpfen, ist der Tanz beendet.

Zwei Tänzerinnen aus Peliatan, die auf anmutige Weise eine der präzisen Figuren des *Legong* tanzen.

BARIS

Im Gegensatz zum anmutigen, eher weiblichen *Legong* wird beim *Baris* die männliche Stärke der siegreichen balinesischen Krieger glorifiziert. Das Wort *baris* bedeutet eigentlich „Linie" oder „Reihe", wurde dann zur Bezeichnung für die Schlachtreihen der klassischen Kriegsführung und für die Krieger selbst.

Es gibt verschiedene *Baris*-Tänze — je nach den von den Tänzern getragenen Waffen. Der *Baris* war ursprünglich ein Ritualtanz, der die Vergöttlichung der Krieger und ihrer Waffen in Verbindung mit einer Opferzeremonie vollzog. Aus dem rituellen *Baris* entwickelte sich der dramatische *Baris,* dessen Handlung immer einige Solotänze vorauszugehen pflegten und aus dem wiederum der heutige *Baris* wurde.

Die Balinesen sagen, ein guter *Baris*-Tänzer sei selten. Die Ausbildung ist hart. Der Tänzer braucht ein hohes Maß an Gewandtheit und Geschmeidigkeit, um die ritterliche Anmut eines Mannes vollendet darzustellen. Ein *Baris*-Tänzer muß so gelenkig sein, daß er, auf den Fersen hockend, die Knie so weit abwinkeln kann, bis sie eine Linie mit dem Körper bilden. Sein Gesicht muß Kühnheit, Verachtung, Stolz und Wachsamkeit ausdrücken, aber auch Mitleid und Erbarmen — Eigenschaften, die einen wahrhaft ritterlichen Kämpfer erst vollkommen machen.

Der *Baris* wird vom großen *Gamelan Gong* begleitet. Die Beziehung zwischen Tänzer und Orchester ist besonders eng, aber hier muß es sich völlig dem Willen des Kriegers und seinen wechselnden Stimmungen anpassen. Der Tänzer betritt das Feld seiner Taten — die Bühne. Anfangs sind seine Bewegungen noch überlegt und vorsichtig, als habe er in unbekanntem Gelände Feinde aufzuspüren. Dann richtet er sich auf den Zehen zu voller Größe empor, den Körper reglos, die Arme bebend vor verhaltener Kraft. Unvermutet wirbelt er auf einem Bein herum — jetzt glüht sein Gesicht, blitzen seine Augen.

A.A. Oka, ein junger Künstler aus Peliatan, beim *Baris*-Tanz.

KEBYAR

Beim *Kebyar* steht der Tänzer samt seiner Fähigkeit, jeden musikalischen Einfall in kraftvollen Bewegungen und sich wandelndem Mienenspiel zum Ausdruck zu bringen, im Mittelpunkt. Der *Kebyar* entstand um 1920 in Nordbali. Der inzwischen verstorbene Tänzer Mario hat sich darum besonders verdient gemacht: seine *Kebyar*-Interpretationen wurden seither nicht wieder erreicht.

In Südbali ist die beliebteste Form dieses Tanzes der *Kebyar Duduk* (der sitzende *Kebyar*). Der Tänzer verharrt fast während der ganzen Dauer des Tanzes in hockender Stellung mit gekreuzten Beinen. Hier ist die Beziehung zwischen Tänzer und Gamelan besonders eng, denn aller Ausdruck muß sich in der Beweglichkeit der Arme und Handgelenke, der Mimik und der Geschmeidigkeit des Rumpfes konzentrieren. Die Musik scheint den Körper des Tanzenden zu durchdringen. Die Finger öffnen und biegen sich, als wollten sie die schwerelosen, schwebenden Klänge der Xylophone einfangen, während der Körper zu den endlos widerhallenden Schlägen des Gongs vor- und zurückschwingt. Magisch angezogen von der Musik, nähert sich der Tänzer dem ersten Trommler und umwirbt ihn mit Blicken und Lächeln — vergebens! Gekränkt wendet sich der Tänzer ab und versucht sein Glück beim nächsten.

Der *Kebyar* ist der anstrengendste und zugleich subtilste balinesische Tanz. Wer nicht jedes Instrument des Orchesters beherrscht, kann kein großer *Kebyar*-Tänzer werden. Alle musikalischen Stimmungen — die lyrischen und heiteren, die dunklen und unheilvollen — müssen sich in Haltung und Ausdruck des *Kebyar*-Tänzers widerspiegeln. Beim *Kebyar Trompong* wird der Tänzer sogar zu einem Mitglied des Orchesters. Er spielt das *Trompong* (ein längliches Instrument mit runden, genoppten Metallbekken), wirbelt die *Trompong*-Stöcke in den Händen und spielt und tanzt zugleich.

I Made Sukraka tanzt den *Kebyar Trompong*.

JAUK

Der *Jauk* ist ein klassischer Solotanz, ausgeführt von einer Dämonengestalt. Er entstand aus einem traditionellen Tanzspiel, in dem die Tänzer in Dämonenmasken Episoden aus der *kawi*-Version des *Ramayana* und *Mahabharata* tanzten. Wie dem dramatischen *Baris* gingen auch dem *Jauk*-Tanz eine Reihe abstrakter Vorspiele einzelner Tänzer voraus. Aus diesen Solos entwickelte sich der heutige *Jauk*.

Der drohende Blick, der buschige schwarze Schnurrbart und das starre Lächeln verleihen dem maskierten *Jauk*-Tänzer etwas Unheimliches. Er trägt einen hochgetürmten Kopfschmuck, unter dem dunkle, wirre Haare hervorquellen, und Handschuhe mit langen transparenten Fingernägeln, die unaufhörlich im Rhythmus der Musik vibrieren. Da es ein Maskentanz ist, verlangt er besondere körperliche Ausdruckskraft des Tänzers. Er hat nicht, wie der *Baris*-Tänzer, die Möglichkeiten der Mimik. Zwar sind runde Glotzaugen und gespenstisch lange Fingernägel Kennzeichen eines Dämons, wohl kann er seinen starren Maskenblick hierhin und dorthin wenden — aber das Dämonisch-Gewalttätige vermag er nur durch Gebärden auszudrücken.

Die Bewegungen des *Jauk*-Tänzers ähneln denen des *Baris*-Tänzers, sind jedoch übertriebener und heftiger. Er fixiert die Zuschauer lauernd wie ein sich zum Angriff duckendes Raubtier. Dann erfolgt der Sprung — vom Tosen des Orchesters und von lauten harten Gongschlägen untermalt. Seine wilden Drehungen bringen ihn bis an den Rand der Bühne. Dort hält er inne — nur das ständige Vibrieren seiner Behänge und der langen Fingernägel lassen die Zuschauer seine unheilvolle Kraft ahnen. Langsam, langsam zieht er sich zurück, als beschäftigten ihn schon wieder neue dunkle Pläne. Und die kleinsten Zuschauer in den ersten Reihen atmen erleichtert auf.

Nur durch Gebärden kann der *Jauk*-Tänzer das Dämonische seiner Rolle dem Publikum vermitteln.

KECAK

Das dunkle Laubwerk des Banyanbaumes wirft nächtliche Schatten auf dem Tempelvorplatz. Da windet sich ein Heerwurm von Tänzern herbei, hat auf einmal den ganzen Hofplatz gefüllt und ringelt sich, einer Schlange gleich, um die in der Mitte aufgesteckte Fackel. Ein großer, von menschlichen Körpern ausgefüllter Kreis hat sich gebildet. Der Priester tritt hinzu und sprengt geweihtes Wasser über sie. Eine durchdringende Stimme löst die Spannung — der Kreis beginnt zu leben.

Kein anderer Tanz ist so nervenanspannend wie der *Kecak*-Tanz: 150 Männer, die in einem geordneten Zusammenspiel der Stimmen ein Gamelanorchester nachahmen. Der *Kecak*-Tanz (so genannt nach dem vorherrschenden „tschak-a-tschak"-Rufen der Männer) entwickelte sich aus dem männlichen Chor des *Sanghyang*-Tancerituals. Die Choreographie ist überraschend einfach. Und — oder gerade — deshalb gerät die Masse der Tänzer in Ekstase; das Einzelwesen ist ausgelöscht. Bald gellen aus dem Chor Urschreie auf, bald ertönt an- und abschwellendes Summen — der *Kecak* ist voll verhaltener Gewalttätigkeit. Die Wirkung wird durch gleichgeschaltete, immer wiederkehrende Bewegungen des Kopfes, der Arme und des Rumpfes erreicht.

Der heutige *Kecak* schließt ein Tanzdrama ein. Der freie Raum um die Fackel ist zur Bühne geworden, der breite Ring der Männer wird zum lebenden Theater, das alle dramatischen Effekte liefert. Begleitet vom Summen und Klingen des menschlichen „Orchesters", berichtet der Geschichtenerzähler die Begebenheit, die meistens dem *Ramayana* entstammt. Wenn der Dämonenkönig Rawana mit einem hohen Satz in die Mitte des Kreises springt, untermalt der Chor seinen Flug mit einem langen, zischenden Laut. Wenn Hanuman im magischen Kreis erscheint, werden die Männer zu einer Armee lärmender Affen (daher auch der Beiname „Affentanz").

Szene aus dem *Kecak*-Tanz in Bedulu: der magische Zaubervogel *Garuda* erscheint im Kreis.

JANGER

Es erhebt sich eine zitternde Flötenmelodie, ferne Stimmen stimmen einen fremdartigen Gesang an, der von einer ausgeprägten Melodie in einen fast unhörbar hohen Ton übergeht. Zwei Sängerinnen treten hervor, leuchtende Blumenkronen im Haar, aus denen ein Strahlenkranz bunter Stäbchen hervorstakt. Als sie sich nähern, erscheint ein zweites Paar — bis zwölf Mädchen auf der Bühne sind. Langsam lassen sie sich auf die Knie nieder. Mit ruckartigen, knappen Bewegungen des Kopfes und der Augen begleiten und betonen sie den Rhythmus des Orchesters.

Wieder erhebt sich der seltsame Gesang, und zwölf Jünglinge kommen auf die gleiche leise Art hinzu, doch sind ihre Bewegungen bestimmt und kraftvoll. Sie zeigen die Selbstsicherheit eleganter Höflinge. Auf einmal fällt die Reihe der Männer in drehende, schwingende, stampfende Bewegung.

Alles geschieht in disziplinierter Gleichheit, begleitet von hellen Ausrufen: *„O beh! O beh! Dinga dinga ding janger-ger."*

Die Gegenüberstellung der verhaltenen Bewegungen der Mädchen und der kraftvollen Gebärden der Männer, des lieblichen Gesangs der einen und der rauhen Rufe der männlichen Stimmen macht den *Janger* zu einem kunstvollen Wechselspiel zwischen Tanz, Musik und Chor. Dieser Volkstanz, der in den 30er Jahren entstand, hat seinen Ursprung ebenfalls in der *Sanghyang*-Trancezeremonie, wo die Frauen die *Sanghyang*-Melodie singen und die Männer immer wieder mit Rufen einfallen. Als der Tanz aufkam, verbreitete er sich wie ein Lauffeuer. Jedes Dorf wollte eine *Janger*-Gruppe, und *Janger*-Veranstaltungen wurden besonders von der Jugend begeistert aufgenommen.

Nach einigen Jahren wandte sich die allgemeine Vorliebe der *Arja*-Oper zu; dann kam das *Drama Gong*. Das Neueste erfreute sich auf Bali stets der größten Beliebtheit.

Junge Leute aus Bengkel beim *Janger*.

OLEG TAMBULILINGAN

Der *Oleg Tambulilingan,* ein 1952 von Mario geschaffener Tanz, ist heute fester Bestandteil jeder *Legong*-Vorstellung. Ursprünglich tanzte ihn nur ein Mädchen, *Oleg* genannt (d.h. „schwingende Bewegung"). Später kam ein männlicher Partner hinzu, und der Tanz erhielt den niedlichen Namen „spielendes Hummelpärchen" (*tambulilingan* ist die Hummel). Mit leichten, flinken Schritten flirrt zuerst das Mädchen über die Bühne. Ist sie eine gute Tänzerin, wird sie alle Nuancen weiblicher Koketterie entfalten: bald sehen wir sie schwermütig und unwillig, bald werden die Augen ganz sanft. Jetzt formen sich die Lippen zum verführerischen Lächeln — doch schon wendet sie sich verächtlich von den Zuschauern ab, um gleich darauf, nun wieder ganz Weibchen, mit drolliger Unschuldsmiene zurückzukehren.

Der Solopart ist anspruchsvoll. Die Bewegungen der Tänzerin sind ständig fließende Übergänge: vom Weichen und Anmutigen zum Gespannten und Schroffen — Hochmut und Verachtung ausdrückend. Am Ende tanzt sie in sitzender Stellung, mit gefühlvoll schleifenden Händen, vibrierenden Fingern und fortwährendem urweiblichem Wechsel der Stimmungen. Unbemerkt tritt der Jüngling ein und erspäht sie in freudiger Überraschung.

Er beginnt sein Werben. Anfangs vermeiden beide, scheu zurückweichend, jede Annäherung, entfalten aber alle zu Gebot stehende Grazie, wobei sie so tun, als sähen sie einander nicht. Dabei wird der sie trennende Raum immer kleiner, die Werbung leidenschaftlicher. Sie neckt ihn, er folgt. Sie weicht befremdet zurück — in heimlicher Genugtuung. Beide nähern sich wieder einander, die Gesichter scheinen sich zärtlich zu berühren. — Schon wirbeln sie auseinander, um sogleich wieder zueinanderzustreben. Am Ende siegt die Liebe, und sie verlassen gemeinsam die Bühne.

A.A. Bagus umwirbt im *Tambulilingan* die anmutige Ni Gusti Ayu Raka. Sie war die erste, die diesen Tanz darstellte.

RAMAYANA-BALLETT

Das *Ramayana* wurde lange Zeit auf Bali durch das *Wayang Wong* dargestellt, ein klassisches Tanzdrama, das eine Reihe von Episoden aus dem Epos an drei bis vier aufeinander folgenden Tagen brachte. Vor einiger Zeit wurde eine neue Tanzinterpretation des *Ramayana* von „Kokar“, dem Konservatorium für Instrumentalkunst und Tanz, herausgebracht. Der Tanz wird vom *Gamelan Gong*-Orchester begleitet und ist eine gute Mischung von traditioneller Tanztechnik und moderner Darstellungsweise. Die Handlung setzt ein, nachdem sich Rama mit Sita und seinem Bruder Laksmana im Wald von Dandaka ein friedliches Dasein geschaffen haben.

Meistens werden die königlichen Brüder Rama und Laksmana wegen ihrer Schönheit von Mädchen getanzt: Rama mit einer goldenen Krone und Laksmana mit schwarzem Kopfputz. Ihr Tanzstil ist würdevoll und heroisch — wie es hochwohlgeborenen Personen ansteht. Im Gegensatz zu ihren ausgewogenen Bewegungen stürmt der riesenhafte Rawana mit gewaltigen Schritten herbei, die sogleich den großmäuligen, angeberischen Tyrannen verraten.

Doch bald verblaßt sein Eindruck, wenn die im *Ramayana*-Ballett vorkommenden Tiergestalten auftreten. Die Tiere dürfen im balinesischen Theater mit grotesken und phantastischen Einfällen frei improvisieren. Der goldene Hirsch macht es sich zum Vergnügen, Rama so geschickt, flink und herausfordernd zu umtanzen, daß dieser kaum seinen Zauberpfeil abschießen kann. Da ist der tapfere Vogel Jatayu, der sich in immer neuen Anläufen auf Rawana stürzt, um Sita zu retten. Die Affen dürfen nach Lust und Laune ihre Kapriolen schlagen. Hanuman, der Affenheerführer, besiegt zwei fürchterliche Riesen, indem er sie dazu bringt, sich — in der Meinung, ihn zu treffen — gegenseitig zu erschlagen.

Triumphierend führt Hanuman am Ende des *Ramayana*-Balletts Sita zu Rama zurück (Szene aus Bengkel).

KÖNIGE UND NARREN

In den nachfolgend beschriebenen Dramen tritt das Zusammenspiel von Musik und Tanz mehr zurück. Das Gamelanorchester ist zwar unentbehrlich, doch im Vordergrund steht der Aufbau der Handlung und die bunte Reihe der mitwirkenden Personen.

Die meisten Themen stammen aus dem „goldenen Zeitalter" der javanischen Geschichte, als die Königreiche auf dem Höhepunkt ihrer Blüte standen und ihr Geistesleben Einfluß auf Bali zu nehmen begann. Kostüme, Sprache und Gesten in den Dramen entsprechen dem höfischen Stil jener Zeit. Wie es sich seit je für Personen von Stand und Würde geziemt, bedient man sich noch heute auf der Bühne der klassischen Sprache der Dichtkunst und bewegt sich mit eleganter Würde.

Für die bei allen Balinesen so beliebten närrischen Zwischenspiele sind die niederen Hofchargen zuständig. Immer tritt ein Narrenpaar auf; meist sind sie die Diener des obersten Ministers. Da sie in der allen geläufigen Umgangssprache sprechen, machen sie dem Publikum den Ablauf der Handlung verständlich.

Wie alle Narrenpaare der Welt besteht auch dieses aus zwei grundverschiedenen Typen. *Punta,* der zuerst erscheint, ist der bedeutendere von beiden. Wichtigtuerisch stolziert er auf die Bühne, als sonnte er sich in der Würde seines Herrn. Ihm folgt sein jüngerer Bruder *Kartala,* der bei all seinen vergeblichen Versuchen, es dem Bruder gleichzutun, der Lächerlichkeit anheimfällt. Sie geraten ständig auf derb-komische Art in Streit, da der Ältere den Jüngeren wegen schlechten Benehmens immer zurechtweist und der Jüngere ständig wieder den aufgeblasenen Bruder nachäfft.

Diese Burleske kann die Zuschauer stundenlang auf das vergnüglichste unterhalten. Die Narren sind seit jeher die Lieblinge des balinesischen Theaters.

Dieser Diener und Narr *Kartala* gehört der *Topeng*-Truppe II Nyoman Pugras an.

TOPENG

Der Vorhang bewegt sich, das Gamelan steigert sich zu einem Crescendo wachsender Spannung, Füße werden sichtbar, die sich tänzerisch, aber sacht heben und senken. Ein gleichmütig scheinender Mann mit großen Augen und fragendem Lächeln teilt den Vorhang. Mit einer kurzen Geste des Unwillens wendet er sich unschlüssig zurück, zögert zwischen Kommen und Gehen; gemessenen Schrittes nähert er sich wieder, schaut forschend in die Runde, legt einen Finger an die Stirn, ergreift ein Ende seines Gewandes und läßt es mit vollendeter Gebärde wieder entgleiten. Plötzlich hebt er an zu tanzen, und schon pulsiert in ihm der Rhythmus des Gamelan bis in die vibrierenden Fingerspitzen und trommelnden Füße — Augenblicke nur, dann zieht er sich zurück hinter den Vorhang und ist verschwunden.

Der Vorhang bewegt sich abermals, wird beseite geschleudert: Vor den Zuschauern steht ein schüchterner, ganz und gar unmännlicher Jüngling, der, wie ein verlegenes Mädchen, den Mund mit der Hand verdeckt und — als er alle Blicke auf sich gerichtet sieht — errötet.

Angstvoll klammert er sich an den Vorhang. Er ist doch so empfindsam — er mag nicht, daß man über ihn lacht! (Was natürlich der Fall ist.) Er fühlt, daß er jetzt eigentlich seinen Auftritt hat, macht zaghaft-schwankend ein paar Schritte auf der Bühne, weiß nicht, wohin mit seinen Händen, die er schließlich hilflos baumeln läßt, als gehörten sie nicht zu ihm. Wie er so dasteht und, bis auf das heftige Flattern der Augenlider, zu keiner Bewegung mehr fähig ist, bietet er einen solch komischen Anblick, daß das Publikum vor Lachen brüllt.

Das geht zuweit! Schleunigst sucht er Zuflucht hinter dem Vorhang.

Das war ein Vorspiel zu einer *Topeng*-Vorstellung. Beide Figuren, der Ernsthafte und der Komische, werden vom Hauptdarsteller des *Topeng*-Spiels verkörpert, der mit Hilfe seiner Masken sich in eine Vielzahl verschiedener Charaktere verwandeln kann.

Topeng bedeutet: ,,etwas, das gegen das Gesicht gedrückt wird", also die Maske. Es bezeichnet das traditionelle Maskenspiel, das die überlieferten Heldentaten der Könige und Kämpfer des Volkes feiert.

Das *Topeng* nennt man oft auch die ,,Chronik balinesischer Geschichte".

Die Themen der Stücke sind dem *Babad* oder dem *Usana Bali* entnommen, wo die genealogische Geschichte der Radschafamilien aufgezeichnet ist.

Historische Gegebenheiten dürfen in einem Maskenspiel abgewandelt werden. Die Grenze zwischen Wirklichkeit, Legende und Übernatürlichem ist bei *Topeng,* wo auch göttliche Mächte in die Handlung eingreifen oder die Kunst der Magie angewandt wird, nicht scharf gezogen. Es ist nicht das Ziel, historische Persönlichkeiten wahrheitsgetreu wiedererstehen zu lassen, sondern das Charakterbild eines Menschen zu zeichnen: feminin oder männlich, heroisch oder einfältig.

Die Adligen bewegen sich in einem verfeinerten Tanzstil. Sie sind zu hoheitsvoll, um selbst zu sprechen; statt dessen bedienen sie sich der Pantomime. Sie werden von zwei tölpelhaften Clownfiguren begleitet, welche, um stellvertretend für ihre ,,Herrschaft" sprechen zu können, nur Halbmasken tragen, die die Mundpartie freilassen.

Neben den Vornehmen und den Clowns ist immer ein Aufgebot an Possenreißern mit von der Partie.

Es gibt viele Arten von *Topeng*-Spielen, die sich — je nach benutztem Maskensatz oder dem besonderen Stil der Darsteller — unterscheiden. Eine beliebte Solodarstellung ist das klassische *Topeng Tua,* wo ein Greis in typischer Wesensart dargestellt wird. Im allgemeinen stellen drei bis vier Spieler (meist ausschließlich Männer) alle Rollen dar. Der Hauptdarsteller besitzt einen ganzen Satz *Topeng*-Masken — etwa 30 bis 40 Stück.

Rechts: der alte Mann des *Topeng*-Tanzes, eine der klassischen balinesischen Masken.

CUPAK

Cupak ist ein angeberischer Fettwanst. Eines Tages erfährt er, daß die Prinzessin von Kediri verschwunden ist und daß der König sein Reich demjenigen schenken werde, der sie findet. Da Cupak nicht nur verfressen, sondern auch ruhmsüchtig ist, will er sie retten. Er wird von seinem jüngeren Bruder Grantang begleitet. Unterwegs begegnen sie einem Affen, von dem sie erfahren, daß die Prinzessin von einer menschenfressenden Hexe gefangengehalten wird. Vom Affen geführt, ziehen Cupak und Grantang tiefer in den finsteren und gefährlichen Wald.

Dort treffen sie auf die Hexe. Cupak macht einen halbherzigen Versuch, die Prinzessin zu befreien, entschließt sich dann jedoch, die Hexe lieber vom Ast eines Baumes aus zu bekämpfen. Von dort aus dirigiert er seinen Bruder. Im Trubel des Kampfes fallen alle drei — Grantang, die Hexe und die Prinzessin — in den Brunnen, wo es Grantang dann auch gelingt, die Hexe zu töten. Als er wieder herausklettern will, zieht ihm Cupak den Strick fort und rettet so nur die Prinzessin.

Cupak begibt sich zum König von Kediri und berichtet, wie er allein die Hexe besiegt und die Prinzessin gerettet habe. Glücklich über die Rettung bietet der König ihm das, was sein Herz begehrt. Dieser wünscht sich als erstes zwei Riesenportionen Reis und ein Spanferkel! Es folgt eine heitere Szene, wie Cupak alles allein verspeist.

Inzwischen ist es Grantang gelungen, sich aus dem Brunnen zu befreien. Er sucht Cupak auf, aber dieser läßt ihn ins Meer werfen. Ein mitleidiger Fischer rettet ihn in letzter Minute und pflegt ihn gesund. Als Cupak zum König ernannt werden soll, erscheint Grantang und fordert ihn zum Kampf heraus. Schnell hat er den Dickwanst besiegt und erhält die Prinzessin zur Frau, die darüber sehr glücklich ist.

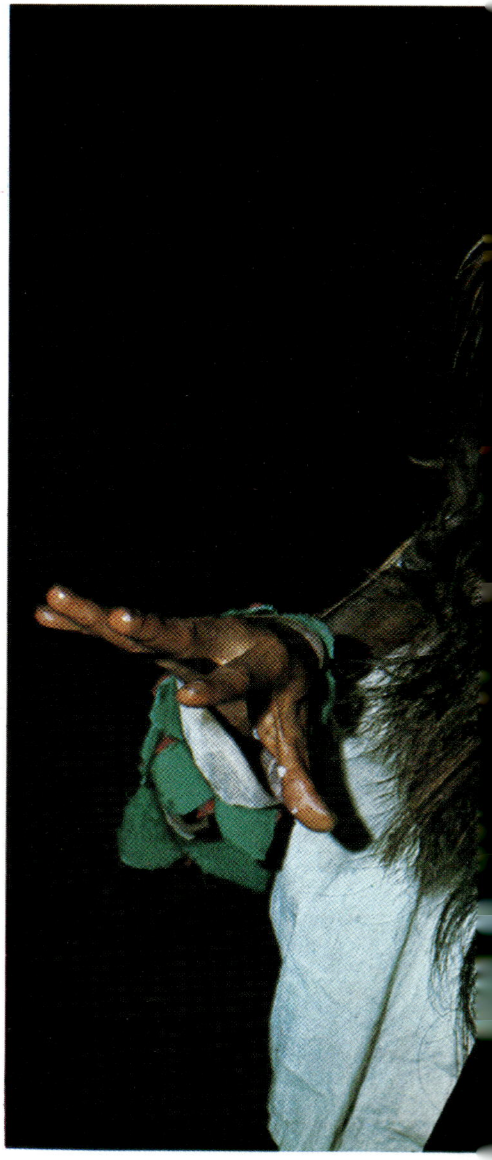

„Cupak, der Gefrässige", stellt sich vor.

ARJA

In den *Arja*-Spielen steht die Handlung im Vordergrund. Die meisten Themen sind Liebesgeschichten aus den mittelalterlichen Königreichen Ostjava, Kediri, Singasari und Majapahit. Die Hauptpersonen gehören zum Adel und tanzen in dem diesen angemesssenen verfeinerten Stil. Dazu singen sie leise klagende Melodien in der balinesischen Dichtersprache. Wie üblich, setzt sich ihrem feierlichen Gebaren das rastlose Umherspringen der Clowns kontrastvoll entgegen.

Arja-Stücke sind voller Sentimentalität und Melodramatik. Wie viele klassische Liebesgeschichten beginnen sie mit einer Konfliktsituation, die eine Vereinigung der Liebenden unmöglich erscheinen läßt — sei es, daß die Familien in die Heirat nicht einwilligen, sei es, daß ein eifersüchtiger Rivale den Helden bedroht, daß die Prinzessin entführt wird oder sei es gar der Held, der unter einem Zauber in Liebe zu einer anderen entbrennt. So folgen viele lange Szenen voller Unglück und Herzeleid. Der edle Prinz und Liebhaber wird aufgrund eines Mißverständnisses plötzlich unter Schlägen aus dem Palast gejagt. Sein Klagegesang erreicht den Höhepunkt, als seine Peiniger dennoch nicht von ihm ablassen.

Nach langem Leidensweg und vielen Intrigen werden die Liebenden endlich vereint. Inzwischen mag es neun Uhr morgens geworden sein: Das *Arja*-Spiel ist glücklich beendet, Aufregung und Mitleid der Zuschauer verfliegen im Morgenlicht.

Ein Ausländer kann der Handlung des Stükkes kaum folgen. Um trotzdem einen Eindruck von der *Arja*-Oper zu erhalten, besucht man am besten nur für ein oder zwei Stunden eine solche Vorstellung: etwa zu den Auftritten der Narren, denn ihre Späße sind aus der Pantomime allen verständlich. Außerdem sind die Balinesen, wie schon erwähnt, Meister des Possenspiels.

Arja-Oper in Bangli.

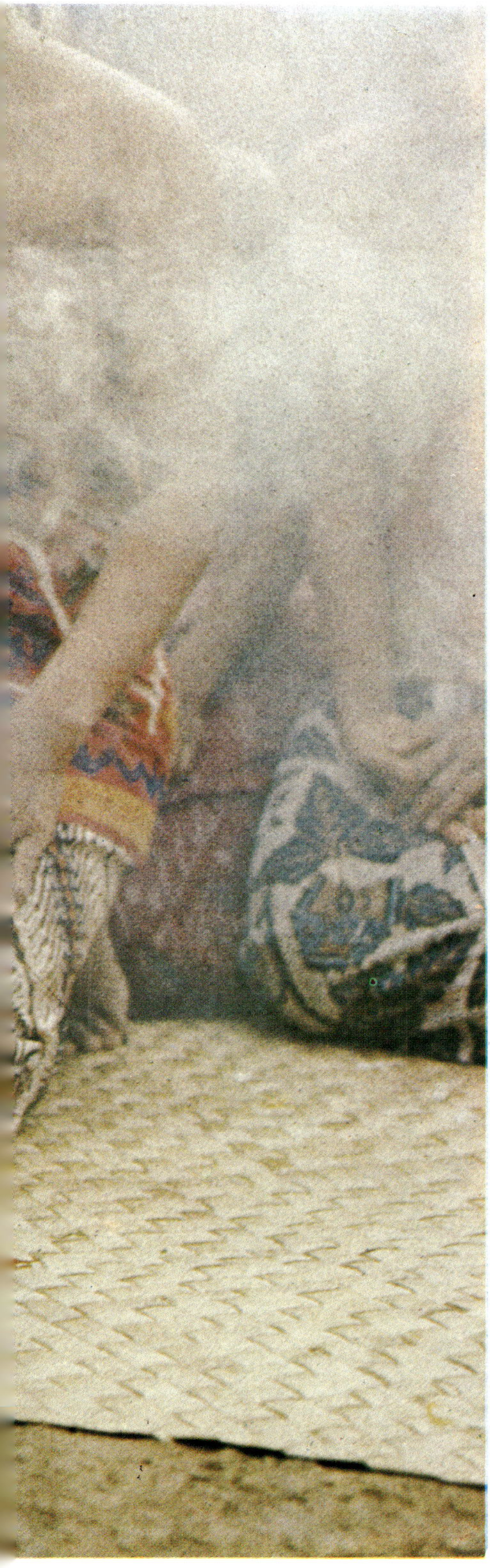

MEDIEN DER GÖTTER

Die Trancetänze und -dramen sind religiösen Ritualen gleichzusetzen und können Opferzeremonie, Gebet oder Austreibungszeremonie sein. Sie werden unter der Leitung des *pemangku,* des einfachen Tempelpriesters, veranstaltet und in oder bei einem Tempel abgehalten. Der *Pendet*-Tanz kann stattfinden, wo immer Opfergaben dargebracht werden.

Der *Sanghyang* beginnt stets im Tempel, wo die Tänzer in Trance versetzt werden. Dann formiert sich eine Prozession, die die Medien zum nahen Tanzplatz bringt. Die *Calon Arang*- und die Barongspiele werden wegen ihrer Beziehung zu bösen Geistern zumeist in der Nähe des Totentempels und auch des Friedhofs abgehalten, die als bevorzugte Treffpunkte von Hexen gelten.

Die Masken von Barong und Rangda genießen besonderes Ansehen. Da sie ständig mit dem Übersinnlichen in Verbindung stehen, betrachtet man sie als *sakti,* d.h., daß sie selbst magische Kräfte haben. Nur ganz bestimmte Holzschnitzer sind dazu berufen, diese Masken zu fertigen. Zur Weihe einer neuen Barong- oder Rangdamaske findet eine Reinigungszeremonie statt, bei der dann auch Opfergaben dargebracht werden.

Wenn die Masken ruhen, werden sie auf einem besonderen Altar innerhalb des Tempels aufgestellt, umgeben von einem Meer von Blumen und Früchteopfern. Die Rangdamaske wird wegen ihrer gefährlichen „Strahlungen" stets mit einem weißen Tuch zugedeckt, damit sie ihre magischen Kräfte nicht verströmt und keinen Schaden anrichten kann. Das Tuch wird erst im Augenblick des Auftretens der Rangda von ihrem Träger selbst abgezogen. Einige Masken, die als besonders *sakti* gelten, sind über hundert Jahre alt. Wenn sie den Tempel verlassen, folgen ihnen lange Prozessionen.

Ein junges Mädchen in Bona wird für den *Sanghyang Dedari,* den Tanz der „verehrungswürdigen Engel", in Trance versetzt.

SANGHYANG

Im Tempel knien zwei Mädchen vor einem Becken mit stark duftendem Räucherwerk. Der *pemangku* bringt den Göttern des Tempels ein Opfer dar und bittet um besonderen Schutz für das Dorf während der Trancezeremonie. Hinter den Mädchen sitzen Frauen, die die *Sanghyang*-Melodie singen, in der die „himmlischen Nymphen" angerufen werden, herabzusteigen, um in der Gestalt der beiden Mädchen vor ihnen zu tanzen:

„Duftend ist der Schale Rauch —
himmelwärts als Bote du,
steig, o steig nach altem Brauch
den drei erhabenen Göttern zu.
Wir sind rein und voll Verlangen,
eure Engel, schön und hold,
die göttlichen Nymphen zu empfangen,
in ihren feinen Gewändern aus Gold."

Mit geschlossenen Lidern wiegen sich die Mädchen zur Melodie vor und zurück, bis sie inmitten weißer Weihrauchschwaden in Trance niedersinken. Die Frauen setzen ihnen Blumenkronen auf und heben sie auf die Schultern zweier junger Männer, die sie zum Tanzplatz bringen. Sobald sie die zierlichen Gestalten zwischen dem männlichen und dem weiblichen Chor abgesetzt haben, bewegen sich diese mit geschlossenen Augen völlig übereinstimmend, schwerelos in einem geträumten *Legong*-Tanz. Bricht der Gesang ab, stürzen die Mädchen wie tot zu Boden. Durch Besprengen mit Weihwasser und Gebete erweckt sie der Priester wieder zum Leben.

Das ist der Ablauf eines *Sanghyang Dedari,* eines rituellen Tanzes, bei dem ein göttlicher Geist zu den Menschen herabsteigt und sich im Trancemedium zu erkennen gibt. *Sanghyang* ist die Bezeichnung für eine göttlich gewordene Seele und bedeutet „verehrungswürdig" oder „heilig". *Dedari* heißt „Engel" und bezeichnet auch den von den Mädchen in Trance vollzogenen Tanz. Nur jungfräuliche reine Mädchen dürfen den *Sanghyang Dedari* tanzen.

Es gibt noch andere Trancetänze: beim *Sanghyang Jaran* wird ein Knabe oder ein Priester in Trance gebracht. Er „reitet" auf einem Strohpferd tanzend um ein Feuer aus Kokosnußschalen. Dabei kann es vorkommmen, daß der Gesang ihn auch durchs Feuer hindurchtanzen läßt. In den Bergdörfern bei Kintamani ist der *Sanghyang Deling* zu Hause: Puppen tanzen an einer Schnur, zwischen zwei Pfählen aufgehängt. Sie werden von Kindern geführt.

Alle *Sanghyang*-Tänze dienen dem Zweck, das Dorf dem Schutz der Götter anzuvertrauen und böse Geister auszutreiben, die in Form von Krankheit und Tod ins Dorf gekommen sein könnten. Die Jungen und Mädchen, die zu *Sanghyang*-Tänzern ausgewählt werden, genießen besonderes Ansehen innerhalb der Dorfgemeinschaft und sind von manch anderen Verpflichtungen befreit. Aus den Leistungen, die sie im Tanz vollbringen, spricht das göttliche Wesen, das ihnen — nach ihrem Glauben — während der Trance innewohnt. *Sanghyang Dedari*-Tänzerinnen haben keine Tanzschule besucht. Im normalen Zustand können sie sich weder erinnern noch wiederholen, was sie während der Trance vollbracht haben. Schon gar nicht kann der *Sanghyang Jaran*-Tänzer normalerweise über glühende Kohlen laufen.

So verwirrend für den Besucher der Insel die Begegnung mit dem Phänomen Trance sein mag, so sehr ist sie den Balinesen als ein Zustand des Überbewußtseins vertraut und wird sogar als etwas Natürliches angesehen. Mittels Trance kann Verbindung mit der Welt des Göttlichen aufgenommen werden. Eine in Trance befindliche Person ist heilig und darf unter der Leitung eines Kundigen — meist des Priesters — sich frei ausdrücken, sei es mit Worten oder im Tanz. Obgleich früher mehr Arten des *Sanghyang* gepflegt wurden als heute, ist der Trancetanz weiterhin von großer Bedeutung.

Auf einem Strohpferd reitet dieser *Sanghyang-Jaran*-Tänzer über die Glut.

BARONG UND RANGDA

Für die Balinesen wird die Welt durch einander entgegengesetzte Kräfte, das gute und das Böse, im Gleichgewicht gehalten. Krankheit, Tod und Schwarze Magie stehen auf seiten des Bösen. Wenn das Böse in irgendeiner Form die Oberhand gewinnt, droht dem Dorf Gefahr, und eine gründliche Reinigungszeremonie wird nötig, um das richtige Gleichgewicht wiederherzustellen. Die Aufführungen bestimmter Tanzdramen können auch helfen, in Verbindung mit Gebeten, Opfer- und Austreibungszeremonien, ein Dorf zu reinigen und seine Widerstandskraft gegen böse Einflüsse zu stärken. Zu diesen Tanzdramen gehört das Barongspiel mit den beiden Hauptfiguren Barong und Rangda.

Der Barong, ein vierbeiniges Fabelwesen mit langem Rücken und geschweiftem Schwanz, ist der Beschützer der Menschen und die Pracht der Sonne. Er steht ihnen bei mit den Gutes bewirkenden Kräften der Weißen Magie. Die Hexenkönigin Rangda herrscht über die bösen Geister und die Hexen, die des Nachts auf den Friedhöfen spuken. Ihr Reich ist die Finsternis, und ihre Macht entspringt der Schwarzen Magie, der zerstörerischen Kraft. Beide Gestalten sind aus der gleichen irdischen Substanz geschaffen, beide besitzen starke magische Kräfte. Irgendwann in grauer Vorzeit wurde der Barong für das Gute gewonnen; er kämpft seither gegen die böse Macht der Rangda.

Oft ereignet sich dieser Kampf im Rahmen einer bekannten Geschichte aus den Hinduepen. Doch das Zusammentreffen von Barong und Rangda symbolisiert stets den ewigen Konflikt zweier entgegengesetzter kosmischer Kräfte, die von diesen beiden Figuren dargestellt werden. Da das Spiel angefüllt ist mit Zaubersprüchen und Beschwörungen, müssen ihm zum Schutz der Spieler ausgiebige Opferzeremonien vorausgehen.

Meist tritt zuerst der Barong auf, geschickt verkörpert von zwei Tänzern (einer für die Vorder-, der andere für die Hinterbeine, der erste muß zudem die Maske tragen.) Es gibt verschiedene Barong, je nachdem, ob die Maske stilisiert einen wilden Bären, einen Tiger, Löwen oder (seltener) einen Elefanten darstellt. Der meistverehrte Barong ist der *Barong Keket,* der „allerhöchste Herr der Wälder". Die Maske stellt ein Fabelwesen dar, das keinem bekannten Tier ähnelt.

Nach dem Auftritt des Barong herrscht tiefes Schweigen. Im Tempeltor werden die geisterhaften Hände mit den langen Fingernägeln sichtbar, die die furchtbare Rangda ankündigen. Nun tritt sie hervor mit lang heraushängender Flammenzunge; um ihren Nacken schlingen sich menschliche Gedärme, die bis über ihre Brüste hinabreichen. Dumpf keuchend Verwünschungen ausstoßend, pirscht sie sich an den Barong heran, das weiße Tuch wirbelnd, das ihre magischen Kräfte freigibt.

Es folgt ein gewaltiger Zusammenprall der beiden Zauberer. Von der Unterstützung des Barong hängt die Erhaltung der Menschheit ab, was durch die Kristänzer symbolisiert wird. In dem Augenblick, wo der Sieg des Barong gefährdet scheint, kommen ihm die Kristänzer durch einen leidenschaftlichen Angriff auf Rangda zu Hilfe.

Mittels Zauberspruch erreicht sie, daß die Tänzer ihre Waffen gegen sich selber richten. Doch der Barong macht durch seinen mächtigen Zauberspruch die Kämpfer unverwundbar für ihre eigenen Dolche.

In den meisten Spielen stehen die Tänzer dieser beängstigenden Krisszene unter Trance. Wie heftig sie auch die Dolche gegen ihre Brust stoßen — die Spitzen ritzen die Haut nicht. Am Ende der Vorstellung werden die Kristänzer vom Priester mit geweihtem Wasser, in das zuvor der Bart des Barong getaucht wurde, aus der Trance erweckt; der aus Menschenhaar bestehende Bart ist sein Heiligstes. Das Tanzdrama schließt mit einem Opfer an die bösen Geister, für die das Blut eines lebendigen Kükens vergossen wird.

Der Barong ist ein phantastisches Fabelwesen, der das Gute verkörpert (Singapadu).

CALON ARANG

Im Zauber einer Vollmondnacht, wenn lange Schatten sich phantomhaft über den Boden erstrecken, sammeln sich die Dorfbewohner um einen freien Platz im Tempel der Toten, um Calon Arang, die Hexenwitwe von Girah, zu erwarten. Jeder kennt die Legende, in der Rangda als Calon Arang auftritt:

Zu Zeiten des Königs Airlangga lebte auch die Witwe Calon Arang, die im Wald ein Mädchen zur Welt brachte. Sie nannte es Ratna Menggali. Das Mädchen wuchs zu großer Schönheit heran, so daß Calon Arang ihre Tochter nur einem Prinzen aus dem Palast Airlanggas vermählen wollte. Als sich kein Bewerber einstellte, geriet Calon Arang außer sich vor Zorn und brachte mit Hilfe der Schwarzen Magie viele Menschen um.

Als Airlangga von der Seuche in Girah erfuhr, beriet er sich mit seinem obersten Priester Mpu Bharadah. Dieser entschied, daß sein eigener Sohn um die Hand Ratna Menggalis anhalten solle. Dies versöhnte Calon Arang; die Seuche verschwand und das Paar heiratete.

Eines Tages entdeckte der junge Ehemann ein *lontar*-Blatt bei seiner Frau mit seltsamen Formeln. Er übergab es seinem Vater, der darin Lehren der Schwarzen Magie erkannte, auf denen die Macht der Witwe beruhte. Als Calon Arang die Entdeckung ihres Geheimnisses gewahrte, begann sie einen wilden Kampf gegen den Priester. Doch diesem gelang es, durch eine mächtige Beschwörungsformel die Hexe tödlich zu treffen. Sterbend bat sie um Vergebung für ihre Untaten.

Es gibt unzählige Abwandlungen dieser Geschichte. Immer aber ist das Kernstück des Spiels eine Austreibungszeremonie gegen die mit der Hexenkönigin Rangda verbundenen bösen Geister. Durch die Darstellung der Rangda in der Person der Calon Arang hofft man, sich auch ihr Wohlwollen zu sichern.

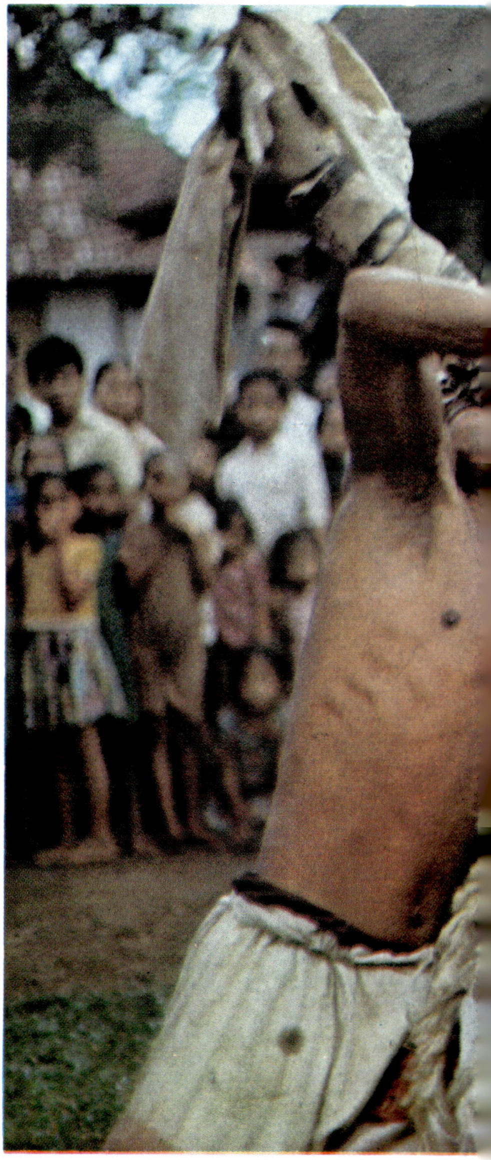

Beim *Calon Arang*-Spiel in Kerambitan wird Rangda von Kristänzern attackiert.

BARONG LANDUNG

Auf der Insel Nusa Penida lebte einst der Riese Jero Gede Mecaling, der schon viel Unheil angerichtet hatte. Einmal fiel er mit einer Horde von Dämonen in Bali ein. Er landete in Kuta und wartete, als Barong verkleidet, daß die Dämonen von ihrem Zerstörungszug ins Inselinnere zurückkämen. Die Menschen liefen in großer Aufregung ratsuchend zum Priester. Der trug ihnen auf, einen Barong zu schaffen, der genauso groß und stark wäre wie jener — nur so könnten sie den Unhold vertreiben. Sie befolgten den Rat, und es gelang ihnen auch, den Riesen mit seinem Gefolge nach Nusa Penida zurückzujagen.

Die Volkserzählung beschreibt die Entstehung des Barong Landung. Er tritt stets als Paar auf, bestehend aus einer männlichen und einer weiblichen Figur; beide sind übermannsgroß. Da man diesen Puppen die Kraft zuschreibt, in Zeiten der Not die bösen Mächte bannen zu können, gelten sie als heilig. Sie werden — wie die anderen Barong — in einem besonderen Schrein auf dem Tempelgelände aufbewahrt. Das Paar führt eine Art ,,komischer Oper" auf, deren Themen meist geschichtlichen Überlieferungen entstammen. Jero Gede, die männliche Puppe, ist ein dicker, pausbäckiger Riese mit leuchtendroten Lippen, der dem legendären Ungeheuer von Nusa Penida ähnlich sehen soll. Seine ganz in Weiß gekleidete Gemahlin Jero Luh, bei der Stirn und Kinn auffällig hervortreten, besitzt die laute, rauhe Stimme eines Mannes, von der sie oft und gern Gebrauch macht.

In vielen Dörfern ist das riesenhafte Paar von Puppen begleitet, die die Rollen von Prinzen und Prinzessinnen spielen. Häufig treten Jero Gede und Jero Luh auch als Clowns auf, die zu Trommelklängen und Flötentönen einen grotesken Tanz vollführen.

Barong Landung-Spiel vor einem Tempel in Sesetan. Rechts eine zottige Jero Gede-Puppe, die die Rolle des Narren und den Diener der im höfischen Gewand auftretenden Prinzessin spielt.

PENDET

Der *Pendet* ist ein Ritualtanz zur Darbringung von Opfern und selbst eine Gabe an die Götter. Den anderen Tänzen geht ein hartes Training voraus — der *Pendet* kann jederzeit von jedem getanzt werden, von Männern und Frauen, von Priestern oder Priesterinnen. Die Jungen erlernen ihn von den Älteren durch Zuschauen und Nachahmen, und die Älteren bemühen sich, ein gutes Vorbild zu sein. Der Tanz wird nicht geübt, das Können nimmt mit dem Alter und der Erfahrung zu. Da es ein religiöser Tanz ist, findet er gewöhnlich im Zusammenhang mit Tempelfesten statt. Alle Tänzer tragen in der rechten Hand kleine Gaben, wie Weihrauch, Gebäck, Wasserschalen oder aus Palmblättern geflochtene Blumenkörbchen. So tanzen sie von Schrein zu Schrein.

1968 entstanden bei einer größeren Prozession in Tabanan einige neue Formen des *Pendet*. Ein einzelner Tänzer mußte z.B. mit den Gaben seiner Familie in einem langsamen *Pendet* voraustanzen, ehe die Masse der anderen wohl tausend Spender folgte.

In anderen Dörfern tanzt eine Gruppe ausgewählter junger Mädchen mit bloßen Schultern, in festlichen Brokat gehüllt. Silberne Blumenschalen haltend, vollführen sie einen figurenreichen *Pendet* in langen, sich verflechtenden, aufeinander zu— und auseinandergleitenden Reihen. Wenn die Prozession vor einem kleinen Tempel innehält, tanzen in einfache Gewänder gekleidete alte Frauen auch noch eine andere Art *Pendet*.

Seit kurzem wird der *Pendet* zur Eröffnung der *Legong*-Vorführungen getanzt. Hier sind es anerkannte Tänzerinnen einer Gruppe, wie aus den präzisen, vollendeten Bewegungen zu erkennen ist. Gegen Ende des Tanzes heben sie feierlich ihre mit Blumen gefüllten Hände und streuen die Blüten segnend und willkommen heißend unter die Zuschauer.

Pendet-Tänzerin in Sukawati mit Opfergabe.

DIE WELT DER SCHATTEN

Das *Wayang Kulit* (Schattenspiel) gilt als „Schule des Volkes". Es zeigt in unzähligen Episoden alle menschlichen Lebenslagen auf und gibt viele Beispiele vorbildlicher Taten. Die ersten *Wayang Kulit*-Vorstellungen fanden in Ostjava am Hof König Airlanggas (1010—1045) statt. Danach wurde das Puppenspiel bald an den Königs- und Fürstenhöfen Balis bekannt.

Eigentlicher Held und Hauptdarsteller ist der *Dalang,* der Sprecher. Seine Fähigkeiten sind viel umfassender als die eines Puppenspielers unserer Breiten. Nicht nur, daß er das ganze Spiel leitet — er muß auch in der Lage sein, sechs Stunden ohne Unterbrechung hinter der Bühne zu sitzen, zu singen und zu sprechen. Er ist obendrein noch der Dirigent des *Gender Wayang,* der Musikgruppe, die mit vier Xylophonen das Spiel musikalisch untermalt. Es versteht sich, daß er diese Instrumente auch selbst spielen kann. Außerdem ist er ein Literaturkenner und hat durch langes Studium die schwierige *kawi*-Sprache gelernt. Sein Gedächtnis muß überragend sein, da er in über 47 Versmaßen vorträgt, die alle in der *kawi*-Fassung des *Ramayana* und *Mahabharata* vorkommen. Außerdem ist er ein geweihter Priester, der böse Geister bannen, Opfergaben darbringen, beschützen und Segen erteilen kann. Ein Philosoph ist er ebenfalls und beweist in seinen Stücken immer aufs neue seine Morallehre, die auf Tugendhaftigkeit gründet. Wie hart Urteile und Strafen auch ausfallen, wie groß das Unglück sein mag — am Ende siegt doch immer und stets das Gute — das Böse wird vernichtet.

Der *Dalang* ist der erste, der hinter der Leinwand Platz nimmt, die nachts von einer Öllampe beleuchtet wird. Durch ihr unruhiges Licht erscheinen die Schatten der Puppen geheimnisvoll lebendig.

Der Schatten Durgas, der Göttin des Todes; *Wayang Kulit*-Spiel in Mas.
Folgende Seiten: Bima, einer der großen Helden des *Mahabharata,* im Kampf.

Rechts und links vom *Dalang* sitzen seine Gehilfen, die ihm während des Spiels die Puppen zureichen. Nach altem Brauch eröffnet er die Vorführung mit drei Schlägen gegen die Truhe, denen sich die Puppen befinden, um sie zum Leben zu erwecken. Dann reicht er eine nach der anderen seinen Assistenten, die sie in der richtigen Reihenfolge mit der Spitze des Griffs in den weichen Bananenstrunk am Fuße der Leinwand stecken.

Das *Wayang Kulit* ist eine Welt im kleinen. Die Leinwand ist der Himmel, der Bananenstrunk, die Erde, die Lampe die Sonne, die Puppen sind die Menschen und der *Dalang* ist die Gottheit, die sie führt. Rechter Hand finden die guten Puppen Platz, linker Hand ihre bösen Gegenspieler. In der Mitte der Leinwand ist ein filigranfeines, auf den Stiel gestelltes Blatt aufgepflanzt, das den Beginn einer neuen Episode markiert. Vor allem zeigt es Beginn und Ende der Vorstellung an.

Wenn alles bereit ist und ein Opfer dargebracht wurde, beginnt der *Dalang* mit seinem erzählenden Gesang. Nach und nach werden die Puppen in das Spiel eingeführt. Zuerst erscheinen sie als verschwommene Schatten, die näher kommen, bis sie sich schließlich gestochen scharf bis ins Detail ihres Kostüms, aus dem ja ihre Identität ersichtlich ist, abzeichnen. Natürlich sprechen die Personen von Stand in *kawi,* während die Narren die Geschichte dem breiten Publikum auf balinesisch verständlich machen und, wie gewohnt, Begeisterungsstürme ernten. Im *Wayang Kulit* treten vier auf: Twalen und sein Sohn Merdah (die beiden Braven) und Delem samt Sprößling Sangut (die zwei Taugenichtse, die mit dem Bösen verbündet sind). Die Narren veranstalten ein arges Tohuwabohu. Blitzartig tauchen sie auf, toben über die Leinwand, versetzen sich Hiebe, beißen und hetzen sich, und das alles unter den garstigsten Verwünschungen und Flüchen, die so schnell und so echt hervorgesprudelt werden, daß man den *Dalang* — der ja auch hier seine Kunst einbringt — darüber vollständig vergißt.

EIN BALINESISCHES FESTMAHL ...

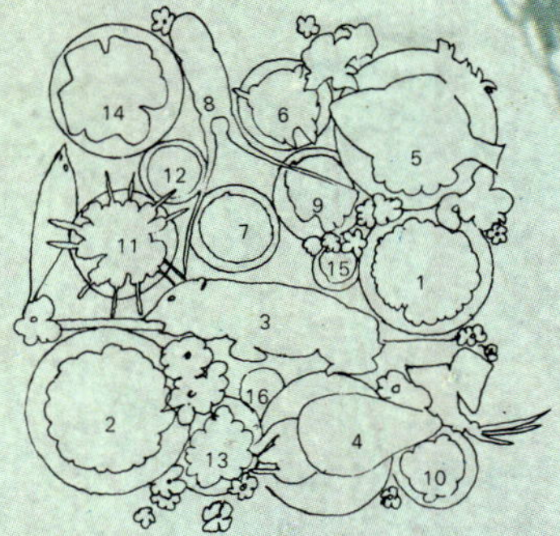

Die indonesische Reistafel stellt Ihnen eine Auswahl der Spezialitäten Balis vor. *Nasi Goreng* (1), Reis geröstet mit Garnelen, Fleisch und Gewürzen, sowie *Bakmi Goreng* (2), gebratene Nudeln, sind Grundbestandteile einer Reihe von farbenprächtigen Beilagen, die ein indonesisches Mahl begleiten. *Babi Guling* (3), Ferkel am Spieß, und *Betutu Bebek* (4), Entchen im Bananenblatt geschmort, sind die Favoriten eines jeden balinesischen Banketts. Beliebte Gerichte des Archipels sind auch *Ikan Asem Manis* (5), süßsaurer Fisch; *Kare Udang* (6), Garnelen in Currysauce; *Babi Kecap* (7), Schweinefleisch in süßer Sojasauce gekocht; Languste (8); *Opor Ayam* (9), Huhn in Kokosmilch gekocht; *Semur Sapi* (10), Rindfleischeintopf mit Tomaten; und natürlich *Sate* (11), mit Erdnußsauce (12). Versuchen Sie auch etwas Neues: *Lontong* (13), Reis im Bananenblatt gedämpft, und *Ketupat* (14), gekochter Reis in Kokosnuß. Keine indonesische Mahlzeit ist vollkommen ohne *Sambal* (15), eine scharfe, würzige Paprikasauce. Nehmen Sie zum Schluß eine Nachspeise: schmackhaften Reispudding (16), gekocht mit Palmzucker und Kokosmilch.

... UND ZUM NACHTISCH FRÜCHTE

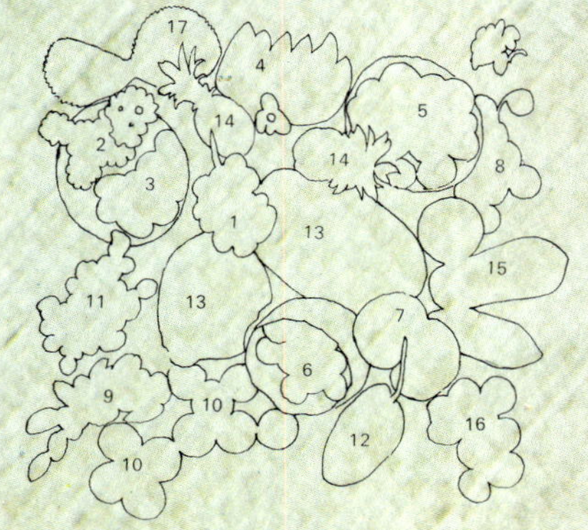

Das übliche Dessert der Indonesier besteht aus einer reichen Auswahl an Früchten. Einige der Spezialitäten sind *Salak* (1), eine braune Frucht, die im Geschmack dem Apfel ähnelt und deren Schale wie Schlangenhaut aussieht; blaue, kernige Trauben (2), Mangopflaumen (3), Bananen in vielen Größen und Aromen (4), Mandarinen (5) und *Guajaven* (6). Die einheimische Grapefruit *Jeruk* (7) wird zur Herstellung des beliebten frischen Zitrusgetränkes *Air Jeruk* verwendet. Unter den Früchten, die für Opferzeremonien bereitet werden, findet man oft die *Sawo* (8), die kleinen Kartoffeln gleichsehen und wie gute, reife Birnen schmecken. Jede Familie pflanzt *Blimbing* (9), eine köstliche kleine Frucht, die besonders balinesische Frauen gern essen. Die Dorfmärkte sind reich an den vielkernigen Granatäpfeln (10); *Rambutan* (11), die ihren Namen der pelzartigen Schale verdankt; *Sirsak* (12), eine außergewöhnlich saftige Frucht, die zur Herstellung von Zitronenlimonade benützt wird; *Nangka (13); Ananas (14); Papayafrüchte (15); die berühmten Mangostinos (16); und natürlich die übelriechende Durianfrucht (17).*

KURZFÜHRER

Jl. Maruti
Jl. Nangka
Jl. Setiabudi
Jl. Dr. Sutomo
Jl. Kartini
Jl. Bisma
Jl. Werkodara
Jl. Yudistira
Jl. Patimura
Jl. Veteran
Jl. Nakula
Jl. Belimbing
Jl. Kepungdung
Jl. Tandjung Melati
Angsoka
Mawar
Menuh
Jl. Tantri
Jl. Gambuh
Kumbakarna
Sahadewa
to Legian
Jl. G. Agung
Rambutan
Jl. Arjuna
Jl. Karna
Jl. Durian
Jl. Wahidin
Jl. Gajah Mada
Jl. Merapi
Jl. Thamrin
Jl. G. Kawi
Jl. Sulawesi
Jl. Udayana
Jl. Surapati
Jl. Cempa
Letda Sudu Wisnu
Jl. Hayam Wuruk
Jl. G. Batur
Jl. Hasannudin
Jl. Beliton
Jl. Sugianjar
Kalimantan
Sudjana
Jl. G. Tambora
G.Penulisan
Sutoyo
Jl. M. J.
Jl. Rachim
Jl. Ratulangi
Jl. Letda
Jl. Imam Bonjol
Jl. Haryono
Jl. Yos
Jl. Diponegora
to Kuta
& Airport
Jl. Selayar
Halmahera
Sera
Men dra
Jl. Aru
Jl. Kesehatan
6
7
8
9
10
11
12
13
14
15
16
17
18
19
20
21
22
23
24
25
26
27

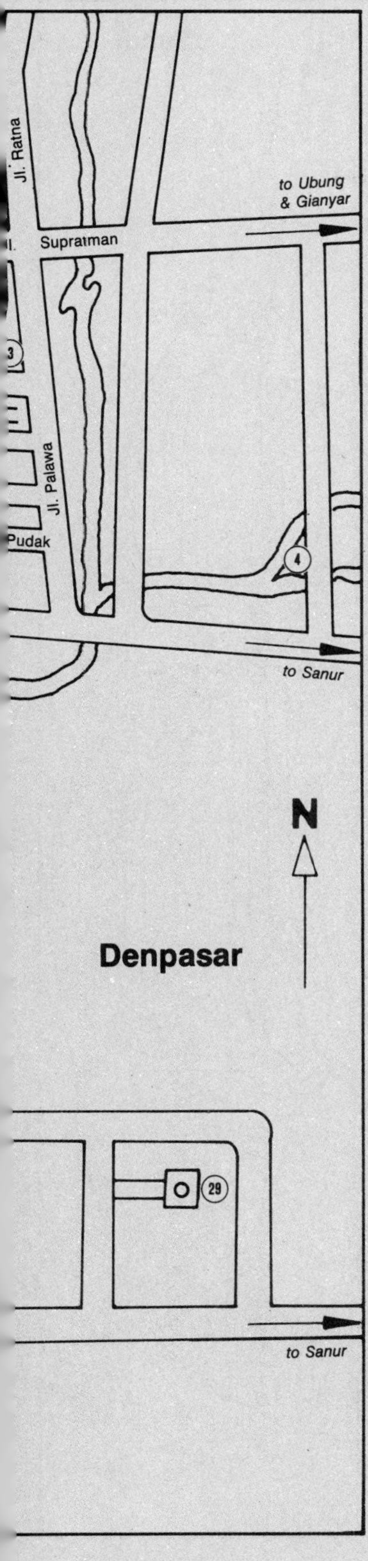

Hotels & Losmen
16 Adi Yasa
12 Bali Hotel
26 Hotel Denpasar
24 Two Brothers Losmen
3 Wisma Taruna — YHA

Restaurants & Bars
17 Restaurant Atoom Baru
15 Restaurant Delicious
14 Restaurant Gajah Mada
13 Restaurant Puri Selera

Offices, Shops, Etc.
9 Badung Tourist Office
7 Garuda Office
28 General Post Office
27 Immigration Office
20 Kusumasari Shopping Centre
29 Office of the Governor
6 Radio Station
8 Telephone & Telegram Office
18 Zamrud Office

Cemeteries, Temples, Museums, Cinemas, Etc.
4 Art Centre
10 Bali Museum
25 Cockfights
19 Cinema
21 Cinema
1 KOKAR — Art School
11 Puputan Square
2 Stadium

Bemo/Bus Stations
5 Kereneng Bus Station (to Central & East Bali)
22 Suci Bus Station (to Java)
23 Tegal Bus Station (to Kuta & Airport)

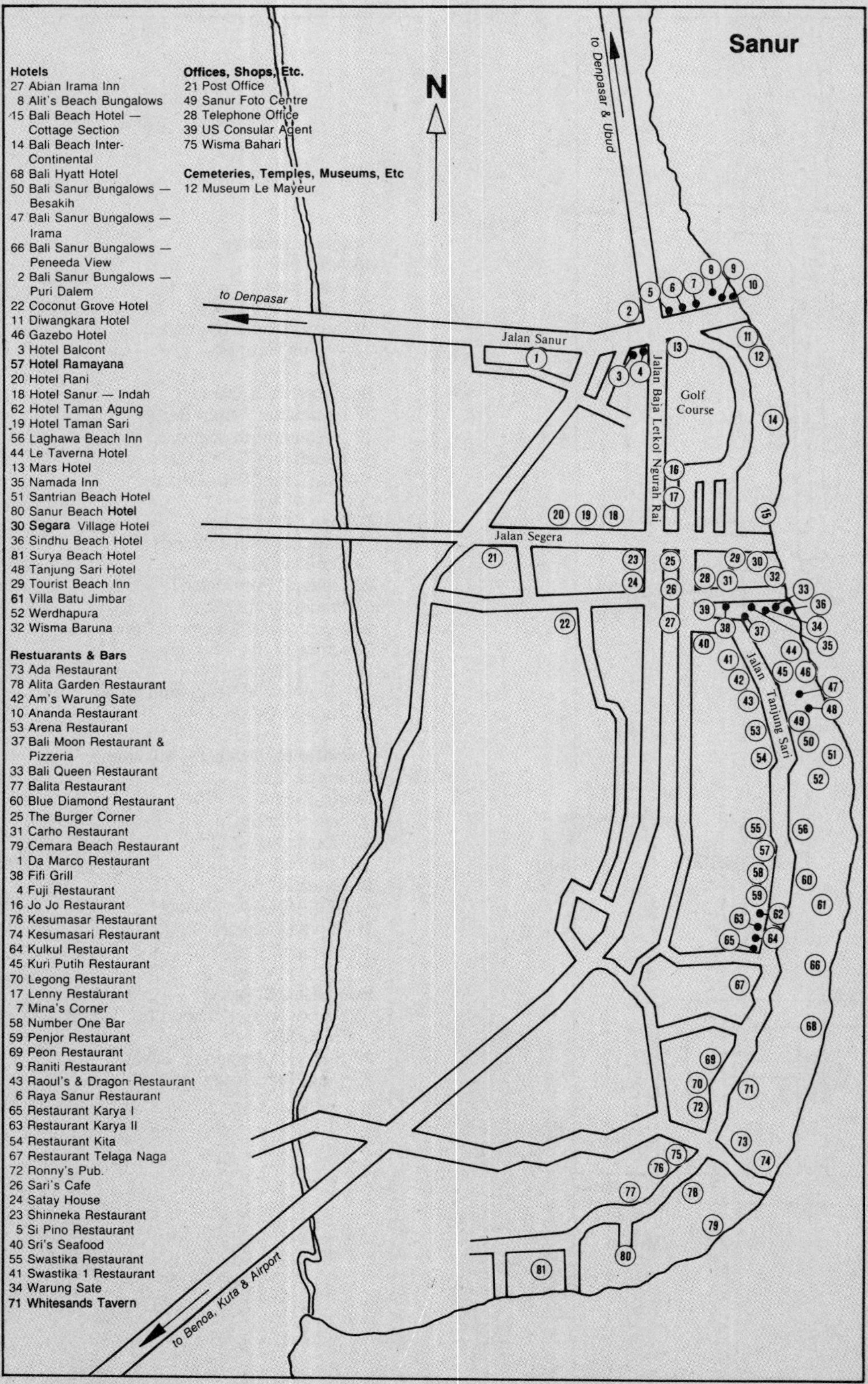
Sanur
Hotels
27 Abian Irama Inn
8 Alit's Beach Bungalows
15 Bali Beach Hotel — Cottage Section
14 Bali Beach Inter-Continental
68 Bali Hyatt Hotel
50 Bali Sanur Bungalows — Besakih
47 Bali Sanur Bungalows — Irama
66 Bali Sanur Bungalows — Peneeda View
2 Bali Sanur Bungalows — Puri Dalem
22 Coconut Grove Hotel
11 Diwangkara Hotel
46 Gazebo Hotel
3 Hotel Balcont
57 Hotel Ramayana
20 Hotel Rani
18 Hotel Sanur — Indah
62 Hotel Taman Agung
19 Hotel Taman Sari
56 Laghawa Beach Inn
44 Le Taverna Hotel
13 Mars Hotel
35 Namada Inn
51 Santrian Beach Hotel
80 Sanur Beach Hotel
30 Segara Village Hotel
36 Sindhu Beach Hotel
81 Surya Beach Hotel
48 Tanjung Sari Hotel
29 Tourist Beach Inn
61 Villa Batu Jimbar
52 Werdhapura
32 Wisma Baruna
Restaurants & Bars
73 Ada Restaurant
78 Alita Garden Restaurant
42 Am's Warung Sate
10 Ananda Restaurant
53 Arena Restaurant
37 Bali Moon Restaurant & Pizzeria
33 Bali Queen Restaurant
77 Balita Restaurant
60 Blue Diamond Restaurant
25 The Burger Corner
31 Carho Restaurant
79 Cemara Beach Restaurant
1 Da Marco Restaurant
38 Fifi Grill
4 Fuji Restaurant
16 Jo Jo Restaurant
76 Kesumasar Restaurant
74 Kesumasari Restaurant
64 Kulkul Restaurant
45 Kuri Putih Restaurant
70 Legong Restaurant
17 Lenny Restaurant
7 Mina's Corner
58 Number One Bar
59 Penjor Restaurant
69 Peon Restaurant
9 Raniti Restaurant
43 Raoul's & Dragon Restaurant
6 Raya Sanur Restaurant
65 Restaurant Karya I
63 Restaurant Karya II
54 Restaurant Kita
67 Restaurant Telaga Naga
72 Ronny's Pub.
26 Sari's Cafe
24 Satay House
23 Shinneka Restaurant
5 Si Pino Restaurant
40 Sri's Seafood
55 Swastika Restaurant
41 Swastika 1 Restaurant
34 Warung Sate
71 Whitesands Tavern
Offices, Shops, Etc.
21 Post Office
49 Sanur Foto Centre
28 Telephone Office
39 US Consular Agent
75 Wisma Bahari
Cemeteries, Temples, Museums, Etc
12 Museum Le Mayeur
N
to Denpasar & Ubud
to Denpasar
Jalan Sanur
Jalan Baja Letkol Ngurah Rai
Golf Course
Jalan Segera
Jalan Tanjung Sari
to Benoa, Kuta & Airport

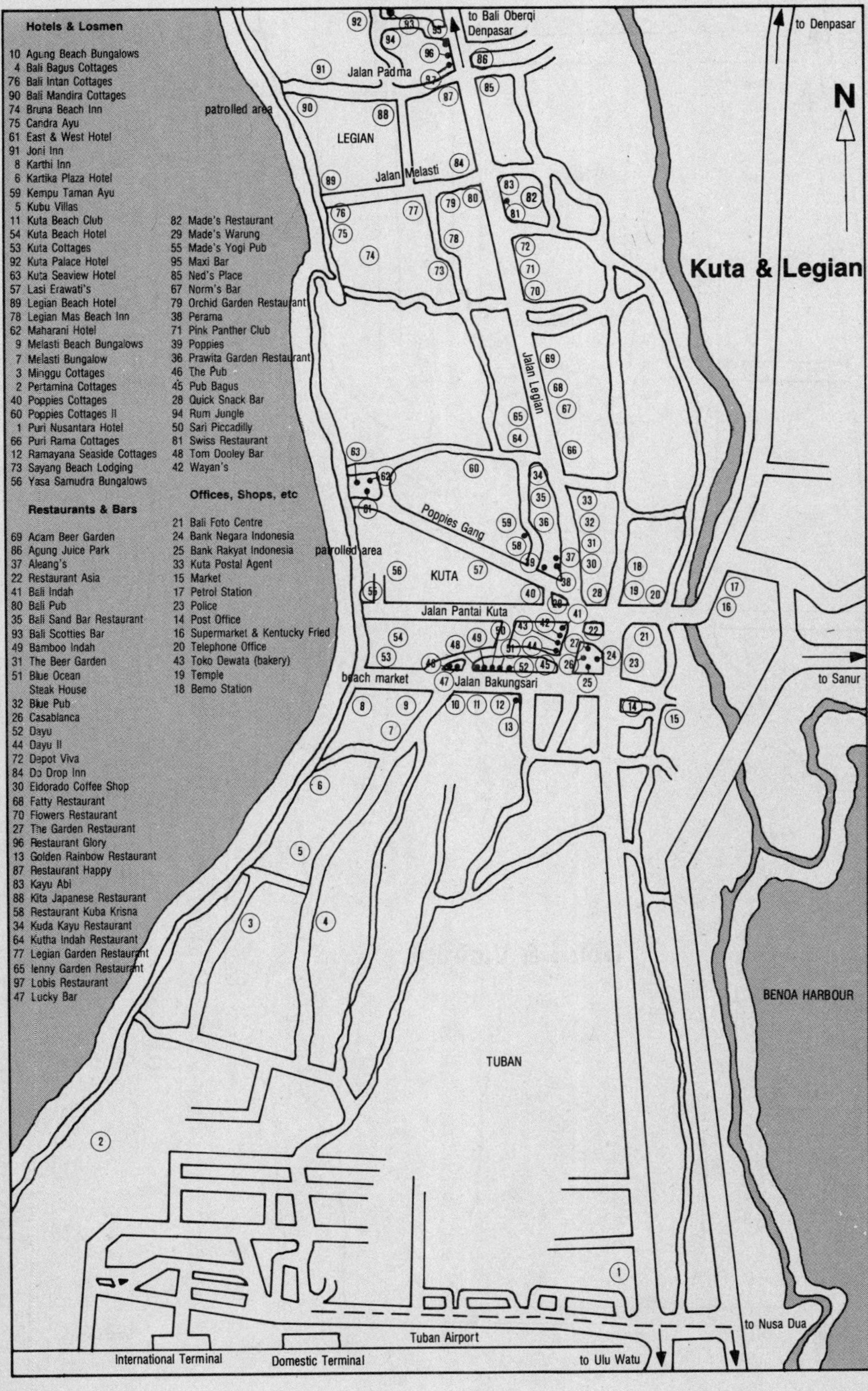
Kuta & Legian
N
Hotels & Losmen
10 Agung Beach Bungalows
4 Bali Bagus Cottages
76 Bali Intan Cottages
90 Bali Mandira Cottages
74 Bruna Beach Inn
75 Candra Ayu
61 East & West Hotel
91 Joni Inn
8 Karthi Inn
6 Kartika Plaza Hotel
59 Kempu Taman Ayu
5 Kubu Villas
11 Kuta Beach Club
54 Kuta Beach Hotel
53 Kuta Cottages
92 Kuta Palace Hotel
63 Kuta Seaview Hotel
57 Lasi Erawati's
89 Legian Beach Hotel
78 Legian Mas Beach Inn
62 Maharani Hotel
9 Melasti Beach Bungalows
7 Melasti Bungalow
3 Minggu Cottages
2 Pertamina Cottages
40 Poppies Cottages
60 Poppies Cottages II
1 Puri Nusantara Hotel
66 Puri Rama Cottages
12 Ramayana Seaside Cottages
73 Sayang Beach Lodging
56 Yasa Samudra Bungalows
Restaurants & Bars
69 Acam Beer Garden
86 Agung Juice Park
37 Aleang's
22 Restaurant Asia
41 Bali Indah
80 Bali Pub
35 Bali Sand Bar Restaurant
93 Bali Scotties Bar
49 Bamboo Indah
31 The Beer Garden
51 Blue Ocean Steak House
32 Blue Pub
26 Casablanca
52 Dayu
44 Dayu II
72 Depot Viva
84 Do Drop Inn
30 Eldorado Coffee Shop
68 Fatty Restaurant
70 Flowers Restaurant
27 The Garden Restaurant
96 Restaurant Glory
13 Golden Rainbow Restaurant
87 Restaurant Happy
83 Kayu Abi
88 Kita Japanese Restaurant
58 Restaurant Kuba Krisna
34 Kuda Kayu Restaurant
64 Kutha Indah Restaurant
77 Legian Garden Restaurant
65 lenny Garden Restaurant
97 Lobis Restaurant
47 Lucky Bar
82 Made's Restaurant
29 Made's Warung
55 Made's Yogi Pub
95 Maxi Bar
85 Ned's Place
67 Norm's Bar
79 Orchid Garden Restaurant
38 Perama
71 Pink Panther Club
39 Poppies
36 Prawita Garden Restaurant
46 The Pub
45 Pub Bagus
28 Quick Snack Bar
94 Rum Jungle
50 Sari Piccadilly
81 Swiss Restaurant
48 Tom Dooley Bar
42 Wayan's
Offices, Shops, etc
21 Bali Foto Centre
24 Bank Negara Indonesia
25 Bank Rakyat Indonesia
33 Kuta Postal Agent
15 Market
17 Petrol Station
23 Police
14 Post Office
16 Supermarket & Kentucky Fried
20 Telephone Office
43 Toko Dewata (bakery)
19 Temple
18 Bemo Station
to Bali Oberqi
Denpasar
to Denpasar
Jalan Padma
patrolled area
LEGIAN
Jalan Melasti
Jalan Legian
Poppies Gang
patrolled area
KUTA
Jalan Pantai Kuta
beach market
Jalan Bakungsari
to Sanur
BENOA HARBOUR
TUBAN
to Nusa Dua
Tuban Airport
International Terminal
Domestic Terminal
to Ulu Watu

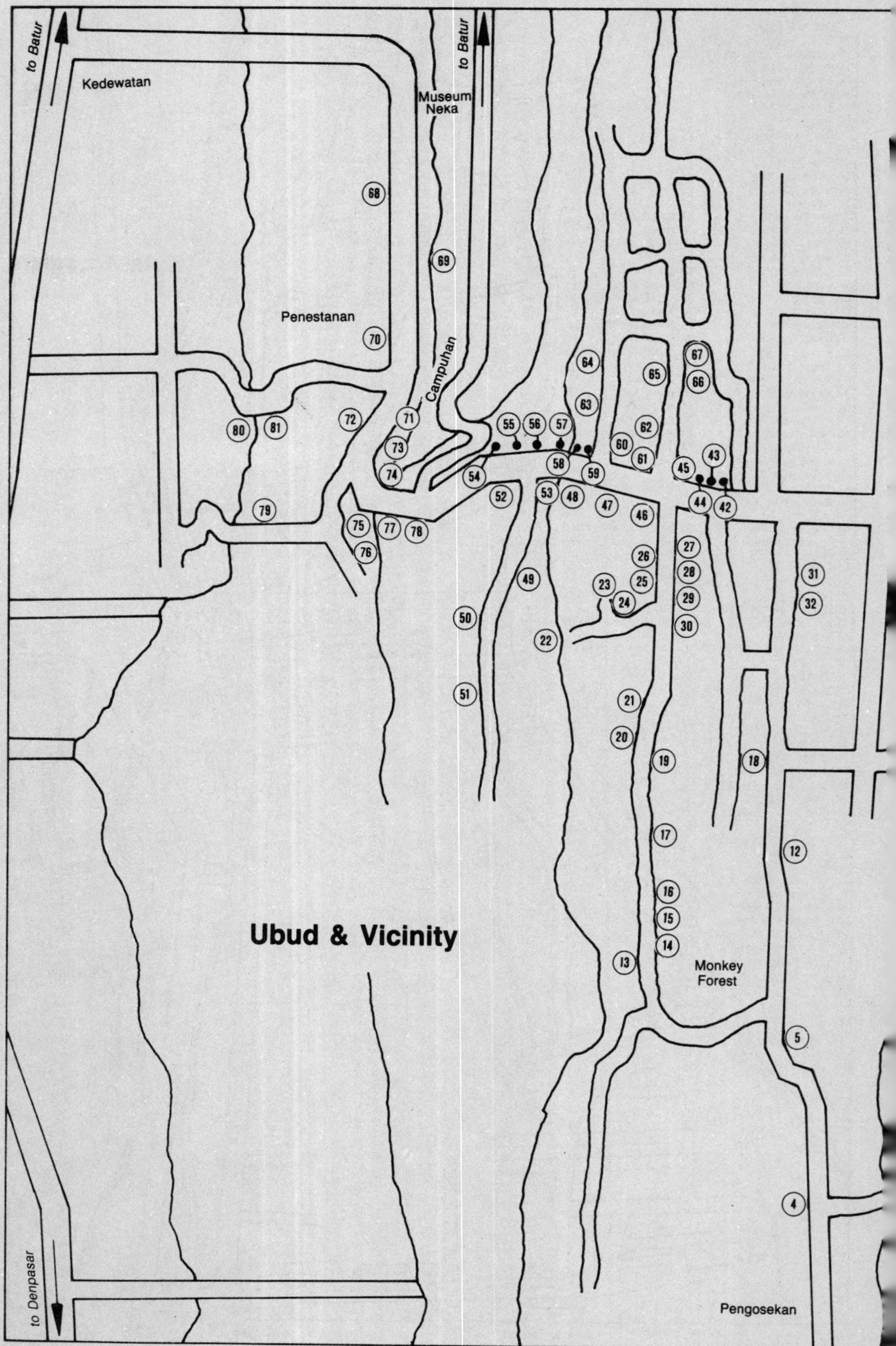
Ubud & Vicinity
to Batur
to Batur
Kedewatan
Museum Neka
Penestanan
Campuhan
Monkey Forest
Pengosekan
to Denpasar
4
5
12
13
14
15
16
17
18
19
20
21
22
23
24
25
26
27
28
29
30
31
32
42
43
44
45
46
47
48
49
50
51
52
53
54
55
56
57
58
59
60
61
62
63
64
65
66
67
68
69
70
71
72
73
74
75
76
77
78
79
80
81

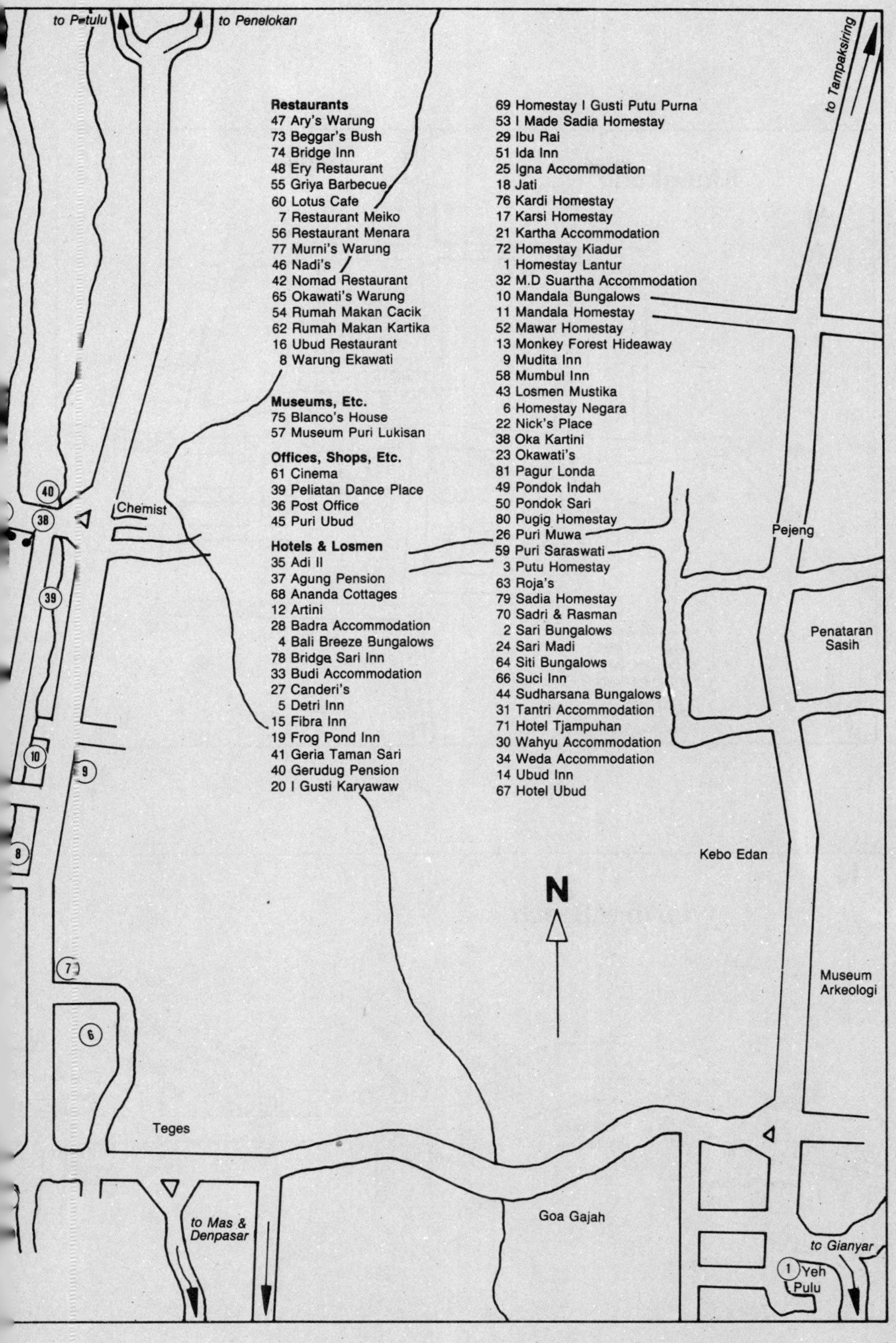
to Petulu
to Penelokan
to Tampaksiring
Restaurants
47 Ary's Warung
73 Beggar's Bush
74 Bridge Inn
48 Ery Restaurant
55 Griya Barbecue
60 Lotus Cafe
7 Restaurant Meiko
56 Restaurant Menara
77 Murni's Warung
46 Nadi's
42 Nomad Restaurant
65 Okawati's Warung
54 Rumah Makan Cacik
62 Rumah Makan Kartika
16 Ubud Restaurant
8 Warung Ekawati
Museums, Etc.
75 Blanco's House
57 Museum Puri Lukisan
Offices, Shops, Etc.
61 Cinema
39 Peliatan Dance Place
36 Post Office
45 Puri Ubud
Hotels & Losmen
35 Adi II
37 Agung Pension
68 Ananda Cottages
12 Artini
28 Badra Accommodation
4 Bali Breeze Bungalows
78 Bridge Sari Inn
33 Budi Accommodation
27 Canderi's
5 Detri Inn
15 Fibra Inn
19 Frog Pond Inn
41 Geria Taman Sari
40 Gerudug Pension
20 I Gusti Karyawaw
69 Homestay I Gusti Putu Purna
53 I Made Sadia Homestay
29 Ibu Rai
51 Ida Inn
25 Igna Accommodation
18 Jati
76 Kardi Homestay
17 Karsi Homestay
21 Kartha Accommodation
72 Homestay Kiadur
1 Homestay Lantur
32 M.D Suartha Accommodation
10 Mandala Bungalows
11 Mandala Homestay
52 Mawar Homestay
13 Monkey Forest Hideaway
9 Mudita Inn
58 Mumbul Inn
43 Losmen Mustika
6 Homestay Negara
22 Nick's Place
38 Oka Kartini
23 Okawati's
81 Pagur Londa
49 Pondok Indah
50 Pondok Sari
80 Pugig Homestay
26 Puri Muwa
59 Puri Saraswati
3 Putu Homestay
63 Roja's
79 Sadia Homestay
70 Sadri & Rasman
2 Sari Bungalows
24 Sari Madi
64 Siti Bungalows
66 Suci Inn
44 Sudharsana Bungalows
31 Tantri Accommodation
71 Hotel Tjampuhan
30 Wahyu Accommodation
34 Weda Accommodation
14 Ubud Inn
67 Hotel Ubud
40
38
Chemist
39
10
9
8
7
6
Pejeng
Penataran Sasih
Kebo Edan
N
Museum Arkeologi
Teges
Goa Gajah
to Mas & Denpasar
to Gianyar
1
Yeh Pulu

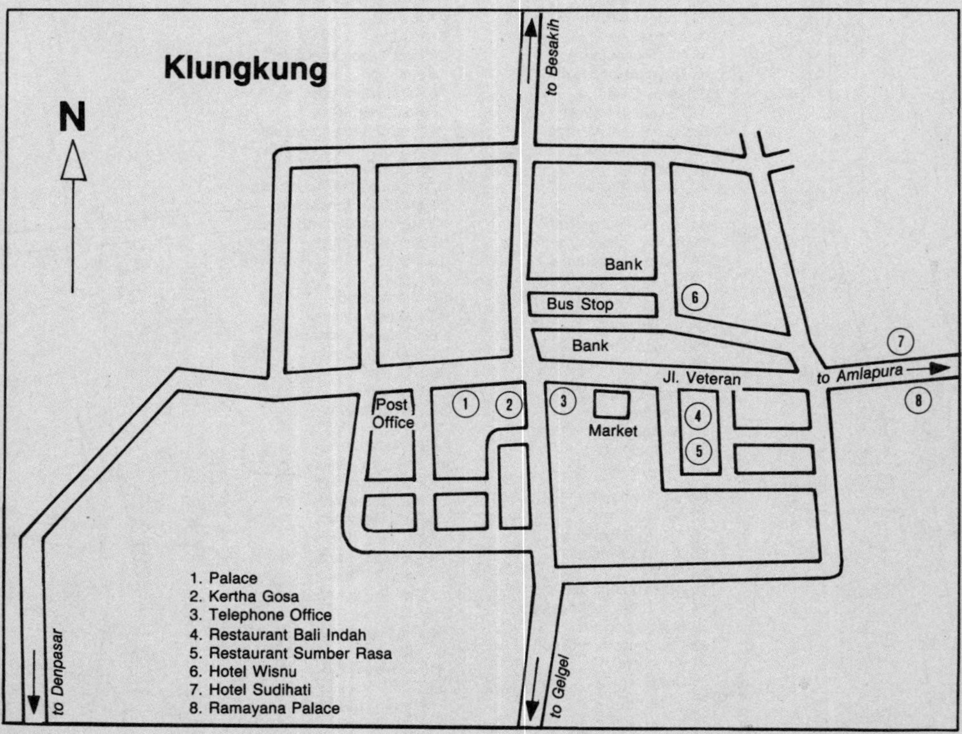
Klungkung
N
to Besakih
Bank
Bus Stop
Bank
Jl. Veteran
to Amlapura
Post Office
Market
to Denpasar
to Gelgel
1. Palace
2. Kertha Gosa
3. Telephone Office
4. Restaurant Bali Indah
5. Restaurant Sumber Rasa
6. Hotel Wisnu
7. Hotel Sudihati
8. Ramayana Palace

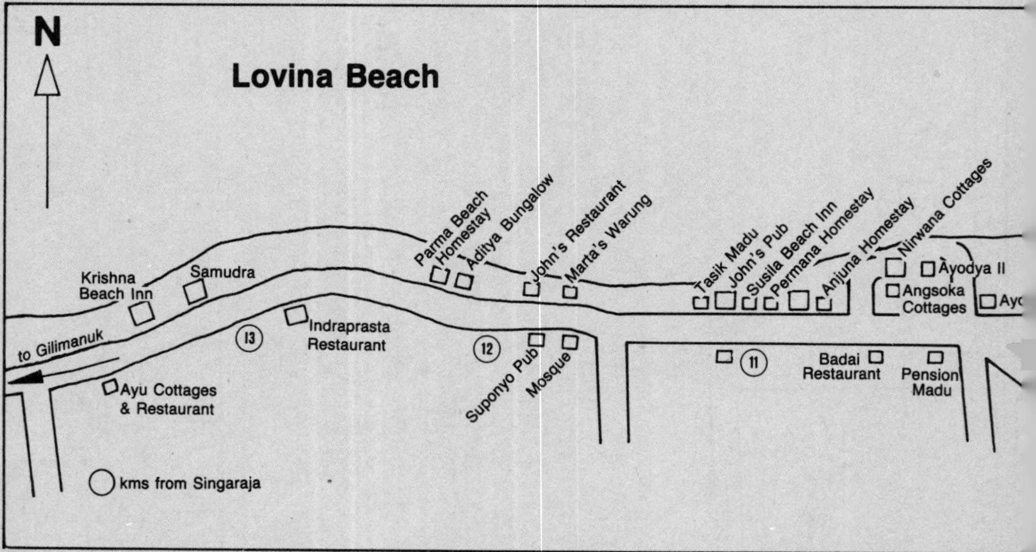
N
Lovina Beach
Krishna Beach Inn
Samudra
Parma Beach Homestay
Aditya Bungalow
John's Restaurant
Marta's Warung
Tasik Madu
John's Pub
Susila Beach Inn
Permana Homestay
Anjuna Homestay
Nirwana Cottages
Ayodya II
Angsoka Cottages
to Gilimanuk
Indraprasta Restaurant
Ayu Cottages & Restaurant
Suponyo Pub
Mosque
Badai Restaurant
Pension Madu
kms from Singaraja

1. Palace
2. Bank Rakyat
3. Market
4. Bus & Bemo Station
5. Anekarsa Restoran
6. Post Office
7. Losmen Lahar Mas
8. Homestay 'Sidha Karya'

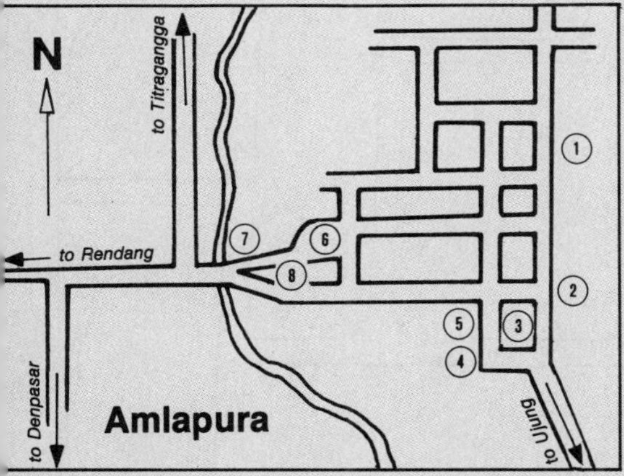

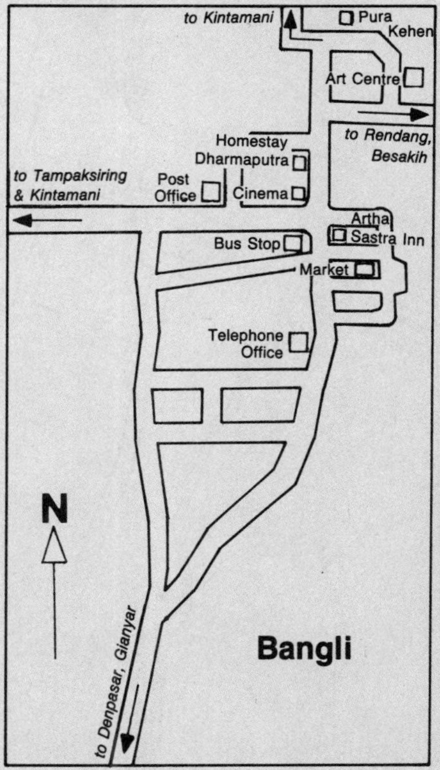

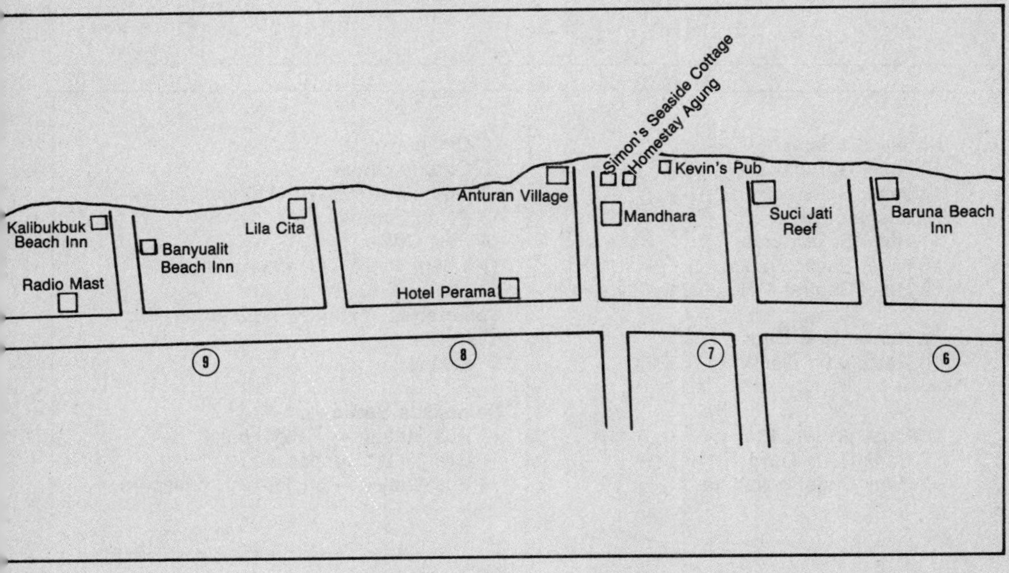

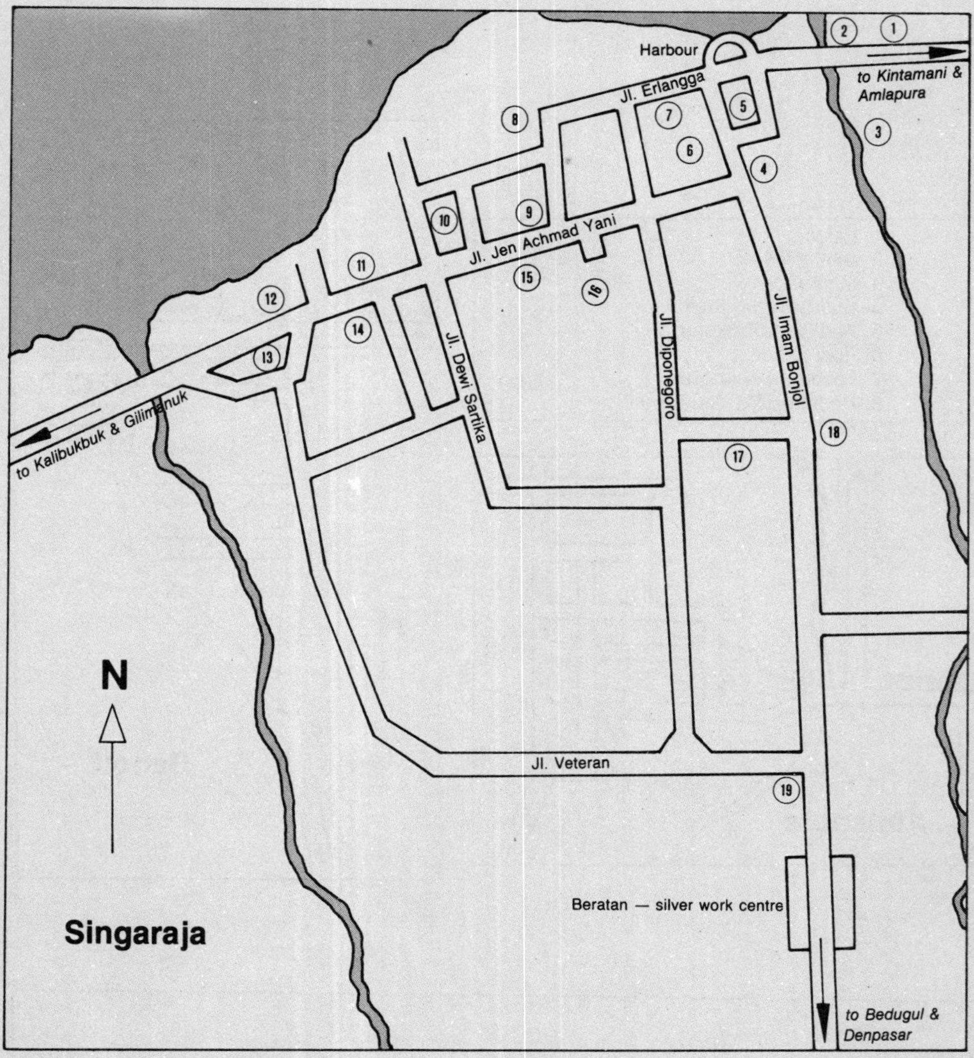

Hotels & Losmen
10 Hotel Garuda
14 Hotel Gekarsari
5 Losmen Ratna
11 Hotel Saka Bundu
18 Hotel Sedana Yoga
9 Hotel Sentral & Hotel Cendrawasih

Restaurants & Bars
16 Restaurant Gandhi

Offices, Shops, Etc.
7 Bank Bumi Daya
2 Bank Dagang Negara
1 Cinema
15 Garuda Office
19 Gedung Kirtya — Historical Library
13 Petrol Station
4 Post Office
17 Telephone & Telegraph Office

Cemeteries, Temples, Museums, Etc.
8 Mosque
6 Mosque

Bemo/Bus Stations
12 Bus Station — Kalibukbuk, Gilimanuk, Denpasar
3 Bus Station — Kintamani, Amlapura

Bildnachweis

Die meisten Fotos des Apa Guide Bali stammen von Hans Höfer und Werner Hahn. Alain Evrard (S. 16—17) sowie Kal Muller (S. 63, 92—93 und 192—193) steuerten ebenfalls Bilder bei; die Reproduktion des *puputan*-Gemäldes auf S. 52—53 besorgte ebenfalls Muller. Brent Hessylyn lieferte das Titelfoto sowie die Maskenbilder auf den S. 212—213, Leonard Lueras die Abbildung auf S. 86—87. Aus einer Sammlung von Ubud reproduzierte John Anderson das Kosmos-Gemälde auf S. 38. Max Lawrence stellte die Reproduktionen der Fotos auf den S. 36—37, 51 (mit freundlicher Genehmigung von Puri Karangasem) sowie auf S. 58 (aus der Sammlung von Puri Gianjer) her.

Die Zeichnungen auf den S. 44 und 45 sowie die Karte auf S. 46 sind Reproduktionen aus *Begin Ende Voortgangh van de Vereenigde Neederlantsche Geootroyeended Oost-Indische Compagnie,* die in drei Bänden 1646 in Amsterdam veröffentliche wurden. Die Reproduktionen und Fotos auf den S. 47, 48, 57, 58, 59, 60 und 61 veröffentlichen wir mit freundlicher Genehmigung des Tropeninstituts in Amsterdam. Die Fotos auf den S. 49 und 54 machte ein anonymer Brite in den 80er Jahren; sie befinden sich im Besitz der Universität Leiden, Amsterdam. Das Foto auf S. 64 stammt aus dem Buch *Walter Spies* von Hans Rhodius, Den Haag 1964.

Anreise

Mit dem Flugzeug

Sämtliche internationalen Linienflüge nach Bali (mit Ausnahme einiger Direktflüge von Singapur und Australien) enden in der indonesischen Hauptstadt Jakarta auf der Nachbarinsel Java. Folgende internationale Fluglinien fliegen von Jakarta Bali an: Garuda Indonesian Airways, Singapore Airlines, Thai International, Cathay Pacific, Japan Airlines. Garuda bietet täglich mehrere Flüge von Jakarta zum Ngurah Rai International Airport auf Bali an (außerdem zweimal täglich einen Direktflug nach Singapur). Qantas fliegt zweimal die Woche von Sydney bzw. von Melbourne und einmal wöchentlich von Perth Bali direkt an.

Garuda fliegt auch von Bali nach Yogyakarta in Zentraljava. Sieben indonesische Gesellschaften — Merpati, Boraq, Nusantara, Zamrud, Sempati und Dirgantara Air Service — unterhalten Flüge von Bali nach anderen Städten auf Java und Sumatra. Wer unkonventionelles Reisen liebt, könnte also Bali von einer der wenigbesuchten Ortschaften aus anfliegen, die diese Gesellschaften bedienen.

Der internationale Flughafen Balis liegt 12 km südlich von Denpasar, der Hauptstadt der Insel. Bei Abflug ist für Inlandflüge eine Flughafensteuer von 2000 Rp., für Auslandsflüge von 6000 Rp. zu zahlen. Die Taxifahrt vom Flughafen zu den meisten Hotels auf Bali kostet rund 6000 Rp.

Mit dem Schiff

Wer genügend Zeit hat und sich bereits bei der Anreise erholen möchte, sollte mit dem Schiff fahren. Oder er fliegt nach Bali und genießt bei der Rückfahrt die warmen Tropenwinde und das erstklassige Essen auf dem Schiff.

Die *Pearl of Scandinavia* der Grey Line läuft im Rahmen einer zweiwöchigen Kreuzfahrt von Singapur über Penang, Belawan, Sibolga, Jakarta, und Surabaya auch Bali an. Von Januar bis März finden monatlich zwei Fahrten, im November und Dezember jeweils eine statt. Zusteigen kann man in jedem der genannten Häfen; Mindestaufenthalt an Bord: fünf Tage. Die 14tägige Kreuzfahrt kostet zwischen 1960 und 7350 US-$. Die *Coral Princess* aus Hong Kong kehrt im November nach Singapur zurück und läuft nach Bali, Jakarta, Penang und Phuket aus. Für beide Schiffe kann man bei Harpers Travel in Singapur die Reise buchen (Tel. 250-8118).

Die Blue Funnel Cruise Line bietet die *Princess Mahsuri* für die Reise nach Bali an. Im Mai kommt das Schiff in Singapur an und beginnt seine Kreuzfahrt über die folgenden Hafenstädte Südostasiens: Penang, Phuket, Nias, Padang, Jakarta, Bali und Surabaya. Die Fahrpreise variieren zwischen 1750 und 3710 US-$. Nach Oktober geht die *Princess Mahsuri* auf ihrer Australienfahrt in Singapur und Bali vor Anker. Diese „Blue Funnel Cruise" kann man bei Mansfield Travel in Singapur (Tel. 532-3071) buchen.

Auf dem Landweg

Besucher, die bei der Anreise nach Bali Indonesien hautnah erleben möchten, empfiehlt sich die Bus- oder Bahnfahrt von Jakarta nach Bali.

Von den Intercity-Busbahnhöfen in Jakarta verkehren eine Reihe nichtklimatisierter Busse. Solche Bahnhöfe gibt es in Pulogadung, Cililitan, Tanah Abang und Grogol in Jakarta. Die Busfahrt von Jakarta nach Surabaya über Cirebon, Semarang, Solo und Madiun kostet 6550 Rp. In Surabaya löst man das Ticket für den Bus von Surabaya nach Denpasar, der über Banyuwangi und Ketapang fährt. In Ketapang wechselt er auf der Fähre nach Gilimanuk über und fährt von dort nach Denpasar weiter.

In Denpasar fällt es nicht schwer, ein Taxi bzw. ein *bemo* zu finden, das Sie zu Ihrem Hotel bringt. Die Fahrer der *bemos* sind recht hilfsbereit und kennen die Adressen guter, billiger Hotels bzw. *losmen*.

Hier die Adressen einiger Busgesellschaften in Jakarta (nichtklimatisierte Fahrzeuge):

PT. Ariestika Djaja Murni, 70 Jalan Tian Bendera (Tel. 670571)

PT. Tedjo Express, 7 Jalan Guntur (Tel. 584979)

PT. Bhumyamca Express, 11-B Jalan Gajah Mada (Tel. 352014)

PT. Damri, 25 Jalan Matraman Raya (Tel. 882811)

PT. Elteha Int. Pte. Ltd., 16-A Jalan Tanah Abang (Tel. 358172/360437)

PT. Gaya Baru, 26 Jalan Batutulis (Tel. 365642)

PT. Pemuda Express, 41 Jalan K.H. Hasyim Ashari (Tel. 365642)

PT. Sari Express Jaya Inc., 1 Jalan Kebon Sirih (Tel. 343580)

PT. Tjipto Express, 4 Jalan H. Fakhruddin (Tel. 348048)

Busse mit Klimaanlage auf derselben Strecke setzt die PT. Jawa Indah Bus Co., 46 Jalan Pangeran, Jayakarta, Jakarta (Tel. 623908) ein.

Mit der Bahn kommt man schneller nach Bali als mit dem Bus. *Bima* bzw. *Mutiara Utara* brauchen bis Surabaya 17 1/2 Stunden. Der *Bima* ist voll klimatisiert und hat Schlafwagenabteile; ein 1.-Klasse-Ticket kostet 26 300 Rp., eines der 2. Klasse 19 800 Rp. (Die Mahlzeiten sind im Preis nicht enthalten.) Der *Mutiara* (Liegesitze) ist nur in den 1.-Klasse-Abteilen klimatisiert. Die Fahrt in der 1. Klasse kostet 15 000 Rp. Beide Züge fahren in der Kota Station in Jakarta ab: der *Bima* um 16.00 Uhr und der *Mutiara* um 16.30 Uhr.

Am Bahnhof von Surabaya kann man Karten für den *Mutiara Timur 1,* den Tageszug nach Banyuwangi, lösen (2. Klasse 2400 Rp., 3. Klasse 1900 Rp.). Die Fahrt mit dem Nachtzug *Mutiara 3* ist etwas teuerer (2. Klasse 2500 Rp., 3. Klasse 1900 Rp.). Beide Züge haben weder Klimaanlage noch Schlafwagenabteile. Es lohnt sich, eine Platzkarte zu kaufen, um nach dem Einsteigen nicht hektisch einen Sitzplatz suchen zu müssen. Die Busfahrt von Banyuwangi nach Denpasar (mit der Fähre) kostet 1500 Rp. Man kann aber auch für 5000 Rp. mit dem Bus direkt von Surabaya nach Denpasar fahren.

Wenn man auf dem Weg nach Bali Java erkunden möchte, kann man in der Kota Station in Jakarta oder in Gambir den *Parahiangan* nach Bandung besteigen. Dieser nichtklimatisierte Zug verläßt Jakarta um 6.15 Uhr. Dann können Sie tagsüber entweder Bandung durchstreifen oder dort übernachten und um 17.30 den *Mutiara Selatan* nach Yogyakarta, Solo, Madiun und Surabaya nehmen. Die Fahrt in der 1. Klasse kostet 12 600 Rp., die in der zweiten 7900 Rp. Der Express Siang fährt auf derselben Strecke (Abfahrt: 5.30 Uhr) und kostet 6100 Rp. in der 2. sowie 4400 Rp. in der 3. Klasse. Fahrkarten sind an den Bahnhöfen sowie bei Carnation Tours & Travel Service erhältlich.

Reiseformalitäten

Visabestimmungen

Besucher aus den ASEAN-Staaten Singapur, Malaysia, Philippinen, Thailand und Brunei, aus sämtlichen westeuropäischen Ländern, Australien, Neuseeland, Kanada und den USA erhalten bei Einreise gegen Vorlage eines noch mindestens 6 Monate gültigen Reisepasses und dem Nachweis einer bezahlten Rück- oder Weiterreise ein Visum für zwei Monate. Besucher aus allen anderen Ländern müssen ein Visum beantragen und bei der Einreise vorlegen. Touristen- und Geschäftsvisa bekommt man bei den indonesischen Auslandsvertretungen. Man muß zwei Antragsformulare, zwei Paßbilder, ein Rückflugticket oder einen anderen Beleg für die geplante Weiterreise vorlegen.

Gesundheitsvorsorge

Eine Pocken-, Cholera- und Gelbfieberimpfung muß nachweisen, wer aus entsprechenden Infektionsgebieten einreist. Die Typhus- und Paratyphusimpfung wird nicht verlangt, ist jedoch zu empfehlen.

Das gilt auch für Gammaglobulinspritzen, falls Sie längere Zeit in Bali bleiben wollen: Eine Gelbsucht können sie zwar nicht verhindern, das Risiko einer Infektion ist jedoch dadurch weit geringer. Durchfall kann zum Reisebegleiter werden. Täglich eine Dosis Doxyzyklin (ein Antibiotikum gegen die „Reisediarrhöe“) schafft Abhilfe. Das Medikament sollte man zu Hause besorgen. Beim ersten Anzeichen von Magenproblemen trinkt man heißen Tee und übt sich in Geduld; der Magen braucht Zeit für die Umstellung. Lomotil und Imodiumtabletten sind von unschätzbarem Wert. Auch Tabletten gegen Malaria sind sehr zu empfehlen. Das Medikament sollte aber gegen alle Arten von Malaria wirken. Kürzlich wurde entdeckt, daß eine Malariaart auf Bali gegen das gängige Malaria-Prophylaktikum Chloroquin resistent ist. Fragen Sie Ihren Arzt!

Da die importierten Medikamente teuer sind, sollte Ihre Reiseapotheke folgendes enthalten: eine Tube Antihistaminsalbe gegen Insektenstiche (vor allem Moskitos), eine Salbe gegen Pilzkrankheiten, hitzebeständige Puder und Seife, ein Mittel gegen Erkältungen (Corecidin) und Schnupfen, die infolge des plötzlichen Temperaturwechsels auftreten können, ein Insektenschutzmittel sowie natürlich ausreichend Aspirin.

Wasser — ob aus Brunnen oder aus der Leitung — muß in jedem Fall vor Genuß entkeimt werden (gilt auch für Eiswürfel). Am besten, man kocht das Wasser zehn Minuten lang oder fügt ihm Jod (Globolin) und Chlor (Halazone) bei, bevor man es zu sich nimmt. Obst sollte man grundsätzlich schälen und Gemüse nicht in rohem Zustand essen. Wenn Sie auf Sauberkeit achten und vorbeugend Medikamente einnehmen, können Sie einigermaßen sicher sein, einen ungetrübten Urlaub zu verbringen.

Schließlich möchten wir Sie vor der starken Tropensonne warnen. Um die Mittagszeit sollte man sich mit einem Sonnenhut dagegen schützen. Die balinesischen Strohhüte sind überall zu haben. (Adressen von Krankenhäusern, Ärzten und Apotheken finden Sie im Anhang.)

Zollbestimmungen

Die Einfuhr von Waffen, Narkotika und pornographischer Literatur ist untersagt. Frisches Obst, Pflanzen, Tiere und belichtete Filme unterliegen der Zollkontrolle. Wegen Tollwutgefahr dürfen Hunde, Katzen und Affen nicht eingeführt werden.

Erlaubt sind 2 l Alkohol, 200 Zigaretten, 50 Zigarren oder 100 g Tabak sowie Parfüm für den persönlichen Bedarf. Fotozubehör, Schreibmaschinen und Radios sind zugelassen, wenn man sie wieder mitnimmt. Daher müssen sie auf der Zollerklärung, die vor der Ankunft auszufüllen ist, aufgeführt sein.

Devisen können in unbegrenzten Mengen ins Land gebracht werden; dasselbe gilt für Reiseschecks, sofern man alles, was 500 US-$ übersteigt, bei der Einreise angibt. Die Ein- und Ausfuhr von mehr als 50 000 indonesischen Rupiah ist untersagt. Bei der Ausreise sind zollfreie Artikel und Souvenirs steuerfrei; der Export von „national treasures" (Antiquitäten) wird nicht gern gesehen.

Währung und Geldumtausch

Die *Rupiah* (Abk.: Rp.) ist die wichtigste Einheit der indonesischen Währung.

Im Umlauf sind Münzen zu 5, 10, 25, 50 und 100 Rp. sowie Banknoten zu 100, 500, 1000, 5000 und 10 000 Rp. Der 1000-Rp.-Schein zeigt das Porträt Diponegoros, des berühmten Freiheitskämpfers, und ein Wasserzeichen-„Porträt" des Gajah Mada.

Kleingeld unter 50 Rp. ist in Hotels nicht im Umlauf, wohl aber auf den Märkten und an den Verkaufsbuden. In den kleineren Geschäften und im Straßenhandel kann man oft einen 1000-Rp.-Schein nicht wechseln. Es empfiehlt sich daher, stets eine Handvoll Münzen bei sich zu haben (auch für Trinkgelder).

Ende 1985 bekam man für 1 US-$ 1200 Rp. (100 Rp. = 0,29 DM). Wer länger als einen Monat in Indonesien bleiben möchte, sollte vorher nicht allzu viel Geld umtauschen.

Geldumtausch: Ausländische Währung (Banknoten und Reiseschecks) tauscht man am besten bei den großen Banken und in den Hotels um (hier sind die Wechselkurse etwas schlechter). Es gibt eine begrenzte Zahl amtlich registrierter Wechselstuben, aber auch illegale Geldwechsler, die man meiden sollte. Die Umtauschbescheinigungen sollte man aufheben, um bei der Ausreise Rupiah wieder in Auslandswährung umtauschen zu können.

Reiseschecks: haben Vor- und Nachteile. Die großen Hotels, Banken und einige Geschäfte nehmen sie in Zahlung. Selbst in den Städten dauert es jedoch zuweilen recht lange, bis man an sein Geld kommt — in kleinen Orten ist es ganz unmöglich. Als Ersatz empfehlen sich US-$. Credit cards werden von den großen Hotels, den internationalen Fluglinien, einigen namhaften Restaurants und Anitquitätengeschäften akzeptiert; im übrigen sind sie wertlos.

Kleine Landeskunde

Staat und Wirtschaft

Bali ist eine der 27 Provinzregionen der Republik Indonesien, die von Gouverneuren verwaltet werden. Der Gouverneur von Bali hat seinen Sitz in Denpasar. Die Provinz ist in acht *kabupaten* (Landkreise) eingeteilt, deren *bupati* (Kreisrat) dem Gouverneur untersteht. Die *kabupaten* sind wiederum in 50 *kecamatan* (Unterbezirke) unter einem *camat* aufgeteilt. Es gibt 564 Dörfer, die vom *perbekel* (Dorfoberhaupt) regiert werden; die 1456 *desa adat* (kleine Dörfer) bestehen aus 3397 *banjars* (Dorfbezirk), die von einem *klian* verwaltet werden.

Das gesellschaftliche Leben in Indonesien wird von den fünf Grundprinzipien des „Pan-casila" bestimmt — dem allumfassenden Glauben an den „Einen Gerechten und Zivilisierten Obersten Gott", die Menschlichkeit, die Einheit Indonesiens, Demokratie und soziale Gerechtigkeit. Das Verständnis dieser Staatsphilosophie erleichtert den Zugang zum komplizierten Aufbau der indonesischen Gesellschaft.

Die Verfassung von 1945 überträgt die gesetzgebende Gewalt dem Beratenden Volkskongreß und sieht drei unabhängige oberste Staatsorgane sowie ein Einkammerparlament vor. Darin ist festgelegt, daß das Parlament und der Beratende Volkskongreß alle fünf Jahre neu gewählt werden; jedoch haben seit 1945 lediglich viermal allgemeine Wahlen zu diesen Gremien stattgefunden.

Der Präsident kann als Staatsoberhaupt den Krieg erklären, Frieden schließen, begnadigen, Gesetze vorlegen und Verträge mit anderen Staaten schließen. Seine Entscheidungen müssen vom Parlament ratifiziert werden; der Präsident ist dem Volkskongreß Rechenschaft schuldig. Im März 1983 trat Suharto seine vierte sechsjährige Amtsperiode an.

Die meisten Balinesen sind in der Landwirtschaft beschäftigt. Reis wird für den Eigenbedarf angebaut. Devisen bringen Kokosnüsse sowie der Verkauf von Vieh und Schweinen. Über chinesische Mittelsleute gehen auch Kaffee und Tabak in den Export. Da immer mehr Touristen kommen, finden auch Kunsthandwerker, die Plastiken, Gemälde, Silber- und Webarbeiten herstellen, zunehmend Arbeit und Brot.

Angaben zur Geographie

Bali, die erste der Kleinen Sunda-Inseln, gehört zu den kleineren Inseln Indonesiens. Auf 115° östlicher Länge und 8° südlicher Breite gelegen, umfaßt es 5632 qkm. Bali ist Teil einer Vulkankette, die das Festland Südostasiens mit Australien verbindet. Eine Bergkette vulkanischen Ursprungs verläuft von Ost nach West über die ganze Insel.

An den fruchtbaren Südhängen Balis erstrecken sich fächerförmig die Flüsse Pakrisan und Petanu sowie andere Wasserläufe. Diese verlaufen parallel zueinander durch den Bezirk Gianyar und gelten als heilig. An ihren Ufern stieß man bei Ausgrabungen auf Spuren der alten balinesischen Reiche.

Im Westen liegen die nahezu undurchdringlichen Dschungel der Provinz Jembrana, während sich im Osten der Gipfel von Balis höchstem Berg, des Gunung Agung (3142 m) erhebt. Im Bereich dieses Berges liegt der einst reiche Bezirk Karangasem, der durch den Vulkanausbruch von 1963, der die Reisanbauflächen zerstörte, stark in Mitleidenschaft gezogen wurde.

Klima

Da Bali in Äquatornähe liegt, beträgt die Durchschnittstemperatur 26°C. Es gibt zwei Jahreszeiten: Die Trockensaison dauert von Mai bis September; der Juli weist die niedrigsten Temperaturen auf. Die Regensaison dauert von Oktober bis April. Der regenreichste Monat ist der Dezember.

Kleidung

Da der Bali-Urlauber Strände ebenso wie Tempelbezirke, Handwerkerdörfer und andere Sehenswürdigkeiten aufsucht, sollte er hinsichtlich seiner Kleidung flexibel sein. In Sanur, Kuta oder Nusa Dua trägt man tagsüber z.B. leichten Stranddreß: die Damen Shorts mit rückenfreiem Oberteil bzw. Miniröcke, die Herren Shorts und kurzärmelige Hemden. In den Geschäften von Sanur und Kuta sind sehr schöne Textilien zu haben; man kann sich also an Ort und Stelle landesgemäß einkleiden. Die leichten Baumwollsachen in schönen, bunten Farben sind nicht nur leicht und bequem zu tragen, sondern aufgrund der exotischen Stoffmuster auch modisch elegant. Für die klimatisierten Lounges der Hotels und Ausflüge in die Berge sind z.B. ein Sweatshirt bzw. Pullover angebracht. Jackett und Krawatte sieht man selbst bei festlichen Gelegenheiten selten. Hier wird das langärmelige indonesische Batikhemd getragen. Außer bei Geschäftsterminen sind die übliche Fußbekleidung Sandalen.

Zeitzonen

In Indonesien gelten drei verschiedene Zeitzonen: Bali unterliegt der Western Indonesian Standard Time, die der Greenwichzeit um sieben Stunden voraus ist.

Wenn es auf Bali 12.00 Uhr ist, ist es:
5.00 Uhr in London
6.00 Uhr in Paris, Zürich, Wien oder Bonn
8.00 Uhr in Athen, Kairo oder Johannesburg
9.00 Uhr in Moskau
10.30 Uhr in Bombay
12.00 Uhr in Bangkok
13.00 Uhr in Singapur oder Kuala Lumpur
14.00 Uhr in Tokio
15.00 Uhr in Sydney
19.00 Uhr (des vorherigen Tages) auf Hawaii
21.00 Uhr (des vorherigen Tages) in San Francisco oder Vancouver
24.00 Uhr in New York oder Montreal

Landesübliche Sitten

Die Balinesen sind ein sehr höfliches Volk; stets zeigen sie ein freundliches Lächeln. Bei der Begrüßung reichen sich Männer wie Frauen die Hand. Mit der linken Hand etwas zu geben und zu nehmen, ist tabu. Jemanden mit dem Finger herbeizuwinken, gilt als unhöflich.

Abseits der Strände sollte man ein Hemd tragen und nicht nur in der Badehose durch den Ort gehen. Was wie ein versteckter Weg zum Strand aussieht, könnte in den Hof eines Hauses oder eines heiligen Tempels führen. Nacktbaden ist illegal und unhöflich. Vor dem Eintritt in ein Privathaus legt man die Schuhe ab. Bei einem Behördengang sind Hemd und Halbschuhe selbstverständlich.

Bei einem Tempelbesuch muß man eine Schärpe um die Hüfte tragen. Bevorzugt werden auf Bali solche aus buntem Brokat bzw. gewebte Tücher. Ein altes Gesetz untersagt menstruierenden Frauen den Zutritt zum Tempel. Blut auf geheiligtem Boden ist generell verpönt.

Betteln ist traditionell nicht üblich. Wer mit Geld großzügig umgeht, belebt dadurch jedoch die Nachfrage. Lediglich an den Tempeleingängen sollte man eine Spende bereithalten: Diese wird für die Erhaltung der Gebäude verwendet.

Bei Tempelfesten und bei Tanzaufführungen lassen sich die Balinesen gerne fotografieren. Direkt vor einem Priester oder vor einer betenden Gemeinde bringt man die Kamera am besten nicht in Anschlag. Als Faustregel gilt, daß Ihr Kopf nicht höher sein sollte als der des Priesters bzw. des Dorfoberhaupts; also keinesfalls auf die Mauer eines Tempels steigen! Man sollte auch nicht stehenbleiben, wenn die Leute zum Gebet niederknien. Dasselbe gilt für Prozessionen; wo Verehrungszeremonien stattfinden, geht man diskret zur Seite.

Trinkgelder

In den meisten großen Hotels werden Steuern und 10 % Bedienungszuschlag erhoben. In Restaurants ist kein Bedienungszuschlag in der Rechnung inbegriffen. Je nach Qualität des Hauses und dem Service sind hier 5 bis 10 % Trinkgeld angemessen, wenn auch traditionell unüblich.

Gepäckträger am Flughafen und im Hotel erwarten 500 bis 1000 Rp. (je nach Größe und Gewicht des Gepäckstücks). Ein Taxifahrer nimmt gern 200 Rp. Trinkgeld; das ist aber kein ,,Muß''. Da Taxifahrer oft nicht herausgeben können, sollte man Kleingeld bei sich haben.

Maße und Gewichte

Indonesien hat das metrische Maßsystem eingeführt. Ein Kilometer entspricht 0,6214 Meilen, ein Meter 3,2808 Fuß. Ein Kilogramm ist soviel wie 2,2046 Pfund, ein Liter soviel wie 0,2642 US-Gallons.

Banksystem

In Denpasar sind sieben staatliche Banken vertreten: die Bank Indonesia (Jalan Supratman), die Banken Rakyat Indonesia, Negara Indonesia 1946, Dagang Negara und Export Import Indonesia in der Jalan Gajah Mada; die Bank Bumi Daya (Jalan Veteran) sowie die Bank Pembanguan Indonesia in der Jalan Surapati.

Wechselstuben gibt es am Bali International Airport, in Kuta und in vielen Hotels. American Express, Diners Club sowie Carte Blanche und Bankamericard werden von den größeren Hotels akzeptiert. Reiseschecks tauscht man Ihnen in den Hotels und Banken ein.

Banküberweisungen und Schecks sind der schnellste Weg, um auf Bali an Geld zu kommen. Das Bali Beach Hotel, das Hyatt Hotel und andere große Hotels nehmen Euroschecks in Zahlung.

Geschäftszeiten

In Indonesien verrichtet man sein Tagwerk möglichst, bevor die große Mittagshitze einsetzt. Behördengänge sollten Sie daher zwischen 8.00 und 11.30 Uhr absolvieren. Dasselbe gilt für Banken- und Firmenbesuche. Freitags und samstags schließen die Büros früher. Im allgemeinen gelten folgende Bürozeiten: Montag bis Donnerstag von 8.00 bis 14.00 Uhr, freitags von 8.00 bis 12.00 Uhr und samstags von 8.00 bis 13.00 Uhr (siehe auch Bankenverzeichnis im Anhang).

Gesetzliche Feiertage

Religion ist ein untrennbarer Bestandteil des Lebens in Indonesien; auf dem ganzen Archipel werden daher die Festtage der Buddhisten, Hindus, Moslems und Christen begangen. **Neujahr** ist der erste landesweit geltende Feiertag; vielfach finden dann Karnevalsumzüge, ein Feuerwerk und Sonderveranstaltungen statt. Das **chinesische Neujahrsfest** währt 15 Tage, bis zur Nacht des Chop Go Meh. Auch das balinesische Neujahr **Nyepi** („Tag der Stille") ist gesetzlicher Feiertag. Die Hindus feiern den freien Tag als das Fest des Rückzugs und der Reinigung des Geistes.

Bedeutendster Feiertag der Moslems ist der Erste des 10. Monats (Sjawal; nach dem islamischen Kalender): der **Idul Fitri** (Grebeg Sjawal) zeigt das Ende des Fastenmonats Ramadan an. Landesweit werden in den Moscheen und auf öffentlichen Plätzen Gebetsfeiern abgehalten. Die Menschen sind fein gekleidet und besuchen Verwandte, mit der Bitte, ihnen begangene Fehler zu vergeben. Die Feierlichkeiten dauern zwei Tage. Ebenfalls bedeutend im islamischen Kalender ist **Maulud Nabi** (bzw. Grebeg Mulud), an dem des Geburtstags des Propheten Mohammed gedacht wird. Der Tag der **Himmelfahrt des Propheten Mohammed** fällt im islamischen Kalender auf den 27. Tag des siebten Monats. **Idul Adah** (Grebeg Besar) am zehnten Tag des 11. Monats ist der islamische Tag des Opfers, an dem Ziegen und Rinder geschlachtet werden und das Fleisch an Arme und Bedürftige verteilt wird.

Karfreitag sowie **Christi Himmelfahrt** (Kenaikan Isa Alasih), der 14. Tag der Auferstehung, sind gesetzliche Feiertage.

Der 21. April ist **Kartini Day,** ein Feiertag, an dem des verstorbenen Raden Ajeng Kartini, des Pioniers der Emanzipation der Frauen Indonesiens, der um 1900 lebte, gedacht wird. Die Frauen tragen überall ihre Nationaltrachten.

Der 17. August wird als **Independence Day** (indonesischer Unabhängigkeitstag) mit Sportfesten, Marionettentheater und Schattenspielen, Kulturveranstaltungen, Maskenzügen und Festen im ganzen Land gefeiert.

Der 5. Oktober, der Jahrestag der Gründung der indonesischen Armee, wird als **Armed Forces Day** mit Militärparaden und Vorführungen der neuesten Errungenschaften von Armee, Marine, Luftwaffe und Polizei begangen.

Den Heiligen Abend feiern die Christen auf Bali mit Gottesdiensten und Messen. Das **Weihnachtsfest** erlebt seine Höhepunkte mit Lichterprozessionen und Andachten.

Vor Beginn Ihrer Reise sollten Sie die Termine von Festtagen, die gemäß des Mond- und des islamischen Kalenders jedes Jahr anders liegen, erfragen. (Im Abschnitt zum balinesischen Kalender finden Sie hierzu weitere Angaben.)

Botschaften und Konsulate

Die meisten Staaten sind in Jakarta mit Botschaften vertreten. die USA und Australien haben auf Bali ein Konsulat eingerichtet. (Die Adressen stehen im Anhang.)

Touristeninformationen

Informationen in Europa

Informationen in Europa: Indonesisches Fremdenverkehrsamt, Wiesenhüttenplatz 26, 6000 Frankfurt/M., Tel. 069/233677 (zuständig für ganz Europa).

(Die Adressen deutscher Touristikveranstalter für Bali-Reisen finden Sie im Anhang.)

Bali Tourist Board

Das offizielle Fremdenverkehrsamt Balis befindet sich im Renon Civic Centre in Denpasar und ist von Montag bis Donnerstag von 7.30 bis 14.30 Uhr sowie freitags von 7.30 bis 12.00 Uhr geöffnet. Dort erhalten Sie aktuelle Informationen sowie kostenlose Broschüren, Karten und den Veranstaltungskalender.

Das Badung Government Tourist Office in der Jalan Surapati 7 erteilt Ihnen ebenfalls die gewünschten Auskünfte.

Reiseführer

Das Bali Tourist Board plant, alle Reiseführer zu registrieren. Bis es soweit ist, läßt man sich von einem der eingetragenen Reisebüros einen professionellen Führer vermitteln. Falls Ihnen jemand auf der Straße seine Dienste als Fremdenführer anbietet, gehen Sie besser nicht darauf ein. Das gilt vor allem für einige der großen Tempel, wo jede Mengen ,,guides" herumstehen. Wer sich in das Spendenbuch eingetragen und die übliche Schärpe um die Hüfte gelegt hat, kann nach Belieben den Tempel besichtigen.

Von manchen ,,Führern" ist auch bekannt, daß sie ihre Kunden in bestimmte Geschäfte lotsen, von denen sie im Fall eines Kaufs Provision einheimsen. Um dies zu vermeiden, läßt man sich im Reisebüro am besten eine Besichtigungstour zusammenstellen.

Fotografieren

Bali ist ein ,,Eldorado" für Fotografen. Farbfilme für alle Kameraarten sind überall erhältlich; die von Kodak oder Fuji kosten hier nicht mehr als anderswo. Man achte darauf, Filme dort zu kaufen, wo sie in klimatisierten Räumen gelagert sind. Farbfilme werden innerhalb eines Tages, Diafilme in zwei und Kamerafilme in sieben Tagen entwickelt. Agfafilme werden in Indonesien nicht bearbeitet. Kodachromefilme werden in den meisten Fällen nach Australien verschickt.

Manche Balinesen sind zu schüchtern, um sich fotografieren zu lassen; andere wiederum sind dazu gern bereit, wenn man sie um Erlaubnis fragt. Aufdringlichkeit ist in keinem Fall angebracht. Sollte jemand Geld fürs Fotografiertwerden verlangen und sind Sie zu zahlen bereit, empfiehlt es sich, den Preis vorher auszumachen.

Transport

Es gibt verschiedene Möglichkeiten des Reisens auf Bali — je nachdem, wohin Sie möchten und wie rasch Sie Ihr Ziel erreichen wollen. Am bequemsten, schnellsten und kostspieligsten ist das Reisen mit der Taxi-Limousine. Im Hotel oder Reisebüro kann man ein Taxi mieten und die ortsüblichen Preise erfahren. Man sollte stets einen günstigen Fahrpreis auszuhandeln suchen.

Für den Fall, daß Sie ein Auto mieten und die Insel allein oder in Begleitung erkunden möchten, wenden Sie sich z.B. an Bali Wisata (Tel. 24479) und Utama Motors (Tel. 22073), Jalan Imam Bonjol, oder an Car Rent, Jalan Tanjung Sari (Tel. 8359). Die meisten Wagen werden mit Fahrer vermietet.

Mit dem Kleinbus kann man ebenfalls auf bequeme Art durch Bali reisen. Für abgelegene Gegenden empfiehlt sich ein Jeep oder ein Landrover. Sie können im Hotel bzw. im Reisebüro das gewünschte Fahrzeug mieten.

Wenn Sie Zeit haben und Bali ,,hautnah" — statt durch die Windschutzscheibe einer Limousine — erleben möchten, empfehlen sich andere Transportmittel. Motorräder (Hondas, Yamahas, Vespas und Lambrettas) eignen sich für Fahrten auf Nebenstraßen. Pro Tag kosten sie 5 $ Leihgebühr; bei einer Woche Mietdauer werden entsprechende Rabatte gewährt. Der Vertreter von BAKOR am Ort weiß mehr darüber.

Für die Fahrt vom und zum Strand bedient man sich am besten eines kleinen *bemo*-Busses. Diese Fahrzeuge transportieren Menschen und Waren günstig in nahezu jeden Winkel der Insel. Nur auf den Straßen von Kuta und Sanur verkehren *bemos* auch noch nach Einbruch der Dunkelheit. Bei Bedarf kann man ein *bemo* auch mieten. Innerhalb der Stadtgrenzen von Denpasar kostet jede *bemo*-Fahrt 75 Rp. In den größeren Städten verkehren die etwas billigeren, aber auch langsameren Busse. Der Begriff *opelet* (für Colt, *bemo* bzw. Taxi) steht für die außergewöhnliche Vielfalt von Autos und Lieferwagen, die überall Städte und Dörfer miteinander verbinden.

Pferd und Buggy (auf Bali der *dokar*) sind die nostalgische, inselübliche Art, sich im Umkreis von Denpasar fortzubewegen. Auch hier gilt: Vor Fahrtantritt den Preis aushandeln!

Möchte man Fahrradtouren unternehmen, kann man sich in Sanur, Denpasar, Kuta und Ubud ein Fahrrad stundenweise oder für den ganzen Tag ausleihen.

Bleibt noch die Reisemöglichkeit mit einer Schiffsfähre: Von Gilimanuk nach Ketapang in Java fahren täglich mehrere Schiffe; von Padangbai zur Insel Lombok besteht zweimal täglich Fährverbindung. Der Preis für die Überfahrt von Gilimanuk nach Ketapang beträgt zwischen 375 Rp. (für die 1. Klasse) und 125 Rp. (für die 3. Klasse). Für denjenigen, der auf eigene Faust unterwegs ist, gibt es einen wichtigen Ausdruck: *dimana,* d.h. ,,Wo ist ...?" Balinesen sind sehr hilfsbereit.

Hinweise für Selbstfahrer

Der Fahrer eines Motorfahrzeugs sollte in Bali einen gültigen internationalen Führerschein und die Wagennummer mit sich führen. Auch Motorradfahrer müssen den internationalen Führerschein vorlegen. Eine zeitlich begrenzte Fahrerlaubnis der Polizeibehörde in der Jalan Supramatman unweit des Kreneng-Stadions bekommt, wer eine Fahrprüfung ablegt und die Verwaltungsgebühr von 6500 Rp. entrichtet.

Auf Bali wird überall links gefahren; in Denpasar gibt es viele Einbahnstraßen. Vor allem auf den engen Landstraßen ist man nie vor Überraschungen sicher. Man muß vorsichtig fahren und darauf achten, daß ausreichend Benzin im Tank ist, da die Tankstellen hin und wieder ausverkauft sind.

Bei der Polizei in der Jalan Surapati (nahe des Stadions) in Denpasar (Schalterstunden von Montag bis Samstag, 8.00 bis 12.00 Uhr) erfährt man alles weitere.

Unterkunft

Auf Bali kann man in einem der einfachen, traditionellen Bungalows unterkommen, aber auch in einem mit allem modernen Komfort ausgestatteten Luxushotel. Im wesentlichen werden zwei Kategorien von Unterkünften geboten: Die Hotels mit Zimmerservice, Restaurant und Bar in Sanur, Denpasar und Kuta Beach, die speziell für ausländische Touristen geschaffen wurden, und daneben die Bungalow-Hotels und schlichten Pensionen in größeren Ortschaften und Dörfern. Sie heißen *losmen,* „Pensionen" bzw. „home stays" und bieten Zimmer, Waschgelegenheiten und Erfrischungen. In manchen Orten kann man *losmen*-Unterkünfte nicht im voraus buchen. Es kommt jedoch selten vor, daß die Häuser ausgebucht sind. Man geht einfach hin und sucht sich ein Quartier.

Nicht alle Hotels der Insel können hier aufgeführt werden. Das alphabetische Verzeichnis im Anhang vermittelt einen Eindruck von der Bandbreite der balinesischen Hotels. Die Preise variieren je nach Größe und Ausstattung der Zimmer, so daß man erst bei der Buchung erfährt, was das jeweilige Zimmer kostet. Die Hotels sind vor allem mit Doppelzimmern ausgestattet. Meistens werden pro Zimmer ein Steuerzuschlag von 11 % und ein Bedienungszuschlag von 10 % erhoben.

Post und Telefon

Briefe und Telegramme

Will man seine Post und seine Telegramme nicht im Hotel aufgeben, bringt man sie zum Hauptpostamt, das beim neuen Verwaltungskomplex in der Jalan Puputan Raya (an der Strecke Denpasar-Sanur) liegt. Die Post ist Montag bis Donnerstag von 8.00 bis 14.00 Uhr, freitags von 8.00 bis 12.00 Uhr und samstags von 8.00 bis 13.00 Uhr geöffnet. Postlagernde Sendungen kann man ans Hauptpostamt sowie an die Post in Kuta und Ubud adressieren.

Achten Sie darauf, daß vor allem die teuren Briefmarken vor Ihren Augen „frankiert" werden. Da kleine Päckchen und Pakete oft fehlgeleitet werden, sollten Ihre Souvenirs und Kostbarkeiten entsprechend aufwendig verpackt und gut lesbar adressiert sein.

Das Aerogramm in die USA bzw. nach Europa kostet 350 Rp., nach Asien 215 Rp. Luftpostbriefe in die USA und nach Europa kosten 450 Rp., innerhalb Asiens 300 Rp.

Telefon, Telex etc.

Die internationalen Hotels sowie das Telecommunications Office (Kantor Telpon) hinter dem früheren Hauptpostamt in Denpasar (Jalan Kaliasam) vermitteln Auslandsgespräche und leiten Telegramme und Fernschreiben weiter.

Medien

Zeitungen und Zeitschriften

In Jakarta erscheinen zwei englischsprachige Tageszeitungen, *Indonesia Times* und *Indonesian Observer*. Die großen Hotels und Buchhandlungen verkaufen ausländische Zeitungen und Zeitschriften. Die Preise sind gesalzen, doch *Time, Newsweek* u.a. bekommt man überall.

Die indonesischen Illustrierten befassen sich intensiv mit dem Privatleben von Filmstars und von Größen der Popmusik. Anders das Wochenmagazin *Tempo* (dem Format nach eine ungenierte Kopie von *Time*): Es informiert ausgezeichnet über das Weltgeschehen der vergangenen Woche und über die indonesische Innenpolitik.

Rundfunk und Fernsehen

Der Rundfunk ist ein wichtiges Mittel zur Verbreitung des *Bahasa Indonesia* und bringt die verschiedenen Aspekte der indonesischen Kultur zu Gehör. Neben dem staatlichen Rundfunk (RRI) arbeitet in Denpasar auch ein kleiner kommerzieller Sender. Das staatliche Fernsehen (TVRI) sendet um 18.00 Uhr Nachrichten auf englisch.

Für den Notfall

Apotheken

Gesetzlich geschützte Medikamente sind in den Hoteldrogerien und den *apotik* (Apotheken) in größeren Ortschaften erhältlich. Ärztliche Rezepte werden in der Apotheke ausgefüllt (siehe Anhang).

Krankenhäuser und Ärzte

In Denpasar praktizieren auch Spezialisten, und es gibt eine Ambulanz (siehe Anhang). Das Bali Beach, das Bali Hyatt in Sanur sowie andere große Hotels beschäftigen eigene Ärzte. Die Adressen der Nachtdienst-Apotheken erfährt man aus der Tageszeitung. Alles weitere sagt man Ihnen an der Rezeption Ihres Hotels.

Vorbeugung gegen Diebstahl

Es kommt vor, daß sich Balinesen etwas ausleihen und es zurückzugeben vergessen; untereinander leiht man selten etwas aus. Bei der Wahl des Hotelzimmers sollten Sie darauf achten, daß Fenster und Türen sicher zu verschließen sind und daß es keine Zweitschlüssel dafür gibt. So können Sie sicher sein, daß kein Dieb durchs Fenster einsteigt, während Sie den Schlaf des Gerechten schlafen. Die teureren Hotels sind sicherer.

Auch in den Straßen sollte man gewärtig sein, daß Räuber einem vom fahrenden Motorrad aus die Tasche entreißen können; in Bussen und auf Gehsteigen setzen sie sogar Rasiermesser ein, um Tragegurte durchzuschneiden. Man achte in Zügen, Restaurants, auch im eigenen Wagen darauf, daß die Fenster geschlossen sind. Der altbewährte Brustbeutel ist eine sichere Sache.

Den Gang zur Polizei kann man sich im Fall eines Diebstahls sparen: Außer tröstenden Worten ist von den Beamten höchstens eine Gebührenrechnung für ihre ,,Suche" nach dem verlorenen Gegenstand zu erwarten. Den Verlust des Passes muß man deshalb melden, weil bei der Ausreise eine schriftliche Bestätigung der Polizei vonnöten ist. Am besten führt man den Paß, die Tickets, wichtige Dokumente und Barschaft immer bei sich.

Essengehen

Die jahrhundertelangen Verbindungen zu anderen großen Kulturen haben der herrlichen Vielfalt der Küche Indonesiens, vor allem Balis, ihren Stempel aufgedrückt. Die indischen und arabischen Kaufleute brachten außer Handelswaren, Hinduismus und Islam auch neue Gewürze: Ingwer, Kardamom und Gelbwurz. Chinesen und Holländer bereicherten den Speisezettel weiter. Ergebnis: eine Mischung der besten kulinarischen Traditionen.

Auf Bali wird mit einer Menge von Gewürzen gekocht, zu denen sich meist die aus der zermahlenen Kokosnuß gewonnene Kokosmilch gesellt. Sie verleiht den herrlichen exotischen Gemüse-, Geflügel-, Fleisch- und Fischgerichten einen angenehm sämigen Geschmack. Zum Glück für den uneingeweihten Gaumen des fremden Gastes können die Köche auf Bali mit Gewürzen und Chilies sehr geschickt umgehen. Zucker, duftende Wurzeln und Blätter erhöhen den delikaten Geschmack vieler Gerichte.

Reis ist die Grundlage einer Mahlzeit auf Bali. Jeder Tischgenosse nimmt sich eine Portion des dampfenden weißen Reises und dazu von den in der Mitte des Tisches plazierten Schüsseln drei oder vier Portionen Gemüse und Fleisch *(lauk)*. Es ist nicht üblich, den Teller randvoll zu füllen, sondern immer wieder kleine Portionen nachzulegen. Das auch hierzulande bekannt gewordene *jambal* sollte mit Vorsicht genossen werden. Wer eine Überdosis *jambal* (Chili) erwischt hat, wird vergeblich versuchen, mit Wasser, Bier oder anderen kalten Getränken das Brennen im Mund zu bekämpfen; dadurch wird es höchstens noch schlimmer. Am besten, man ißt Reis ohne alles, Brot, eine Gurke oder eine Banane. Als Beilagen kommen außerdem *tempe,* ein proteinreicher, wohlschmeckender Kuchen aus gegorenen Sojabohnen, sowie *kempeyek,* ein Gebäck aus Erdnüssen, auf den Tisch. Beides schmeckt köstlich.

Das holländische Wort *Rijstafel* (Reistafel) wird zuweilen mit der indonesischen Küche in Verbindung gebracht. Ursprünglich war es die Bezeichnung für ein ausladendes Bankett mit Reis und unzähligen Gemüse- und Fleischgerichten, die mit wohlschmeckenden Beilagen wie dem *krupuk* (knusprige Krabben- bzw. Fischschnitzel), *acar* (eingelegte Gurken) Bananenscheiben, Erdnüssen, Chilies und anderen Köstlichkeiten garniert waren, die das Ganze abrundeten. Ausladende Festgelage dieser Art sind heutzutage selten. Allerdings finden sich die einzelnen Bestandteile der *Rijstafel* auf den Speisekarten der Hotels.

Zu den Leibgerichten der Balinesen zählt *Gado-gado,* ein Gemüsesalat mit Bohnensprossen, Kohl, Kartoffeln und Erdnußsoße. Das als Nationalgericht geltende *Sate* besteht aus verschiedenen gegrillten Fleischsorten, die mit einer würzigen Soße serviert werden. *Soto* heißt die kräftige Suppe, die überall gegessen wird.

Die Nudelgerichte, z.B. *mie goreng* (gebratene Weizenmehlnudeln) und *bakmi* (Reismehlnudeln, gebraten oder in der Suppe serviert), sind chinesischen Ursprungs. Das beliebte *Capcaai* (einst das *tjap tjai*) schmeckt weitaus besser, als das uns vertraute ,,chop suey" vermuten läßt.

Natürlich ist *nasi goreng* (gebratener Reis) überall zu haben: serviert mit einem Spiegelei, bildet es ein schmackhaftes Frühstück. Weißer Reis mit etwas Fleisch oder Gemüse heißt *nasi rames.*

Es gibt Restaurants, die *bistiek* (ein sogenanntes europäisches Gericht mit Pommes frites, Erbsen etc.) auftischen. Grauenhaft!

Snacks sind in Bali sehr beliebt. Allgegenwärtig sind die Verkäufer süßen Gebäcks, von Erdnußkeksen, gesalzenen Nüssen und Zuckerwerk, in Bananenblättern eingewickelt. Meist bieten sie auch Eis und Eiskonfekt feil. Aus Gründen der Gesundheit sollte man besser darauf verzichten!

Ausgezeichnet schmecken die tropischen Früchte Balis: Ananas, Bananen aller Größen, Papayas, Mangos und die noch ungewöhnlicheren Früchte der Saison: Die *kambutan* (eine haarige rote Schale umschließt das süße weiße Fruchtfleisch), *mangostane* (rötlich-schwarze Haut, sehr saftige weiße Frucht) und *jeruk Bali* (Pampelmuse). Die riesige stachlige *durian* schreckt wegen ihres penetranten Geruchs viele ab; die Einheimischen schätzen die cremig-kräftige Frucht über alles.

Getränke

Was im Westen getrunken wird, ist auch auf Bali erhältlich, wenn auch in anderer Form. Der Tee hat meist ein kräftiges Aroma und schmeckt wie chinesischer Tee. Heiß oder kalt, *manis* (mit Zukker) oder *pahit* (ohne Zucker), ist er ein köstliches Erfrischungsgetränk. Den Kaffee der auf türkische Art mit Bodensatz serviert wird *(kobi tobruk),* schätzen Kaffeeliebhaber sehr. Das einheimische Bier (Anker und Bintang) schmeckt wie europäisches Lagerbier. Es ist überall preisgünstig zu haben, jedoch meist nicht gekühlt. Man hat die Wahl zwischen warmen Bier oder *pakai*-Bier (mit Eiswürfeln im Glas).

Frische Fruchtsäfte werden gern getrunken. *Air jeruk* heißt der Orangensaft, der heiß oder kalt serviert wird. Auch Ananas-, Apfel- und andere Fruchtsäfte gibt es. Die Avokadofrucht liefert den

Grundstock des *apokat*-Getränks: Avokado, Rum- bzw. Kaffeeextrakt, Palmzucker und Dosenmilch werden zu einem dickflüssigen, sehr nahrhaften Getränk vermischt, das die meisten Milk-shakes vergessen läßt.

Liköre heißen hier *stroop;* am besten schmecken der *zirzap* aus der Frucht der sauren Sobbe sowie der *markisa,* der aus der Passionsfrucht gewonnen wird. *Es kopyor* ist ein beliebtes Gebräu aus Rosensirup und dem geleeartigen Fruchtfleisch aus dem Inneren der *sopyor*-Kokosnuß. *Es campur* heißt eine Mischung aus Eissplittern, Früchten und Gelee (dem *cendol*); *es tape* und *sawet santen* schmecken ebenfalls köstlich.

(Im Anhang des Buches finden Sie eine Auswahl balinesischer Restaurants.)

Einkaufen

Kaum ein Bali-Besucher wird die Insel verlassen, ohne nicht wenigstens eine Anzahl Einkäufe getätigt zu haben. Das Warenangebot Balis ist verlockend und vor allem überall auf der Insel erhältlich. Wen z.B. Preisaufschläge nicht stören, der leiste sich den Luxus eines Einkaufsbummels in den klimatisierten Geschäftsarkaden des **Bali Hotel,** des **Hotel Bali Beach** und des **Sanur Beach,** wo alles unter einem Dach zu bekommen ist. Preiswerter kauft man dagegen auf den Märkten. Auf dem **Pasar Badung** in Denpasar findet man z.B. jede Menge balinesischen Schnickschnacks zu sehr günstigen Preisen.

Holzschnitzereien

Gute Holzschnitzarbeiten führen die Geschäfte in den Hauptstraßen der Ortschaften **Mas** (in der Ida Bagus Tilem's Gallery), **Pujung** (hinter Tegalalang), **Batuan** und **Jati.** Alle einheimischen Hölzer, Jackbaumholz genauso wie das gesprenkelte Holz der Kokospalme, werden hier zu kühnen Entwürfen verarbeitet, die den Schnitzern auf der ganzen Insel als Vorlage dienen. Importierte Hölzer (Teak, Mahagoni, Hibiskus) verwenden die Holzschnitzer auf Bali ebenfalls. Alte Schnitzereien — einst die Zierde der Pavillons — findet man in den Antiquitätengeschäften von **Sanur** und **Klungkung.**

Malerei und Bildhauerei

Das Zentrum der Künstler ist **Ubud,** besonders die Dörfer **Batuan, Mas, Pengosekan, Penestanan, Sanggingan, Peliatan.** Die berühmten **Gallery Neka, Gallery Munut, Gallery Agung** und die **Pengosekan Community of Arts** mit ihren erstaunlichen Sammlungen traditioneller und zeitgenössischer Malerei lohnen einen Besuch. Günstige Angebote haben vor allem die kleineren Galerien und Kunstgeschäfte — die **Purpa's Gallery** hat stets eine gute Auswahl preisgünstiger Bilder.

Wayan Cemul, der international geschätzte Steinmetz, hat ein Haus voller eigenwilliger, wunderschöner Werke. Ein Besuch in den Studios von Antonio Blanco, Han Snell, Wayan Rendi und Arie Smit oder gar im Palais des verstorbenen I. Gusti Nyoman Lempard bietet faszinierende Einblicke in die künstlerische und private Welt der balinesischen Kunst. Die Studios befinden sich oft hinter dem Geschäftsraum; der Besucher kann nicht nur Kunstwerke betrachten, sondern dem Künstler auch bei der Arbeit zusehen. Glänzende Darstellungen junger Künstler von Festen und Tänzen sind zu bestaunen.

Die Phantasiewelt legendärer Helden und Fabelwesen wird auf den bemalten Sternenkalendern und *ider-iders* (30 cm breiten und 5 m langen Baumwollstreifen) lebendig, die bei Zeremonien von den Dachtraufen der Schreine herabhängen. Diese sehr spezielle Malschule des *wayang*-Stils geht auf längst vergessene Tage zurück; viele der Tuchmalereien sind sehr alt. Man findet solche in Antiquitätengeschäften und in **Klungkung.** Steinmetzarbeiten im traditionellen Stil sind in den Werkstätten **Batubulans** zu sehen. In **Celuk** sind die Gold- und Silberschmiede zu Hause.

Batiken

Diese spezielle Art, Stoffe zu färben, wurde auf Java entwickelt: Die Teile, die nicht gefärbt werden sollen, werden mit einer dünnen Wachsschicht überzogen. Nach dem Färben wird das Wachs entfernt; dieser Vorgang wird mit anderen Farben wiederholt, bis das gewünschte Muster entsteht. Das liest sich leichter, als es sich in Wirklichkeit vollzieht. Batiken ist eine sehr schwierige, feine Arbeit, die ein ganzes Kaleidoskop von Farben und Mustern ermöglicht.

Gold- und Silberarbeiten

Die erfindungsreichen Juweliere Balis schmieden, klopfen und drehen Blumen, Opferschalen und Dämonen, die mit Halbedelsteinen besetzt werden. Geistige Zentren dieser Kunst sind **Celuk** und **Kamasan,** wo man diesen Schmuck zu günstigen Preisen erwerben kann. Auch in **Kuta** entstehen viele Gold- und Silberarbeiten. Den traditionellen balinesischen Schmuck erhält man in **Jalan Sulawesi** und **Kartini, Denpasar** und **Gianyar.**

Kunsthandwerk und Antiquitäten

Kris-Dolche, Bambusarbeiten, *wayang kulit*-Puppen und Zierat aus Kokospalmen und Teakholz gibt es in den meisten Souvenirläden. In **Tampaksiring** sind Knochenschnitzereien günstig zu haben, geflochtene Hüte und Körbe entstehen in Heimarbeit in Bedulu.

Der **Suwakati Market** und der **Elephant Cave Market** sind die besten Adressen für den Kauf von Körben, Handarbeiten und Reiseandenken. Die Webereien von Gianyar und in **Pujung** lohnen den Besuch.

In **Kuta** besitzen die Geschäfte **Auang's** und **East West** die beste Sammlung alter, einfacher Kunst- und Gebrauchsgegenstände. Andere Geschäfte haben sich auf Stoffe, Korbwaren, alten Schmuck und chinesische Betten spezialisiert. **Djodi's** im Bali Hyatt bietet Kunsthandwerkliches.

In **Klungkung** kann man schöngearbeitete Artikel nach altem Muster kaufen. Angrenzend an **Kerta Gosa** finden Sie eine Reihe von Antiquitätenläden mit seltenem chinesischem Porzellan, alten Kamasan-Gemälden, altem Schmuck und balinesischen Stoffen. Die Preise sind angemessen.

Singaraja weist einige der besten Antiquitätenläden Balis auf. Es sind fliegende Händler, die meist an der Hauptstraße stehen.

In **Sanur** kauft man seine Reisegeschenke am besten auf den Strandmärkten vor dem Segara Beach Village Hotel südlich des Bali Hyatt und an der Straße zum Sanur Beach Hotel. Wer auf etwas Ungewöhnliches aus dem Bereich der modernen Volkskunst Wert legt, geht am besten zu **Bali Kwi** an der Hauptstraße in Batu Jimbar.

Frühmorgens kann man auf dem **Pasar Badung** in **Denpasar** durch von Korallenriffmauern gesäumte Gassen zum Abschnitt mit Utensilien für Zeremonien gehen, wo es Körbe jeder Größe und Form zu kaufen gibt.

Keramik

In **Pejaten** im Bezirk Tabanan (etwa 20 km westlich von Denpasar) werden schöne Tonwaren hergestellt. Seit Generationen verstehen sich die Dorfbewohner darauf, allerlei groteske Terrakotta-Figuren mit verschränkten Gliedern zu formen.

Touren/Sehenswürdigkeiten

Südbali

In **Kuta** und **Sanur** laden herrliche Strände zum Baden, Sonnenbaden und Tauchen ein. Dem Strand vorgelagert stehen Cafés, Boutiquen, Verkaufsstände und Bars.

Kuta ist ein turbulenter, doch großartiger Tummelplatz, an dessen 5 km langem Strand sich Urlauber mit schmalem Geldbeutel ein Stelldichein geben. Der Strand des Ortsteils Legian ist der beste Abschnitt.

In Sanur geht es ruhiger und friedlicher zu. Hier läßt es sich gut leben; allerdings fehlt diesem Ort das kosmopolitische Flair Kutas.

Anspruchsvolle Bali-Reisende lassen sich am besten von Bil und Pacto im Bali Hyatt und Hotel Bali Beach beraten. Perama's und andere Reisebüros in Kuta können Gruppenfahrten im Kleinbus organisieren.

Ein Fahrrad leiht man bei der Bakor-Dependance in Hotelnähe aus, Auto oder Jeep beim Bali Car Rental Service in Sanur, der gute Fahrzeuge und den verläßlichsten Service bietet (Tel. 8550 bzw. 8359). In Kuta sind Bali Wisata gegenüber der Tankstelle und Agung's Juice Bar in Legian die besten Autovermietungen.

Segelboote vermieten Bil Bali im Bali Hyatt sowie Trattonia De Marco. Ausflüge nach **Nusa Lembongan** vermittelt das Happy Restaurant in Legian. Tauchausflüge werden im Rahmen des „Bali Underwater"-Programms vom Hotel Bualu angeboten.

Nusa Dua auf der Halbinsel Bukit im Süden Balis wurde erst in den letzten Jahren dem Tourismus erschlossen. Die Regierung entschied sich für das Gebiet, weil es landwirtschaftlich nicht genutzt werden kann und nur dünn besiedelt ist. Die Landschaft ist reizvoll: weiße Sandstrände, ein Korallenriff, das die Lagune vom offenen Meer abschirmt, dazu ein faszinierender Ausblick auf den fernen Gunung Agung, Balis heiligen Berg. Zwei vorgelagerten Inseln verdankt das Gebiet seinen Namen: Nusa (Inseln) und Dua (zwei). Über einen Korallen-Isthmus ist es mit dem Festland verbunden. Nusa Dua ist abgelegen und auf sich selbst gestellt, jedoch nich zu weit von sehenswerten Plätzen entfernt.

Zentralbali

Zentralbali besticht durch seine schöne Landschaft, seine Bauten, seine Menschen. Ausgangspunkt für den Besuch zahlreicher Attraktionen der Insel ist **Ubud.** Das Klima ist mild, die Abende zeichnen sich aus durch ihren eigenen Reiz.

Im Gebiet des sagenhaften Mittleren Reiches sind zahlreiche Sehenswürdigkeiten konzentriert. Erlebt haben sollte man **Goa Gajah** (die Elefantenhöhle), die **Königsgräber von Gunung Kawi,** den **Tempel von Tampaksiring,** den *barong-Tanz* in Batubalan sowie eine Mahlzeit im **Murni's Warung.** Die **Trancetänze** *Kecak* und *Sanghyang* in Bona sind die besten „kommerziellen" Theater auf der Insel. Vielleicht können Sie einen *Topeng-Maskentanz* oder eine *Wayang Kulit-Vorführung* bei einem Tempelfest miterleben. Das faszinierende Flötenensemble des **Ubus Palace** *(Gong Suling)* tritt regelmäßig im Gebiet von Ubud auf.

Die Berge und der Norden

Die Fahrt nach **Kintamani** oder **Bedugul** ist wesentlicher Bestandteil jeder Bali-Exkursion. Man erlebt Balis Kultur im kontrastreichen Licht der Bergwelt. Man atmet den Weihrauchduft ein, der in der frischen Luft hängt, betrachtet Bali von ganz oben und genießt bei einer Kanufahrt die zeitlose Stille eines Kratersees.

Folgende Tempel sollte man unbedingt besichtigen: **Pura Batur** und **Pura Puncak Penulisan** in Kintamani, **Candi Kuning** in Bedugul, **Pura Beji Sangsit, Pura Pulaki** und **Pura Meduwa Karang.**

Wenn Sie Zeit haben, besuchen Sie das faszinierende Dorf **Terunyan** am Ostufer des Lake Batur (in Penelokan ein Motorkanu mieten). Ein Rundgang durch **Singaraja** ist von historischem Interesse. Im Hafen, Balis ältestem, liegen Handelsschiffe auf Reede. Wer in Singaraja, Air Saneh oder Lovina Beach übernachtet, kann auf dem Umweg über die am weitesten östlich und westlich gelegenen Straßen den Blick über das kahle, weite Bali schweifen lassen.

In Nordbali ist es schwierig, ein Auto mieten, und nach der Hauptverkehrszeit fahren dort auch kaum noch *bemos*. Man sollte also, was Transportmöglichkeiten betrifft, unabhängig sein.

Westbali

Lassen Sie sich auch den Westen der Insel, seine landschaftlichen Weiten, Kontraste und Schönheiten nicht entgehen.

Der herrliche **Pura Taman Ayun** in Mengwi ist einen Besuch wert. Jenseits des Lotosteichs liegt das **Manusa Yadnya Museum,** in dem die Einzigartigkeiten des Lebens auf Bali anschaulich gemacht sind. Weiter nördlich kommt man in den ,,Affenwald" von **Sangeh.**

Frühmorgens könnte man auf dem Dschungelpfad von **Batu Karo,** den einstigen Lustgärten des Radscha von Tabanan, spazierengehen. Auf dem Rückweg kann man sich an den heißen Quellen von **Air Panas** mit einem Schluck heilkräftigen Mineralwassers stärken. Über Tabanan gelangt man nach **Kerambitan,** wo auf Wunsch der Palast, einer der schönsten Balis, besichtigt werden kann. Weiter geht es dann zum **Tanah Lot,** dem Tempel auf der Flutinsel. Man beachte die Höhlen der weißen Schlangen, der Beschützer des Tempels, und klettere vielleicht den Hügel hinauf, von dem man den eigentlichen Tempel überblicken kann.

Die Ochsenrennen in **Negara**, die zur Hochsaison im August und Dezember ausgetragen werden, sind das ,,Rodeo" Balis.

Die **Insel Menjangan** hinter Gilimanuk wird von Schnorchlern und Tauchern gern aufgesucht und ist als Naturschutzgebiet ausgewiesen.

Ostbali

Pausen kann man einlegen in **Goa Lawah** (dem Bat-Höhlentempel), dem **Candi Dasa Lagoon and Beach Resort,** in **Putung** und dem Muttertempel von **Besakih. Klungkung** und **Karangasem** besitzen herrliche Paläste und guterhaltene alte Bauten. Der Weg von **Tirta Gangga** bis **Buda Kling** stimmt den Reisenden auf die Reize des Gebiets ein.

Kulturelles

Museen und Galerien

Die Museen Balis besitzen schöne Sammlungen alter und moderner Kunst. Das **Bali Museum** in Denpasar veranschaulicht eindrucksvoll die Entwicklung des Lebens und der Kunst auf Bali von der Frühgeschichte bis ins 20. Jahrhundert (mit Schwerpunkt auf dem Altertum). Sehr informativ sind die maßstabgerechten Modelle der Zeremonie des Zähnefeilens, einer Heirat und einer Verbrennung. Ebenfalls zu besichtigen: schöne, alte Holzschnitzereien, Gemälde und Masken, die vor vielen Jahrzehnten im Auftrag balinesischer Herrscher entstanden. Öffnungszeiten: Dienstag bis Donnerstag von 7.30 bis 13.30 Uhr, Freitag von 8.00 bis 12.30 Uhr, Samstag und Sonntag von 8.00 bis 12.30 Uhr. Montags geschlossen.

Das **Museum Puri Lukisan** in Ubud bietet Bilder, die Ende der 20er Jahre entstanden, als die Maler Balis sich vom Formalismus der traditionellen Malerei lösten. Ausgestellt sind auch ausgezeichnete zeitgenössische Bilder und Schnitzereien, die in den letzten zwei Jahrzehnten von Künstlern in und um Ubud geschaffen wurden. In einem kürzlich fertiggestellten Trakt wurde eine Verkaufsausstellung eingerichtet.

Das **Art Center** in **Abian Kapas,** Denpasar, enthält zeitgenössische Malerei und stellt Bilder zum Verkauf aus. Abends ist dort Tanz. Es gibt einen Veranstaltungskalender heraus (Tel. 22776).

Das **Museum Le Mayeur** in Sanur präsentiert die Werke des belgischen Malers Le Mayeur, der 1932 nach Bali übersiedelte und 26 Jahre lang hier lebte. Er vermachte sein Haus dem indonesischen Staat. Ni Polok, die Witwe des Malers, einst eine schöne und berühmte *Legong*-Tänzerin, verwaltet das Museum, das täglich geöffnet ist.

Das **Pejeng Archaeological Museum,** nördlich von Bedulu an der Tampaksiring Road gelegen, beherbergt sehr schöne Zeugnisse der Megalithkultur und der Bronzezeit, die auf Bali gefunden wurden. Täglich geöffnet.

Die **Gedung Kirtya** in Singaraja besitzt einmalige *lontar*-Palmblattbücher- und Manuskripte. Außer sonntags täglich geöffnet.

Galerien, in denen Bilder, Holzschnitzereien, Plastiken, Masken und Webarbeiten zu sehen sind, gibt es überall auf Bali. Besonders lohnend: die in der Umgebung von Denpasar, Sanur, Klungkung und Ubud.

The Handicrafts Center (Sanggraha Krya Hasta) in Tohpati, Denpasar (Tel. 22942) präsentiert Kunsthandwerk aus Bali und anderen Teilen Indonesiens (u.a. Korbwaren, Tuchstoffe). Das Zentrum des Kunsthandwerks ist kein Museum, sondern eine staatlich geförderte Kooperative, in der man auch einkaufen kann. Öffnungszeiten: tägl. außer montags von 8.00 bis 17.00 Uhr.

Kunstgalerien: Bilder sind auch in den Häusern der berühmtesten Künstler Han Snell aus Holland und des Amerikaners Antonio Mario Blanco ausgestellt. Blanco kam in den 50er Jahren nach Bali, dessen Reize ihn so gefangennahmen, daß er blieb und eine balinesische Tänzerin heiratete. Mit ihrer Tochter, einer bekannten Tänzerin, bewohnen die beiden ein Haus, das sie von der Regierung Indonesiens gepachtet haben.

Das herrliche alte Gebäude steht auf einem Berg gegenüber dem Pub Beggars Bush und lohnt als Beispiel eines guterhaltenen alten balinesischen Hauses einen Besuch. Antonio unterhält sich gerne mit den Gästen und läßt sie bei der Arbeit zusehen. Er ist für seine ungewöhnlichen Kunstwerke weltweit bekannt. Seine Gemälde und Collagen rahmt er selbst mit Materialien ein, die dem jeweiligen Thema angemessen sind: So ist das Porträt dreier berühmter Maler von drei eigens gefertigten dekorativen Malerpinseln umrahmt.

Die **Neka Gallery and Museum** in Sanggingan (westlich von Ubud), die **Ida Bagus Tilem's Gallery** sowie die Privatsammlung in Mas und das Studio des Holländers Arie Smit an der Jalan Segera (Sanur) sind für Kunstliebhaber interessant.

Kinos

Die großen Kinos konzentrieren sich alle in Denpasar und bringen indonesische sowie „ausländische" Filme. Indische Filme bekommt man in den kleinen Kinos außerhalb Denpasars zu sehen. Auch sie zeigen indonesische Filme und Videos.

Denpasar Theatre, 41 Jalan Diponegoro; tägl. Vorstellungen um 15.00, 17.00 und 19.00 Uhr. Eintritt: 500 bis 1000 Rp. (je nach Film). Sonntagsmatinee um 10.00 Uhr.

Nirwana Theatre, 50/52 Jalan Hasanudin (Tel. 2699); tägl. 15.30, 19.30 und 21.30 Uhr. Eintritt: 500 bis 1000 Rp. und mehr.

Indra Theatre, 7 Jalan Gajah Mada (Tel. 6152); tägl. 15.00, 17.00, 19.00 und 21.00 Uhr. Eintritt: 1000 bis 2000 Rp. Sonntagsmatinee um 9.00 und 11.00 Uhr.

Wisata Theatre, Jalan Thamrin. 17.00, 19.00, 21.00 und 23.00 Uhr. Eintritt: 1000 bis 3000 Rp.

Kusumasari Theatre, Kusumasari Shopping Complex, Jalan Gajah Mada 4. 17.00, 19.00, 21.00 und 23.00 Uhr. Eintritt: 1000, 2000 Rp. und mehr.

Tanztheater

Die beste Gelegenheit, Tanz und Theater Balis kennenzulernen, bieten die Tempelfeste. Für Besucher mit wenig Zeit werden an zentralen Plätzen in allen Teilen der Insel Vorführungen veranstaltet. Ort und Zeitpunkt dieser Vorführungen wechseln ständig, so daß man sich im Hotel bzw. beim Tourist Promotion Office erkundigen sollte, wo und wann etwas geboten ist.

Der **Kecak**-Tanz wird in Ayoda Pura Tanjung Bungkak und Banjar Taman Sanur tägl. von 18.00 bis 19.00 Uhr, in Banjar Legian Kelod, Legian, dienstags von 20.00 bis 21.00 Uhr und in Banjur Buni, Kuta, sonntags von 18.00 bis 19.00 Uhr aufgeführt.

Das **Ramayana**-Ballett tanzt samstags und sonntags von 20.00 bis 21.00 Uhr in Ayoda Tanjung Bungkak, montags (19.30 bis 20.30 Uhr) im Palace Hotel von Pemecutan, samstags (20.00 bis 21.00 Uhr) in Banjar Pengaretan, Kuta, bzw. in Indra Prasta, Kuta (20.00 bis 21.00 Uhr).

Der beliebte **Legong**-Tanz wird in Puri Agung, Peliatan samstags von 18.00 bis 19.00 Uhr, donnerstags von 20.00 bis 21.00 Uhr in Ayoda Pura, Tanjung Bungkak aufgeführt.

Den **Barong**-Tanz gibt es tägl. von 21.00 bis 22.00 Uhr in Batubulan (Saha Dewa Stage) zu sehen.

Ein **Wayang Kulit**-Schattenspiel wird zweimal wöchentlich (montags und donnerstags von 18.00 bis 19.00 Uhr) im Palace Hotel in Pemecutan aufgeführt.

Der **Trancetanz** wird gezeigt in Bona, Gianyar (Montag, Dienstag, Mittwoch und Freitag jeweils von 18.00 bis 19.00 Uhr).

Gottesdienste

Auf Bali gibt es eine Reihe von Kirchen und Moscheen. Bis auf die Al-Hissan-Moschee (im Hotel Bali Beach) sind sie alle in Denpasar:

Kathol. — Jln. Kepundung
Protest. Maranatha — Jln. Surapati
Adventisten — Jln. Surapati
Pfingstbew. — Jln. Karna
Evangel. — Jln. Melati
Protest. Bali — Jln. Debes
Raya-Moschee — Jln. Hasanuddin
An-nur-Moschee — Jln. Diponegoro
Al-Hissan — Hotel Bali Beach

Einzelheiten (z.B. Gottesdienstzeiten) erfahren Sie im Reisebüro oder im Hotel.

Der balinesische Kalender

Die komplizierten Abbildungen des balinesischen Kalenders zeigen eine Reihe von Quadraten, die jeweils einem bestimmten Tag und einer Woche des Jahres entsprechen. Jedes Quadrat enthält ein Bild, das eine vorteilhafte Handlung bzw. ein Ereignis darstellt, das sich auf den betreffenden Tag bezieht. Tage mit religiösen Verpflichtungen, werden abgelöst durch andere, die menschlichen Bestrebungen oder der Verantwortung gegenüber diversen Tieren gewidmet sind. Darüber hinaus gibt der Kalender Hinweise darauf, wann man am besten ein neues Haus segnet oder Vieh verkauft.

Auf Bali gelten parallel zueinander zwei Zeitsysteme; im *saka*-Kalender der Hindus werden die Jahre gezählt, im balinesischen *wuku*-Kalender dagegen nicht. Das Sonnen-Mond-Jahr des *saka*-Kalenders unterteilt sich in 12 Monate bzw. „Monde". Wichtige Zeremonien entfallen auf Vollmond und Neumond. Der Monat besteht aus 29 oder 30 Sonnentagen; die Jahreszahl ist um 78 Jahre hinter unserer Zeitrechnung zurück. (1986 ist z.B. das *saka*-Jahr 1908.) Die meisten Balinesen richten sich nach dem *wuku*-Kalender, dessen kompliziertes Zeitsystem zehn verschiedene Wochen (Eintagwoche bis zur Zehntagewoche) kennt. Die Siebentagewoche ist die wichtigste; sie heißt *wuku* und beginnt sonntags; jeder Tag ist nach einem Planeten im Sonnensystem benannt. Auch die Fünftagewoche ist von Bedeutung. Ein *wuku*-Jahr hat 210 Tage bzw. 27 Wochen *(wukus)* — alle mit eigenem Namen.

Nyepi

Das „Neujahr" fällt im *saka*-Kalender auf den Tag nach dem Neumond des neunten Monats. Der Nyepi ist ein Tag der Ruhe: kein Feuer wird entzündet, keine Fahrt unternommen, keine Arbeit verrichtet. Am Tag vor Nyepi, dem letzten Tag des

Jahres, der das Ende der Regenzeit markiert, werden in allen Dörfern große Reinigungsopfer abgehalten, um das Land von allem Bösen zu befreien. An jeder Kreuzung werden umfangreiche Wein- und Fleisch-Opfergaben abgelegt: Die bösen Geister sollen sie verzehren, während die Priester beschwörende Zauberformeln zu ihrer Austreibung skandieren. Am Abend geht man auf die Straße und schlägt Gongs, Zimbeln und andere lärmende Instrumente, um die Geister zu verjagen. In Denpasar versammeln sich Tausende von Jungen zu einem Umzug durch die Stadt: Mit Fackeln reinigen sie sie von bösen Geistern.

Galungan

Am 210. Tag des *wuku*-Kalenders feiern die Balinesen den Sieg des Volkes über den legendären Dämonenkönig Mayadanawa: Dieser König soll seinen Untertanen den Ahnenkult und die Götterverehrung verboten haben. Mit Hilfe des Gottes Indra und seiner göttlichen Verbündeten lehnte sich das Volk dagegen auf und besiegte in einer großen Schlacht den Dämonenkönig. Danach konnte es seinen Glauben, die *Agama Hindu*-Religion, wieder frei praktizieren. Am Galungan soll der oberste Gott Sanghyang Widi, gefolgt von anderen Gottheiten und Ahnengeistern, vom Himmel zu seinen irdischen Tempeln herabsteigen, um zu feiern. Zehn Tage lang bringt man ihnen Opfer und unterhält sie mit Umzügen, Tänzen und Gesängen. *Barong*-Tänzer marschieren von den Tempeln aus von Dorf zu Dorf und geben oft spontan Tanzeinlagen. Der zehnte Tag, Kuningan, ist der letzte Tag des Aufenthalts der Götter auf Erden.

Tag der Unabhängigkeit

Gemeinsam feiern alle Indonesier am 17. August den Tag der Unabhängigkeit. Mit dem Hissen der Nationalflagge in allen großen Straßen, mit Umzügen der Schulkinder (manche tragen die Tarnkleidung der Guerillakämpfer, andere die Landestracht) gedenken sie des mutigen Befreiungskampfes der indonesischen Revolutionäre der ersten Stunde.

Für viele Tänzer und Musiker ist der Tag der Unabhängigkeit Höhepunkt des Jahres. Einmal in vier Jahren wird auf der Insel ein Gong-Wettbewerb ausgetragen, bei dem das Dorf mit dem besten *Gamelan*-Orchester ermittelt wird. Zur Endausscheidung treten zwei Orchester an, die sich mit neuen Kompositionen und präzisem Spiel gegenseitig zu überbieten suchen. Die Tänzer wiederum bemühen sich, die Zuschauer durch eigenwillige Interpretationen alter Tänze zu faszinieren. Die Auditorien sind immer überfüllt, und die Reaktion des Publikums ist so interessant wie die Vorführung selbst. Die Meistertänzer Balis sind bei diesen Aufführungen die Jury.

Tempelfeste (Odalans)

Jeder Tempel begeht mit einem Fest seinen „Geburtstag", den Tag seiner Weihe. Das ganze Dorf feiert dann 24 Stunden hindurch. Ab dem frühen Morgen erteilen die Priester den Opfergaben, die die Frauen bringen, ihren Segen. Nachmittags folgen Hahnenkämpfe, und an Ständen bekommt man Erfrischungen. Ein Medizinmann preist seine Allheilmittel an; ständig mehr Menschen in Festtagskleidung treffen ein ... Das festliche Ereignis geht immer weiter — von Sonnenuntergang bis zum Morgengrauen.

Ehrentage

Neben den gesetzlichen Feiertagen und den Festen werden auf Bali auch einzelne Götter geehrt, weil sie die Hüter bestimmter Disziplinen sind. Im *wuku*-Kalender steht der Tag der **Saraswati,** der Göttin der Weisheit. Man bringt den *lontar*-Manuskripten (Balis ersten Büchern) Opfer dar, und niemand darf an diesem Tag lesen oder schreiben. Auch **Batara Sangkara,** dem Herrn über die Ernten, ist ein Festtag gewidmet. Kokospalmen, die mit Tuchstreifen „festlich eingekleidet" wurden, werden Opfer zelebriert. Am Tag, der der **Gottheit des Wohlstands und des finanziellen Erfolgs** gewidmet ist, ruhen die Geschäfte. Am Tag der **Waffen** dürfen keine scharfen Gegenstände benutzt werden. Der Tag des **„Goldsegens"** wiederum — an dem alle Objekte aus Gold und Silber sowie kostbare Steine im Mittelpunkt stehen — gehört Mahadewa, dem Herrn über das Gold und Wächter des Westens. Kaum ein Gegenstand in der Natur bzw. des täglichen Gebrauchs wird ausgelassen. Die Haustiere, die Utensilien und Gerätschaften zum Reisanbau, Musikinstrumente, Tanzkostüme, Marionetten u.v.a. — alle haben sie ihren speziellen Ehrentag.

Tagtäglich finden auf Bali neue Feierlichkeiten statt, zu jeder Jahreszeit kann man ein Fest miterleben. Die Balinesen sind jedem und für alles dankbar, was ihnen Wohlstand und Gesundheit gebracht hat.

Der Feste-Zyklus

Galungan und Kuningan und viele andere Tempelfeste haben im *wuku*-Kalender ihren festen Platz; das Datum ist im voraus bekannt. Nyepi und andere Tempelfeste (darunter die der großen Tempel Pura Besakih und Pura Batur) folgen dem Mondkalender; der genaue Zeitpunkt wird am Ende eines jeden Jahres von den priesterlichen Gremien festgelegt.

Größere Tempelfeste sind in den gedruckten balinesischen Kalendern, die fast in jedem Haus, Hotel und Büro hängen, aufgelistet. Um zu erfahren, wo ein Fest gefeiert wird, schaut man am besten in diesem Kalender nach. Zusätzlich sollte man immer wieder erfragen, wo gerade eine Verbrennungs-, Zahnfeil- oder eine andere Zeremonie stattfindet.

Die bedeutenden Tempelfeste werden etwa um die gleiche Zeit wie das *Galungan* und *Kuningan* gefeiert.

Pura Luhur, Batukau: Galungan (plus ein Tag)
„Perang Pandan", Tenganan: Kuningan (Mittag)
„Perang Dewa" Desa Sattrya, Klungkung: Kuningan (16.00 Uhr)

Pura Dasar, Gelgel: Galungan (plus fünf Tage)
Pura Taman Pule, Mas: Kuningan
Pura Sada, Kapal: Kuningan
Pura Sakenan, Serangan: Kuningan (und Kuningan plus ein Tag)
Pura Tanah Lot: Kuningan (plus vier Tage)
Pura Petilan/Pengerebongan, Kesiman: Kuningan (plus acht Tage)
Pura Luhur, Ulu Watu: Kuningan (plus 10 Tage)
Pura Goa Lawah: Kuningan (plus 10 Tage)
Pura Taman Ayun, Mengwi: Kuningan (plus 10 Tage)

Den genauen Zeitpunkt der auf der Basis des Mondkalenders angesetzten Fest kann man zwar nicht genau vorhersagen, doch fallen sie stets etwa in dieselbe Zeit. Nyepi wird immer Ende März/Anfang April gefeiert. Viele Tempel halten zum Vollmond des vierten Monats (Ende September/Anfang Oktober) oder dem des zehnten Monats (Anfang bis Mitte April) Feste ab.

Nachtleben

In Sanur verlaufen die Nächte relativ ruhig. In den Cocktail Lounges der größeren Hotels wie des Bali Intercontinental gibt es Live-Musik. Das Bali Hyatt hat eine Disco **(Matahari)**. **Bali Queen**, **Number One** und **Bali Bistro** heißen weitere Diskotheken in und um Sanur. Das **Karya Restaurant**, die **Purnama Terrace** (im Bali Hyatt) und das **Kul Kul Restaurant** (zu empfehlen: die ,,Froschtanz"-Nacht) sind die besten Adressen für ein Abendessen mit Showprogramm unter dem Sternenhimmel. Das Nusa Dua-Hotel bei Nacht ist für sich genommen eine Show — vor allem in der Ramayan-Nacht sollte man hingehen und in einem der Pavillons um die Open-air-Bühne speisen.

Kuta eignet sich eher für Unternehmungslustige, die im Urlaub die ohrenbetäubende Musik überfüllter Discos nicht missen möchten. An der **Legian Street** öffnen einige Bars bereits am Nachmittag und machen gegen 22.00 oder 23.00 Uhr zu, wenn die Discjockeys loslegen. **Casablanca** und **The Pub** servieren kühles Bier in eisgekühlten Gläsern — der ,,Traum" manches Bierfreundes. Die malerischen kleinen Kneipen mit ihren wuchernden Grünpflanzen sind zum Ausruhen und Durststillen gerade das Richtige. Außerdem hat man von hier eine gute Aussicht auf das flanierende Publikum in der neuesten ,,Bali-Mode" und die aufheulenden frisierten Motorräder.

Manche Discos haben bis zum Morgengrauen geöffnet; danach kann man zum Strand gehen und den spektakulären Sonnenaufgang beobachten — in Kuta machen das viele. Die **Sand Bar** in der Legian Street ist eine bekannte ,,Aussie"-Disco; man steht da und trinkt sein Bier oder verschafft sich etwas Bewegung auf der Tanzfläche. Einheimische und Touristen treffen sich hier beim Bier. Im Ausschank sind San Miguel und Bintang, das indonesische Bier (die große Flasche zu 1500 Rp.). Es wird nur dann ungemütlich, wenn betrunkene Urlauber meinen, ihren großen Auftritt zu haben. Dasselbe gilt auch für die Number One-Discothek in Sanur. Neben der Sand Bar liegt **Ma Place**, ebenfalls eine Tanzkneipe.

Etwas außerhalb des Ortes gelangt man zum **Rum Jungle**, der seinem Namen alle Ehre macht. Um hinzukommen, braucht man ein Fahrrad oder Auto — doch der Weg lohnt sich! Durch eine Tür in der Außenmauer kommt man zur Betontanzfläche im Freien. Überall ranken sich Grünpflanzen an Gittern hoch und sorgen für Dschungelatmosphäre. Die Tanzfläche ist stets überfüllt, die Musik konstant laut; gespielt werden im allgemeinen Rock und Reggae.

Der neue Nightclub des Tanjung Sari, **Rumours**, besitzt einen luxuriös ausgestatteten Videoraum und eine schöne Sammlung international bekannter und balinesischer Filme. Die Discos im Bali Hyatt (**Juliana's** aus London) und dem Nusa Dua sowie dem **Kayu Api** an der Legian Street (die einzige Disco in Kuta mit Live-Musik) können sich ebenfalls hören lassen. **Bali Hai** im Hotel Bali Beach bietet Auftritte von Entertainern aus Las Vegas, die ihre besten Tage gesehen haben.

Sport

Es gibt auf Bali eine Reihe von Golf-Plätzen. Das Hotel Bali Beach in Sanur besitzt einen eigenen Platz, und die Anlage des Bali Handara Golf Club in Bedugul, in reizvoller Lage am Lake Bratan, gilt als der beste Golfplatz ganz Asiens. Anmeldungen nimmt das Tanjung Bungkak Office in Denpasar entgegen (Tel. 6419).

Tennis-Plätze stehen zur Verfügung am Bali Hyatt Hotel, Sanur; bei den Pertamina Cottages, Tuban in Kuta; dem Hotel Bali Beach, Sanur; dem Bedugul Bali Handara Golf Club und an Jalan Kamboja, Jalan M.T. Maryono, Tanjung Bungkak und Putung Karangasem in Denpasar.

Gegen einen kleine Gebühr darf man in den Swimmingpools der meisten Hotels baden: Hotel Bali Beach, Bali Hyatt Hotel, Hotel Sanur Beach, Bali Seaside Cottage und Hotel La Taverna, alle in Sanur. Über Badegelegenheiten verfügen auch die Pertamina Cottages, das Legian Beach Hotel, der Kuta Beach Club und das Kuta Beach Hotel, alle in Kuta, das Bali Hotel in Denpasar sowie das Hotel Campuan in Ubus.

Billard-Säle gibt es in Kuta, in Denpasar, in der Jalan Veteran 9 (Aneka Billiard), den Indra Billiard Palace und den Hong Kong Billiard, beide in der Jalan Gajah Mada.

Wassersport: Seit fünf Jahren sind Surfen, Tauchen, Speerfischen, Windsurfen und Schnorcheln auf Bali groß im Kommen. Die kleine Insel Nusa Lembongan (vor den Nusa Penida Islands gegenüber Sanur) hat sich zu einer Oase für Surfer und Taucher entwickelt. Segelboote sind zu mieten, Wochenendausflüge mit Tauch- und Windsurfing-Kursen für Gruppen werden angeboten. Näheres bei **Bali Aqua Sports** (über Nyoman an der La Barong Ba Bar), **Moana Manu Sailing Charters** (Bil Bali im Bali Hyatt), **Baruna Water**

Sports (im Bali Hyatt) oder bei **Natruba Travel, Gloria Maris** (Jalan Airport) und **Nusa Lembongan Tours** (im Happy Restaurant, Kuta). Wasserski bietet das Bali Hyatt an. Die großen Hotels verleihen größtenteils Surfbretter.

Kleiner Sprachführer

Der Leitsatz Indonesiens — *Bhinneka Tunggal Ika* („Einheit in der Vielfalt") — findet auf dem Gebiet der Sprache seine deutlichste Bestätigung. Obwohl auf dem Archipel über 250 Sprachen und Dialekte gesprochen werden, wird man mit der Nationalsprache *Bahasa Indonesia* von der Nordspitze Sumatras über Java bis nach Irian Jaya im ganzen Inselreich zurechtkommen.

Bahasa Indonesia ist als Sprache alt und neu zugleich. Es stammt vom Malaiischen ab, das seit Jahrhunderten im größten Teil Südostasiens als Verkehrssprache diente. Die Seeleute, Händler und islamischen Missionare verwendeten das sogenannte Markt- bzw. „Basar"-Malaiisch, eine simplifizierte Version der klassischen Sprachform der Malaiischen Halbinsel.

Noch während der Kolonialzeit forderte 1929 der All Indonesia Youth Congress die Ausarbeitung einer Nationalsprache, die nicht auf dem „Basar"-Malaiisch, sondern auf dem reinen Malaiisch der Halbinsel basieren sollte. Diese Sprache eignete sich vorzüglich für Indonesien, da viele seiner regionalen Sprachen von ihr abstammten. Beide Sprachgruppen hatten zudem viele Wörter aus dem Sanskrit und dem Arabischen entlehnt.

Als Symbol des Nationalstolzes und der Einheit breitete sich *Bahasa Indonesia* rasch aus; der Wortschatz erweiterte sich, so daß es sich heute bei aller Ähnlichkeit vom Malaiischen durchaus unterscheidet.

Das alte Balinesisch ist kompliziert und viel schwerer zu erlernen als *Bahasa Indonesia*. Außer in den von Touristenpfaden weit abgelegenen Gebieten kommt man mit *Bahasa Indonesia* überall zurecht.

Das Studium der indonesischen Schriftsprache ist sehr aufwendig, während man einfach Sätze relativ schnell sprechen lernt. Indonesisch verwendet das römische Alphabet; es ist im Gegensatz zu einigen asiatischen Sprachen nicht tonal. Artikel sind darin unbekannt. *Rumah* heißt „ein Haus". Das verdoppelte Wort *rumah-rumah* (*rumah 2* geschrieben) heißt „Häuser".

Erleichternd für den Anfänger ist auch das Fehlen von komplizierter Zeitformen bei Verben: Schlüsselworte wie *sudah* („schon") für die Vergangenheit, *belum* („noch nicht") für etwas kurz Bevorstehendes und *akan* („werden") für die Zukunft dienen zur Bestimmung der Zeiten.

In der Sprachpraxis gilt es einige Grundregeln zu beachten. Adjektive stehen stets hinter Nomen: *rumah* („Haus") und *besar* („groß") werden zu *rumah besar* („großes Haus"). Subjekt-Prädikat-Objekt ist der korrekte Satzaufbau: *saya* („ich") *minum* („trinke") *air* („Wasser") *dingin* („kalt"); *saya minum air dingin.*

Das Personalpronomen dient zugleich als Possessivpronomen und steht nach dem Hauptwort: *rumah saya* heißt „mein Haus".

Bei der Anrede drücken jüngere Menschen gegenüber älteren ihren Respekt aus. Ein älterer Mann wird als *bapak* bwz. *pak* („Vater"), eine ältere Frau als *ibu* („Mutter") angesprochen; dies gilt auch bei geringem Altersunterschied und wenn der Jüngere eine hohe Position bekleidet. *Nyonya* ist die höflich Anrede für eine verheiratete Frau, *nona* für eine ledige Frau.

Um die Aussprache in Malaysia und Indonesien zu vereinheitlichen, gelten in beiden Staaten seit 1972 neue Ausspracheregeln. Alle gedruckten Materialien verwenden seitdem die neue Form; viele Zeichen sind der neuen Aussprache angepaßt worden.

Im folgenden finden Sie einige Richtlinien für die Aussprache des *Bahasa Indonesia,* das im wesentlichen dem italienischen Lautsystem entspricht. (In Klammern steht die Aussprache von vor 1972.) Die beste Methode, korrekt sprechen zu lernen, ist, den Indonesiern zuzuhören und selbst die ersten Schritte in dieser Sprache zu wagen. Geduldige, hilfsbereite Menschen, die Sie dabei unterstützen, gibt es genug ...

a	kurz, wie bei „Vater" (*apa* = Was, *ada* = es gibt)
ai	wie bei „mein" (*kain* = Material, *sampai* = ankommen)
k	hart am Wortbeginn, wie bei „König", am Wortende kaum vernehmbar (*kamus* = Wörterbuch, *cantik* = schön)
kh (ch)	leicht gehaucht, wie das schottische ch in „loch" (deutsch „Leck") (*Khusus* = speziell, *khabar* = Nachricht)
ng	wie bei „singen" (nicht wie bei engl. „danger") (*bunga* = Blume, *penginapan* = billiges Hotel)
ngg	wie ng bei „Ringo" (*minggu* = Woche), *tinggi* = hoch)
r	wird immer gerollt (*rorok* = Zigarette, *pertama* = erste)
u (oe)	wie bei „Fluß" (*umum* = öffentlich, *belum* = noch nicht)
y(j)	wie bei „ja" (*saya* = ich, *kaya* = reich)
c(tj)	wie bei „entscheiden" (*candi* = Tempel, *kacang* = Nuß)
e	1. Oft unbetont, wie bei „offen", das kaum gesprochen wird (*berapa,* wie *b'rapa* gesprochen = wieviel?) 2. Manchmal betont, etwa zwischen „Bett" und „spät" angesiedelt (*boleh* = darf, *lebar* = weit)
g	hart, wie bei „Golf" (*guntur* = Donner, *bagus* = sehr gut)
h	meist leicht gehaucht (*hitam* = schwarz, *lihat* = sehen)
i	entweder kurz, wie in „sind", oder länger gesprochen, wie in „Ried" (*minta* = bitten, *ibu* = Mutter)
j (dj)	wie in „John" (*jalan* = Straße, *jahit* = nähen)

Zwei Hinweise zu Besonderheiten der Schreibweise: Vielfach wird bei Eigennamen das alte „oe" statt des neuen „u" geschrieben. Viele beharren auf ihrem Geburtsrecht und schreiben sich, wie der Präsident persönlich, nach der alten Art. (In der Presse liest man selten einmal „Suharto" statt des eingeführten „Soeharto".)

In den Büros der Fluglinien, in Reisebüros, mittleren und großen Hotels sowie in den großen Kaufhäusern kommt man mit Englisch gut zurecht. Ältere Indonesier sprechen auch noch Holländisch, während die anderen europäischen Sprachen wenig verbreitet sind. Man sollte sich bemühen, Slang-Begriffe zu vermeiden und seinem Gegenüber durch langsames, deutliches Sprechen die Verständigung zu erleichtern. Wer versucht, ein wenig *Bahasa Indonesia* zu radebrechen, hat bei den Einheimischen von vornherein einen Stein im Brett.

Bahasa Indonesia für Anfänger

Das folgende Mini-Lexikon ist so gut wie möglich thematisch in Wortgruppen eingeteilt, die im Alltag von Bedeutung sind. Die regionalen Besonderheiten, auf die man bei Rundreisen unwillkürlich stößt, konnten hier nicht berücksichtigt werden. In vielen Fällen ist jedoch die Bedeutung eines zunächst unbekannt klingenden Wortes aus dem Kontext zu schließen.

Gruß- und Höflichkeitsformeln

Herzlichen Dank!	*terima kasih (banyak)*
Guten Morgen	*selamat pagi*
Guten Tag (etwa von 11.00 bis 15.00 Uhr gebräuchlich)	*selamat sore*
Gute Nacht	*selamat malam*
Auf Wiedersehen (zu jemanden, der geht)	*selamat jalan*
Auf Wiedersehen (zu jemand, der bleibt)	*selamat tinggal*
Tut mir leid	*ma'af*
Willkommen!	*selamat datang*
Bitte treten Sie ein	*silahkan masuk*
Bitte nehmen Sie Platz	*silahkan duduk*
Wie heißen Sie?	*siapa nama saudara?*
Ich heiße ...	*nama saya ...*
Woher kommen Sie?	*saudara datang dari mana?*
Ich komme aus ...	*saya datang dari ...*

Pronomen und persönliche Anrede

Ich	*saya*
Du	*kamu* (zu Kindern) *saudara, anda*
er, sie	*dia*
wir	*kami* (ohne Gesprächspartner)
Sie (Plural)	*saudara-saudara, anda*
sie	*mereka*
Herr	*Pak/Bapak*
Frau	*Nyonya/Ibu*
Fräulein	*Nona*
Mädchen/Junge	*adeh*

Richtungsangaben, Verkehrswesen

links	*kiri*
rechts	*kanan*
geradeaus	*terus*
nahe, bei	*dekat*
weit	*jauh*
von	*dari*
bis	*ke*
innerhalb	*didalam*
außerhalb von	*diluar*
zwischen	*antara*
unter	*dibawah*
hier	*disini*
dort	*disana*
vor (Ortsangabe)	*didepan, dimuka*
hinter	*dibelakang*
neben	*disebelah*
ansteigen	*naik*
abfallen	*turun*
gehen	*jalan*
fahren	*stir, bawa*
Auto	*mobil*
Bus	*bis*
Zug	*kereta-api*
Flugzeug	*kapal terbang*
Schiff	*kapal laut*
Fahrrad	*sepeda*
Motorrad	*sepeda motor*
Wohin möchten Sie?	*mau kemana?*
Ich möchte nach ...	*saya mau ke ...*
Halten Sie hier	*berhenti disini, stop bisini*
Ich bin in fünf Minuten zurück	*saya akan kembali lima menit*
nach rechts, bitte	*belok kekanan*
Wie viele Kilometer?	*berapa kilometer jauhnya?*
langsamer bitte	*pelan-pelan/ perlahan-lahan*

Aus dem Alltag

Hotel	*hotel, penginapan, losmen*
Ladengeschäft	*toko*
Bahnhof	*stasiun kereta-api*
Flughafen	*lapangan terbang*
Kino	*bioskop*
Buchhandlung	*toku buku*
Tankstelle	*pompa bensin*
Bank	*bank*
Postamt	*kantor pos*
Swimmingpool	*tempat pemandian, kolam renang*
Einwanderungsbehörde	*Departemen Immigrasi*
Touristenbüro	*kantor parawisata*
Botschaft	*kedutaan besar*

Übernachtung

Zimmer	*kamar*
Bett	*tempat tidur*
Schlafzimmer	*kamar tidur*
Bad	*kamar mandi*

Toilette	*kamar kecil*
Handtuch	*handuk*
Bettuch	*seprei*
Kissen	*bantal*
Wasser	*air*
Seife	*sabun*
Fächer	*kipas angin*
baden	*mandi*
heißes Wasser	*air panas*
kaltes Wasser	*air dingin*
waschen	*cuci*
bügeln	*gosok*
Kleidungsstücke	*pakaian*
Hemd	*kemeja*
Hosen	*celana*
Kleid	*baju, rok*
Wo ist ein Hotel?	*Dimana ada hotel?*
Was kostet die Übernachtung?	*Berapa harganya satu malam?*
Bitte waschen Sie diese Kleidungsstücke	*Tolong cuci pakaian-pakaian ini*

Speisen und Getränke

Restaurant	*restoran, rumah makan*
Speisesaal	*kamar makan*
Essen	*makanan*
Getränk	*minuman*
Frühstück	*makan pagi*
Mittagessen	*makan siang*
Abendessen	*makan malam*
gekochtes Wasser	*air putih, air matang*
eisgekühltes Wasser	*air es*
Eis	*es*
Tee	*teh*
Kaffee	*Kaffee*
höflich	*stroop*
Bier	*bir*
frischer Orangensaft	*air jeruk*
Milch	*susu*
Brot	*roti*
Butter	*mentega*
Reis	*Reis*
Nudeln	*mei, bihun, bakmie*
Suppe	*soto*
Hühnchen	*ayam*
Rindfleisch	*daging (sapi)*
Schweinefleisch	*babi, daging babi*
Ziege (manchmal auch für Hammel)	*kambing*
Leber	*hati*
Hirn	*otak*
Fisch	*ikan*
Garnelen	*udang*
Gemüse	*sayur*
Obst	*buan*
Banane	*pisang*
Ananas	*nanas*
Kokosnuß	*kelapa*
Mangofrucht	*mangga*
Ei	*telur*
weich gekochtes Ei	*telur setengah matang*
Spiegelei	*telur mata sapi*
Kloß (klein)	*pangsit*
Kloß (groß)	*bakpao*
Zucker	*gula*
Salz	*garam*
Pfeffer	*merida, lada*
Sojasoße	*kecap*
Essig	*cuka*
süß	*manis*
sauer	*asam*
bitter (ohne Zucker)	*pahit*
heiß (Temperatur)	*panas*
scharf (Gewürz)	*pedis, pedas*
kalt	*dingin*
„sehr gut"	*istimewa*
gekocht	*rebus*
gebraten	*goreng*
in Fleischbrühe serviert	*godok*
Soße	*kuah, saus*
Tasse	*cangkir*
Teller	*piring*
Glas	*gelas*
Löffel	*sendok*
Messer	*pisau*
Gabel	*garpu*

Einkaufen

Geschäft	*toko*
Geld	*uang*
wechseln (Geld)	*uang kembali*
kaufen	*beli*
Preis	*harga*
teuer	*mahal*
billig	*murah*
fester Preis	*harga pas*
Was kostet das?	*Berapa?/ Berapa harganya?*
Das ist zu teuer!	*Itu terlalu mahal!*
Haben Sie etwas billigeres?	*Adakah yang lebih murah?*
Können Sie den Preis reduzieren?	*Bisa saudara kurankan harganya?*
Was ist das?	*Apa ini?*
Ich nehme es	*Saya akan ambil ini*
Ich möchte es nicht	*Saya tidak mau*
Ich komme später noch mal	*Saya akan kembali nanti*

Zeitangaben

Tag	*hari*
Nacht	*malam*
heute	*hari ini*
Morgen (ca. bis 10.30 Uhr)	*pagi*
Mittag (zwischen 10.30 und 15.00 Uhr)	*siang*
Abend (15.00 bis 20.00 Uhr)	*sore*
jetzt	*sekarang*
soeben	*baru saja*
bald, gleich	*nanti*
immer	*selalu*
bevor	*dahulu, dulu*
wenn (zeitlich)	*waktu*
Wann? (Fragewort)	*kapan?*
morgen	*besok*
gestern	*kemarin*

Minute	*menit*
Stunde	*jam*
Woche	*minggu*
Monat	*bulan*
Jahr	*tahun*
nach (ein Uhr z.B.)	*liwat*
vor (ein Uhr z.B.)	*kurang*
Wie spät ist es?	*Jam berapa sekarang?*
sieben Uhr	*Jam tujuh*
halb acht	*Stengah delapan*
Es ist 10 vor acht	*Jam delapan kurang sepuluh*
Es ist 10 nach acht	*Jam delapan liwat sepuluh*

Zahlen und Wochentage

1. eins	*satu*
2. zwei	*dua*
3. drei	*tiga*
4. vier	*empat*
5. fünf	*lima*
6. sechs	*enam*
7. sieben	*tujuh*
8. acht	*delapan*
9. neun	*sembilan*
10. zehn	*sepuluh*
11. elf	*sebelas*
12. zwölf	*duabelas*
13. dreizehn	*tigabelas*
14. vierzehn	*empatbelas*
15. fünfzehn	*limabelas*
16. sechzehn	*enambelas*
17. siebzehn	*tujuhbelas*
18. achtzehn	*delapanbelas*
19. neunzehn	*sembilanbelas*
20. zwanzig	*duapuluh*
21. einundzwanzig	*duapuluh satu*
30. dreißig	*tigapuluh*
40. vierzig	*empatpuluh*
58. achtundfünfzig	*limapulah delapan*
100. einhundert	*seratus*
263. zweihundertdreiundsechzig	*duaratus enampuluh tiga*
1.000 eintausend	*seribu*
Sonntag	*Hari Minggu*
Montag	*Hari Senin/Senen*
Dienstag	*Hari Selasa*
Mittwoch	*Hari Rabu*
Donnerstag	*Hari Kamis*
Freitag	*Hari Jum at/Juma at*
Samstag	*Hari Sabtu*

Gängige Ausdrücke

ja	*ya/ia*
nein	*tidak, tak* (auch *nggak)*
das stimmt	*betul*
das stimmt nicht	*salah*
viel, viele	*banyak*
sehr viel, sehr viele	*banyuk sekali*
und	*dann*
aber	*tepapi, tapi*
wenn	*jika, kalau*
mit	*dengan*
dies	*ini*
das	*itu*
wie dieses	*begini*
wie das da	*begitu*
ähnlich	*seperti*
hier	*sini, disini*
dort	*sana, disana*
sehr hübsch	*bagus*
mehr	*lebih*
weniger	*kurang*
weil	*karena*
vielleicht	*barangkali, mungkin*
etwa (annähernd)	*kira-kira*
dann	*kemudian, lalu*
gut, in Ordnung	*baik*

Einige nützliche Verben

Es gibt eine Anzahl Vorsilben wie *me-, mem-, men-, meng-* und *ber-*, die Verwirrung stiften können. Man versteht Sie aber, wenn Sie den Wortstamm richtig verwenden.

bringen	*bawa*
tragen	*angkat*
nehmen	*ambil*
geben	*kasi, beri*
kaufen	*beli*
verkaufen	*jual*
bitten, bitten um	*tanya/minta*
sprechen	*bicara*
sehen	*lihat*
versuchen	*coba*
suchen	*cari*
waschen	*cuci*
wünschen	*mau*
können (Erlaubnis)	*boleh*
können (es ist möglich; auch für „erlauben" gebraucht)	*bisa*
sagen	*bilang/berkata*
Ich verstehe nicht	*Saya tidak mengerti*
Ich spreche kein Indonesisch	*Saya tidak bisa bicara Bahasa Indonesia*
Ich spreche nur ein bißchen Indonesisch	*Saya bisa bicara sedikit saja Bahasa Indonesia*
Sprechen Sie bitte langsam	*Tolong bicara pelan-pelan*

Fragewörter

Wer	*siapa*
Was	*apa*
Wann	kapan
Wo (Ort)	*dimana*
wo (Richtung)	*kemana*
wieso	*kenapa, mengapa*
wie	*bagaimana*
wieviel, wie viele	*berapa*
welches, welcher	*yang mana*

Hauptwörter

Zigarette	*clove cigarette*
Zündhölzer	*korek api*
Zug (Eisenbahn)	*kereta-api*

Haus	*rumah*
Papier	*kertas*
Zeitung	*surat khabar, koran*
Haar	*rambut*
Landkarte	*peta*
Platz	*tempat*
Briefmarke	*prangko, perangko*
elektrischer Strom	*listrik*
Ausländer	*orang asing*
Tourist	*turis, wisatawan*

Nützliche Adjektive

groß	*besar*
klein	*kecil*
jung	*muda*
alt (Personen)	*tua*
alt (Dinge)	*lama*
neu	*baru*
schön	*cantik*
gut	*baik*
nicht gut	*tidak baik*
heiß	*panas*
kalt	dingin
köstlich	*enak*
sauber	*bersih*
schmutzig	*kotor*
rot	*merah*
weiß	*putih*
blau	*biru*
schwarz	*hitam*
grün	*hijau*
gelb	*kuning*
Gold	*mas*
Silber	*perak*

Schilder und Hinweise

Viele Begriffe des Indonesischen sind anderen Sprachen entlehnt; ihre Bedeutung ist leicht zu erraten, z.B. *sekolah* („Schule"), *universitas, mobil, bis, akademi, sektor, proklamasi, polisi* usw. Andere wichtige Aussagen sind im folgenden übersetzt:

offen	*buka, dibuka*
geschlossen	*tutup, ditutup*
Eingang	*masuk*
Ausgang	*keluar*
nicht berühren	*jangan pegang*
Rauchen verboten	*dilarang merokok*
drücken	*tolak*
ziehen	*tarik*
Tor	*pintu*
Ticketschalter	*loket*
Information	*keterangan*
öffentlich	*umum*
Krankenhaus	*rumah sakit*
Apotheke	*apotik*
Ticket	*karcis*
Haus (als Institution)	*wisma*
zentral	*pusat*
Stadt	*kota*
Bezirk	*daerah*
Zoo	*kebun binatang*
Markt	*pasar*
Kirche	*gereja*
Golfplatz	*lapangan golf*
Zoll	*bea dan cukai*

Ämter und Behörden

Keine Auslandsreise ohne „Formularkrieg". In Indonesien sind nur wenige Formulare mehrsprachig abgefaßt; hier ein paar Schlüsselbegriffe und amtssprachliche Ausdrücke:

Name	*nama*
Adresse	*alamat*
die volle Adresse	*alamat lengkap*
männlich, weiblich	*laki-laki, perempuan*
Alter	*umur*
Datum	*tanggal* (tägl.)
Zeit	*jam*
Abreise	*berangkat*
Familienstand	*kawin*
Religion	*agama*
Nationalität	*kebangsaan*
Beruf	*pekerjaan*
Ausweispapiere (Reisepaß etc.)	*surat keterangan*
ausgestellt von	*pembesar yang memberikan*
Zweck des Besuchs	*maksud kunjungan*
Unterschrift	*tanda tangan*

Literaturhinweise

Baum, Vicky, *Liebe und Tod auf Bali,* Köln.

Belo, Jane, *Trance in Bali,* New York, Columbia University Press 1960.
(Eine gründliche, umstrittene Untersuchung des Tranceerituals in den Zeremonien balinesischer Hindus, mit Fotos der Trancemedien.)

Blackwood, Sir Robert, *Beautiful Bali,* Melbourne 1970.
(Handbuch für den Touristen.)

Coast, John, *Dancing Out of Bali,* London, Faber and Faber Limited 1954.
(Erfahrungsbericht des Autors über seine Begegnung mit dem Peliatan-Tanz und über eine Gamelan-Truppe, für die er 1952 eine erfolgreiche Tournee durch Europa und die USA organisierte.)

Covarrubias, Miguel, *Island of Bali,* New York, Alfred A. Knopf, 1936.
(Ein Bali-Klassiker; auf eindrucksvolle Weise wird der Leser mit den Menschen, der Weltanschauung und der faszinierenden Gesellschaft Balis vertraut gemacht.)

Drakulic, Nikola, und Bajetto, Max, *Bali,* Den Haag, W. van Hoeve 1952.

Dutt, Romesh C. (Übers.), *The Ramayana and the Mahabharata,* London, J.M. Dent & Sons Ltd., 1910.
(Die dichterische Übertragung der beiden großen Hindu-Epen.)

Friend, Donald, *The Cosmic Turtle,* Carroll's Australia and P.T. Bap Bali, 1976.

Goris, Dr. R., *Bali: Cults and Customs,* Jakarta, The Government of the Republic of Indonesia. (Das Buch eines führenden Archäologen, der die Kultur Balis vom Altertum bis zu den modernen Strömungen in Kunst und Musik beleuchtet.)

Hanna, W.A., *Bali Profile: People, Events, Circumstances (1001—1976),* American Universities Field Staff, 1976.

Hiss, Philip Hanson, *Bali,* New York, Duell, Sloan and Pearce, 1941.
(Ein schöner Text- und Bildband, von einem Autor, für den die Balinesen die glücklichsten Menschen auf Erden sind.)

Holt, Claire, *Art in Indonesia: Continuities and Change,* Ithaca: Cornell University Press 1967.

Hooykas/Boomkamp (Hrsg.), *Märchen aus Bali,* Zürich 1963.

Kempers, A.J. Bernet, *Monumental Bali: Einführung in die Ausgrabungen auf Bali mit Führer zu den Monumenten,* Den Haag, Van Goor Zonen 1977.

Mason, Victor, *Silih Dali Tale of Bali,* Hong Kong, South China Morning Press 1975.
(Vom Autor von *The Haughty Toad* ein weiteres reizvolles Versebuch mit Illustrationen von Dewah Putu Mokoh. Die Geschichte des Silih Dali für alle, die jung geblieben sind und die Tiere lieben, insbesondere Vögel und Bienen sowie Olifanten und Heffalumps.)

Mathews, Anna, *The Night of Prunama,* London, Jonathan Cape 1965.

McKie, Ronald, und Bernay, Beryl, *Bali,* Sydney, Angus & Robertson Ltd., 1969.

Moebirmaa, Wayang Parwa, *The Shadow Play of Indonesia,* Den Haag, Van Deveneter-Maasstiching 1960.
(Ein indonesischer Wissenschaftler über das Schattenspiel auf Bali und Java.)

Raffles, Sir Thomas Stamford, *The History of Java,* 2 Bde., London, The Hon. East-India Company 1817.
(Eine Rarität! Aufzeichnung der Geschichte Javas, mit vielen Verweisen auf Bali und vielen schönen Kupferstichen.)

Ramseyer, Urs, *The Art and Culture of Bali,* Oxford, Oxford University Press 1977.

Rhodius, Hans, *Walter Spies (Maler und Musiker auf Bali 1895—1942): Schönheit und Reichtum des Lebens,* Den Haag, L.J.C. Boucher 1964.
(Eine Sammlung von Bildern, Briefen und Notizen des deutschen Malers und Musikers, der zehn Jahre auf seinem geliebten Bali lebte.)

Tanah Air Kita, Den Haag und Bandung, W. Van Hoeve N.V.
(In Text und Bildern die umfassendste Studie über die indonesischen Inseln.)

Shadeg, N., *A Basic Balinese Vocabulary,* Denpasar 1977.

Spitzing, Günter, *Das indonesische Schattenspiel, Bali — Java — Lombok,* Köln 1981.

Uhlig, Helmut, *Bali — Insel der lebenden Götter,* München 1979.

Wertheim, W.F. (Hrsg.) *Bali: Studies in Life, Thought and Ritual,* Amsterdam, The Royal Tropical Institute 1960; ders., *Bali: Further Studies in Life, Thought and Ritual,* Den Haag, W. Van Hoeve 1969.

Anhang

Unterkunft

SANUR

Das beliebteste Ferienzentrum der Insel am Meer bietet Unterkünfte in Luxushotels und Strandbungalows, die eigene Restaurants, Wäschedienst und Zimmerservice haben. (Häuser mit Klimaanlage sind mit A/c gekennzeichnet.) Es empfiehlt sich, vor allem für die Sommermonate Zimmer im voraus zu buchen. In den Preisen sind die 21 % Steuer noch nicht enthalten.

Alit's Beach Bungalow. Ein paar hundert Meter links vom Bali Beach Hotel. Cottages (Wohnhütten) in einem Garten, der an eine kleine Straße grenzt; am Strand liegen bemalte Fischer-Praue vor Anker. 98 Bungalows, manche mit Warmwasser und A/c. 35 bis 37 US-$. Adresse: P.O.Box 102, Denpasar, Tel. 8567.

Bali Hyatt Hotel. Klimatisierte Zimmer sowie Suiten an der Sanur Beach. Mehrere Restaurants, Swimmingpool, Nightclubs, Konferenzräume. 72 bis 400 US-$. Adresse: Bali Hyatt Hotel Sanur bzw. Tlx. 35127. Tel. 8271.

Bali Seaside Cottages, Jalan Segara, am Strand. Private Strandbungalows mit A/c, Warmwasser, Teppichböden. Swimmingpool und Coffeeshop. 111 Bungalows und Familiensuiten. Obere Preisklasse. Anmeldungen über Tlg. „Balicot" oder schriftlich: P.O.Box 217, Denpasar.

Bali Sanur Bungalows (Unit Besakih Bungalows). Hotel im Bungalowstil direkt am Strand. 44 Bungalows mit A/c und Warmwasser. 40 bis 45 US-$. Anmeldungen über Tlg. „Besakih", Denpasar, bzw. Tel. 8424.

Gazebo Beach Cottages. Privatstrand und kühle, zweistöckige Wohnhütten in einem Garten. 32 Bungalows mit A/c und Warmwasser. 30 bis 40 US-$. Tlg. „Gazcot", Denpasar; Adresse: P.O.Box 134, Denpasar, Tel. 8300.

Diwangkara Beach Hotel. Hotel im Bungalowstil, linker Hand vom Hotel Bali Beach. Schattige, ruhige Lage am Strand, direkt neben dem Museum Le Mayeur. 50 Bungalows, einige mit A/c und Warmwasser. 20 bis 32 US-$. Tlg. „Diwangkara", Denpasar; Adresse: Diwangkara Beach Hotel, Sanur, Tel. 8577, 8591 oder 8412.

Bali Beach Intercontinental. Zehnstöckiges Intercontinental-Hotel mit zweistöckigem Seitentrakt. Eigener Strand, Swimmingpool, vier Restaurants und Golfplatz. 605 Zimmer mit A/c und Warmwasser. 46 bis 180 US-$. Tlg. „Inhotelcor", Denpasar; Adresse: Hotel Bali Beach, Sanur, Tel. 8511.

Hotel Puri Dalem, Jalan Sanur. An der Hauptstraße nach Denpasar, 10 Minuten zum Strand. Schlicht eingerichtete Bungalows in grüner Umgebung. Swimmingpool. 44 Bungalows mit A/c und Warmwasser. 30 bis 45 US-$. Tlg. „Hotel Puri Dalem"; Adresse: P.O.Box 117, Denpasar, Tel. 8421.

Hotel Sanur Beach. Von KLM-Garuda geführtes vierstöckiges internationales Hotel mit 26

Bungalows. 55 bis 210 US-$. Anmeldungen: P.O.Box 279, Denpasar, Tlx. 035135, Tel. 8011.

Bali Sanur Bungalow (Unit Irama). Strandlage. 23 Bungalows mit A/c und Warmwasser. 30 bis 35 US-$. Tlg. ,,Irama", Denpasar, Tel. 8424.

La Taverna Bungalow. Eigener Strand und elegante Zimmer im balinesischen Stil. Swimmingpool. Reitpferde. 44 Bungalows mit A/c. 50 bis 85 US-$. Tlg. ,,La Taverna", Sanur, Bali, Tel. 8497.

Mars Bungalow. An der Tirta Jati Street, 10 Minuten vom Strand. Bungalows und Gärten mit Blick auf die Reisfelder. 25 Zimmer, A/c und Warmwasser. 20 bis 30 US-$. Tlg. ,,Marslow", Sanur.

Mars Hotel, Jalan Raya Sanur, fünf Minuten vom Strand. Bungalows im Grünen. Warmwasser und A/c. 14 Bungalows und Zimmer. 21 US-$. Tlg. ,,Marstel-Bali" oder schriftlich über P.O.Box 95, Denpasar.

Narmada Bali Inn. Einfach ausgestattet, mit ruhigem Garten in Strandnähe. Warmwasser und A/c. 17 Bungalows und Zimmer. 25 bis 30 US-$. Tlg. ,,Javaboetiek-Denpasar" oder schriftlich an: P.O.Box 119, Denpasar, Tel. 8054.

Bali Sanur Bungalows (Unit Penida View). Bungalows direkt am Strand, unweit des Bali Hyatt. 44 Zimmer, A/c und Warmwasser. 45 bis 100 US-$. Tlg. ,,Peneeda Bali", Denpasar, Tel. 8425 oder 8426.

Puri Mas Hotel. 3,5 km von Sanur Beach, an der Hauptstraße nach Denpasar. Einfache Unterkünfte in einem Bungalowkomplex. 16 Bungalows und Zimmer. 21 bis 31 US-$. Adresse: Hotel Puri Mas, Jalan Sanur-Tanjung Bungkak, Denpasar.

Respati Beach Bungalows. Wohnhütten, um einen kleinen Garten gruppiert, mit eigenem Strand; manche mit Veranda und Blick aufs Meer. 25 Bungalows und Zimmer. Mittlere Preisklasse, 30 bis 40 US-$. P.O.Box 223, Denpasar, Tel. 8427.

Santrian Beach Cottages. Bungalows mit Zugang zum Meer und Gartenanlagen, zum Strand hin gelegen. 75 Bungalows. 30 bis 35 US-$. P.O.Box 55, Denpasar, Tel. 8181.

Segara Village Hotel. 100 m vom Strand an Jalan Sindu. Interessante zweistöckige Bauten, die alten balinesischen Reisspeichern nachempfungen sind, in schattigem Garten. Warmwasser und A/c. 75 Bungalows und Zimmer. 42 bis 65 US-$. P.O.Box 91, Denpasar, Tel. 8407.

Wisma Baruna. Ältestes Hotel am Strand. Appartements mit Blick auf eine breite, dem Meer vorgelagerte Grünfläche an der Jalan Sindu. Warmwasser und A/c. 10 Zimmer, drei Bungalows. 42 bis 65 US-$. P.O.Box 91, Denpasar, Tel. 8546.

Natour Sindhu Beach Hotel. Bungalowhotel direkt am Strand, mit Swimmingpool. 50 Zimmer, A/c und Warmwasser. 39 bis 65 US-$. Tlg. ,,Bali Hotel", Denpasar; schriftlich an c/o Natour Bali Hotel, P.O.Box 3, Denpasar, Tel. 8351-8352.

Taman Agung Beach Inn. Ruhige Lage, sehr reelle Preise. Kein A/c oder Warmwasser. Mit Frühstück. 20 Zimmer, 10 Minuten vom Strand. Zwischen 5 und 10 US-$. Adresse: Hotel Taman Agung Beach Inn, Sanur, Tel. 8549 oder 8006.

Taman Sari Hotel, Jalan Segara. Im Herzen von Sanur Village, 15 Minuten zum Strand. Sehr kleine, bescheidene Zimmer, einige mit Bad. 7 Zimmer. 12 bis 30 US-$. Adresse: Hotel Taman Sari, Jalan Segara 10, Br. Taman, Sanur.

Tandjung Sari Hotel. (Der Name bedeutet ,,Blumenumhang".) Freundlich, stilvoll, mit separatem Bungalows zum Meer und reizender Gartenanlage. 24 Bungalows, A/c und Warmwasser. 65 bis 170 US-$. Tlg. ,,Tandjung Sari", Sanur; Adresse: Tandjung Sari Hotel, Sanur, Tel. 8441.

Tourist Beach Inn, Jalan Segara. 40 m vom Strand. Kleiner Innenhof. 10 Zimmer, A/c. 7 und 8 US-$. Tlg. ,,Touribinn-Denpasar"; Adresse: P.O.Box 42, Denpasar, Tel. 8418.

Werdha Pura. Vom Staat geführtes Modellprojekt mit Strandbungalows. 14 Bungalows. 21 bis 32 US-$. P.O.Box 24, Denpasar.

NUSA DUA

Hotel Buala. Frisch renoviert. 50 luxuriöse Zimmer. Großer Garten, Swimmingpool, Restaurant. 45 bis 85 US-$. Tlx. 35231, Bualu, Tel. 71310, 71320.

Nusa Bua Beach Hotel. Großes Schwimmbad, drei Restaurants, Diskothek. Zimmer von 65 bis 500 US-$. Tlx. 35206, Tel. 971210.

DENPASAR

In Denpasar kommen vor allem balinesische Pauschalurlauber unter. Touristen können hier günstig Urlaub machen; zwei Hotels der mittleren Preisklasse stehen zur Verfügung.

Natour Bali Hotel. Zentrale Lage an der Jalan Veteran, nicht weit von der Guru-Statue. Bar und Restaurants. 71 Zimmer, meist mit A/c und Warmwasser. 32 bis 40 US-$. Tlg. ,,Balihotel", Denpasar; P.O.Box 3, Denpasar, Tel. 25681.

Hotel Denpasar, Jalan Diponegoro. Speiserestaurant. Von den 82 Zimmern hat die Hälfte A/c und Warmwasser. Zwischen 6 und 30 US-$. Adresse: Hotel Denpasar, Jalan Diponegoro 103, Denpasar, Tel. 26336 oder 26263.

Weitere 80 kleine Hotels, in der Stadt und im Umkreis gelegen, sind offiziell registriert. Sie bieten einfache Zimmer um einen abgeschlossenen Innenhof. Die Zimmerpreise sind meist in indonesischer Währung angegeben.

Ancient Gate Inn, Jalan Imam Bondjol 58. 10 Zimmer. 3 bis 5 US-$.

Hotel Adi Yasa, Jalan Nakula 11. 20 Zimmer. 3 bis 5 US-$.

Hotel Astina, Jalan Supratman. 21 Zimmer. 2 bis 6 US-$.

Hotel Bali Induh, Jalan Kresna 11. 16 Zimmer. 3 bis 5 US-$.

Hotel Damai, Jalan Diponegoro. 30 Zimmer. 4 bis 6 US-$.

Hotel Dharma Nisata, Jalan Imam Bonjol 83. 16 Zimmer. 3 bis 5 US-$.

Hotel Daya, Jalan Hasanudia 16. 14 Zimmer. 2 US-$.

Hotel Dewi Karja, Jalan Nangka 47. 14 Zimmer. Unter 5 US-$.

Hotel Dirgapura, Jalan Diponegoro 126. 33 Zimmer. 2,50 US-$.

Hotel Elim, Jalan Kalisem 3. 17 Zimmer. 4 bis 6 US-$.

Hotel Irama, Jalan Maluka 4. 20 Zimmer. 2 bis 5 US-$.

Hotel Mawar, Jalan Diponegoro. 19 Zimmer. 2 bis 4 US-$.

Hotel Mertasari, Jalan Hasanudia 14. 10 Zimmer. 3 bis 5 US-$.

Hotel Oka, Jalan Diponegoro 152. 52 Zimmer. 2 bis 4 US-$.

Hotel Pamecutan Palace, Jalan Thamrin 2. 41 Zimmer. 15 bis 24 US-$.

Hotel Pememtjutan, Jalan Hasanudin 76. 18 Zimmer. Unter 5 US-$.

Hotel Pendawa, Jalan Hasanudin 4. 19 Zimmer. 4 bis 6 US-$.

Hotel Punia, Jalan Raya Sanur. 19 Zimmer. 4 US-$.

Hotel Queen, Jalan Yos Sudarso 4. 33 Zimmer. 4 bis 6 US-$.

Hotel Rama, Jalan Gianyar. 14 Zimmer. 4 bis 6 US-$.

Hotel Rasmijasa, Jalan Diponegoro 13. 10 Zimmer. 5 bis 6 US-$.

Hotel Santhy Yasa, Jalan Diponegoro. 8 Zimmer. 6 bis 10 US-$.

Hotel Shinta, Tohpati. 24 Zimmer. 5 bis 8 US-$.

Hotel Suranadi, Jalan Sumatra 13. 35 Zimmer. 3 bis 6 US-$.

Hotel Utama Yasa, Jalan Patimura 35. 10 Zimmer. 3 bis 4 US-$.

Two Brothers Inn, Jalan Imam Bondjol. 14 Zimmer. 1 bis 2 US-$.

Wisma Pulau Bali, Jalan Gunung Semaru. 17 Zimmer. 5 bis 7 US-$.

Wisma Sari Inn, Jalan Mayjen Sutojo 1. 8 Zimmer. 2 bis 4 US-$.

KUTA BEACH

Bali Oberoi, Kaya-Aya. Separate Lage am Ende des Strandes. Klimatisierte Strandbungalows in einem schönen Garten. 75 Zimmer. 70 bis 250 US-$. Tlg. ,,Balioberoi"; Adresse: Bali Oberoi, P.O.Box 351, Denpasar, Tel. 25581.

Beach Hotel Kartika Plaza. Bungalows am Strand, mit A/c und Warmwasser. Großer Garten, Swimmingpool. 36 Bungalows, 52 Zimmer. 40 bis 84 US-$. Tlg. ,,Kazabali"; Adresse: Kartika Plaza Hotel, P.O.Box 84, Denpasar, Tel. 22454, 25081-5.

Kuta Beach Club, Jl. Bakung Sari. Hotel im Bungalowstil, 150 m vom Strand. 80 Zimmer mit A/c bzw. Ventilator. 38 bis 75 US-$. Tlg. ,,Darmawisata", Bali; Adresse: P.O.Box 226, Denpasar, Tel. 25056.

Natour Kuta Beach Hotel. Ruhige Bungalows und Zimmer um einen Innenhofgarten, mit Blick aufs Meer. 32 Zimmer mit A/c. 42 bis 55 US-$. Tlg. ,,Kubehot"; Adresse: Kuta Beach Hotel, P.O.Box 3, Denpasar, Tel. 25791.

Kuta Cottage, Jalan Bakung Sari. Hotel im Bungalowstil. 40 Zimmer mit A/c. 10 bis 20 US-$. P.O.Box 300, Denpasar, Tel. 24100.

Legian Beach Hotel. Am Strand, im Gebiet von Legian gelegen. 100 Zimmer mit A/c und Warmwasser. 36 und 38 US-$. Tlg. ,,LebeHotel"; Adresse: Legian Beach Hotel, P.O.Box 308, Denpasar, Tel. 26811, 26812.

Pertimina Cottage. Dieses Luxushotel wurde im Juli 1975 an der Kuta Beach eröffnet. Mehrere Restaurants, Festsäle und Konferenzräume, Swimmingpool. Zimmer von 68 bis 620 US-$. Tlg. ,,Percot" Denpasar; Adresse: P.O.Box 121, Tlx. 035-31, Tel. 23061.

Ramayana Seaside Cottage. An der Jalan Bakung, in Strandnähe. 45 Zimmer, meist mit A/c bzw. Ventilator. 21 bis 36 US-$. Tlg. ,,Ramaco", Denpasar; Adresse: P.O.Box 334, Denpasar, Tel. 6781-5.

Sunset Beach Hotel. Direkt am Strand gelegen. 16 Zimmer; 5 mit A/c. Zwischen 24 und 51 US-$. Tlg. ,,Sunset Beach Hotel", Kuta; P.O.Box 346, Denpasar, Tel. 6721.

Yasa Samudra Hotel. Vereinzelt stehende Bungalows am Strand. Die Küche ist berühmt für die frischen Fischgerichte. 34 Bungalows und Zimmer. 27 und 30 US-$. Anmeldungen: Yasa Samudra Hotel, Kuta Beach bzw. P.O.Box 53, Denpasar, Tel. 25305.

Mandara Cottages, Legian. 27 Bungalows in großzügiger Anlage. Keine A/c. 200 m vom Strand. 21 bis 28 US-$. Tel. 25785.

Kuta Beach Palace, Legian. Hotel der Luxusklasse am Strand. Swimmingpool, Tennisplatz. 107 Zimmer mit A/c. 42 bis 85 US-$. Tel. 25859, Tlx. 35234.

Poppies Cottages, Poppies Lane. 24 balinesische Wohnhütten in einem Garten, 300 m vom Strand. 23 US-$. Tel. 23059.

UBUD

Hier herrscht noch eine original balinesische Atmosphäre. Wie in allen Dörfern im Hochland sind die Abende in Ubud kühl, und man kann in den Bergbächen planschen. Seit 1975 gibt es hier Stromanschluß. Die Unterkünfte in Ubud lassen zwar den modernen Luxus großer Hotels vermissen, nicht jedoch jenen eigentümlichen Reiz, den man anderswo vergebens sucht.

Hotel Menara. Gegenüber dem Kunstmuseum von Ubud gelegen. Einfache, möblierte Unterkünfte hinter einem Hof mit offenen Pavillons und einer kleinen Snackbar. 9 Zimmer von 2 bis 10 US-$. Frühstück und alle anderen Mahlzeiten erhältlich. Tlg. ,,Hotman-Ubud"; Adresse: Hotel Menara, Ubud.

Hotel Mutiara. Kleine, gepflegte Räume um einen Innenhofgarten mit Speisepavillon. 6 Zimmer. 8 bis 13 US-$ (inkl. Mahlzeiten). Adresse: Hotel Mutiara, Ubud.

Hotel Puri Saren. Heimat des Cokorda Agung, des Oberhaupts der Königsfamilie von Ubud. Die Bungalows in abgetrennten Höfen mit Garten sind mit balinesischen Antiquitäten dekoriert. 14 Bungalows. 15 bis 24 US-$ (inkl. Mahlzeiten). Hotel Puri Saren, Ubud, Tel. 5-Ubud.

Hotel Tjampuhan. Bungalows und Swimmingpool an einem grünen Hügel oberhalb des Zusammenflusses zweier Flüsse. 26 Zimmer. 7 US-$ (mit Verpflegung). Adresse: Tjampuhan Hotel, P.O.Box 15, Denpasar.

Hotel Uboed. Das Gebäude ist balinesisch; der Besitzer bezeichnet es mit der alten holländischen Schreibweise „Uboed“ als Kombination aus Vor- und Nachkriegsbaustil. Ruhige Bungalows um einen sauber gekehrten Hof. 18 Zimmer. 5 bis 10 US-$. Anmeldungen: Hotel Uboed, Ubud.

Losmen Mustika. Pension an der Hauptstraße, 200 m vom Dorfzentrum. Wie bei *losmen* üblich, werden zwar Kaffee und Tee, aber keine vollen Mahlzeiten angeboten. Fünf Zimmer. 1,50 US-$.

Puri Saraswati. Neu errichtete Bungalows auf einem Rasen neben Ubuds altem Tempel und den Seegärten. Sechs Bungalows. 8 bis 25 US-$ (mit Frühstück und Tee). Adresse: Hotel Puri Saraswati, Ubud.

Ananda Cottages. Neues Hotel mit zehn Bungalows; großer Familienbungalow mit sechs Betten und Ausblick auf die üppigen Reisfelder. Bar und Restaurant. Im Preis von 15 bis 20 US-$ ist das Frühstück enthalten. P.O.Box 205, Denpasar, Bali.

Hans Snell's Bungalows. Fünf Cottages im Garten der Villa des Künstlers. 20 bis 30 US-$ (inkl. Frühstück).

Bezirkshauptstädte und Landstädte

Außerhalb der Touristenzentren stehen in den meisten größeren Ortschaften Balis sehr schlichte Hotels und Pensionen für Übernachtungen zur Verfügung. Das Zimmer (mit Bett und einer Waschgelegenheit) kostet meist nicht mehr als 5 US-$ die Nacht. Mit zu den am schönsten gelegenen Pensionen gehören das kleine **Kintamani Losmen** am Rand des Batur-Kraters mit Blick auf den Vulkan, das **Hotel Gurundi** an den heißen Quellen am Ufer des Batursees sowie das **Lila Graha Guest House** am ruhigen Gestade des Bratansees in Bedugul. **Ida's Homestay** in Candi Dasa bietet sich ebenfalls an.

Restaurants

SANUR

Die ganze Palette der westlichen Küche ist vertreten im **Bali Hyatt,** den **Bali Seaside Cottages,** dem **Hotel Bali Beach** und dem **Hotel Sanur Beach Bali:** man serviert den Lunch am Swimmingpool, kalte Buffets, Coffee-Shops und Supper-Clubs erwarten die Gäste. Es überwiegt die westliche Küche, doch werden in den genannten Häusern auch indonesische, chinesische und japanische Spezialitäten angeboten. Die Coffee-Shops sind hier rund um die Uhr geöffnet.

Balinesisches Kolorit ist stärker vertreten im **Tandjung Sari Hotel;** die köstliche indonesische *rijstafel* — auf Wunsch auch typisch europäische Gerichte — kommen auf den Tisch. Das **Tandjung Sari** hat einen stilvoll eingerichtete Bar mit Blick aufs Meer; bei Nacht kann man die Fackeln der Fischer erkennen, die zwischen den Riffen im Wasser waten. **La Taverna Hotel** ist ebenfalls reizvoll eingerichtet. Importierter Käse, französische Pfeffersteaks stehen neben dem frischen Fisch und italienischen Spezialitäten auf der Speisekarte.

Die italienische Küche — Spaghetti, Pizza, Salate — ist in der **Trattoria „da Marco“ Restaurant und Pizzeria** gut aufgehoben. Gäste speisen unter einem großen Banyanbaum in einem balinesischen Garten im **Segara Village Hotel,** wo man sich auf die Zubereitung indonesischer, europäischer und chinesischer Gerichte versteht.

Im **Carlos** (Jalan Sindu) und **Ramayan** wird indonesisch gekocht; das **Telaga Naga** gegenüber dem Bali Hyatt bietet chinesische Setschuan-Küche. Das **Jojo Restaurant** führt chinesische und europäische Gerichte, das **Lenny Restaurant** ist auf chinesische und indonesische, das **Sanur Raya** auf europäische Küche spezialisiert. Das **Fuji Restaurant** (auf dem Weg zum Hotel Bali Beach) wartet mit japanischen Köstlichkeiten auf.

Direkt am Meer essen kann man in **Sanur's Beach Market,** wo Tische und Stühle im Sand stehen und man Sate sowie frischen gebratenen Fisch bekommt. Weitere günstige Restaurants in Sanur: Das **Swastika** an der Straße nach Tandjung Sari bietet eine gute Auswahl indonesisch-chinesischer Gerichte. Das **Golf Course Restaurant** gegenüber dem Hotel Bali Beach ist auf chinesische, indonesische und balinesische Kost spezialisiert. Das **Kulkul Restaurant,** 200 m vom Bali Hyatt, bietet u.a. zum balinesischen Dekor den passenden Fisch.

DENPASAR

Das unscheinbare Äußere kann manchmal trügen: Im **Puri Selera** erwartet Sie eine gute Mahlzeit zum reellen Preis! Es ist ein kleines Straßenrestaurant, das hinter Topfpalmen dem Blick halb verborgen bleibt. Man bekommt hier chinesische Spezialitäten, z.B. Spargel und Krebssuppe, Froschschenkel und süßsaures Schweinefleisch. Zwei Türen weiter kommt man in der Jalan Gajah Mada zum **Selera Restaurant,** dessen Besitzer als „Innenarchitekt“ nicht sonderlich phantasievoll ist, die chinesische Küche jedoch ausgezeichnet beherrscht. **Hong Kong, Bali Sky, Atoom Baru, Si Pino** und **Shanghai** — alle in bzw. nahe der Jalan Gajah Mada gelegen — kochen ebenfalls sehr gut chinesisch.

Das **Nasi Padang Restaurant** (Jalan Gajah Mada) versteht sich auf indonesische Küche. Man bekommt hier scharfe Currygerichte, die aus Sumatra stammen. Indisches können Sie im kleinen **India Restaurant** in der Jalan Veteran genießen. In behaglicher Umgebung kann man im **Surya Restaurant** einen indonesischen oder westlichen Lunch zu sich nehmen. Guten Schinken hält das kleine **Titeles Restaurant** bereit.

Das **Merdeka Garden Restaurant** (Jalan Surapati) hat europäisches, chinesisches und indonesisches Essen; **Rumah Makan Pagi Store** und **Kali Brantas** führen rein indonesische Speisekarten. Das **Restaurant Semarang** kocht sowohl indonesisch wie chinesisch.

Typisch für Denpasar sind eine Reihe „internationaler“ Restaurants, bekannt für einzelne Spezialitäten, z.B. heiße Schokolade, Obstsalat, Beefsteak, gebratene Nudeln und „chop chai“ (eine Mischung aus Fleisch und Gemüse in Soße mit Reis). Das **Delicious Restaurant,** das **Adi Yasa Hotel** und **Three Sisters** haben eine Kundschaft, die ein warmes Essen zum günstigen Preis zu schätzen weiß.

Am meisten Spaß macht das Essen auf dem **Nachtmarkt** in Denpasar unweit der Jalan Gajah Mada, wo man bei mobilen Garküchen auf Rädern gegrillte Sate, gebratenen Reis, Nudelsuppe und heiße Getränke bekommt.

KUTA

Die **Pertamina Cottages** verfügen über ein luxuriöses Restaurant, den Mawar Room (internationale Küche), dazu über einen Coffee-Shop, der rund um die Uhr geöffnet ist, eine Cocktail-Lounge mit Bar sowie eine Außenbar mit schönem Ausblick auf die untergehende Sonne.

Das **Kartika Plaza** hat ein internationales Restaurant in einem offenen Pavillon mit Blick über den Küstenstreifen; neben europäischen Gerichten und der indonesischen „Rijstafel“ bekommt man auch chinesische Speisen.

Das **Bali Oberoi** liegt zwar etwas abseits in Kaya-Aya; die Qualität seiner Küche (europäisch, chinesisch, indonesisch) lohnt aber den Besuch.

Die kleinen Hotels der mittleren Kategorie in Kuta haben alle ein Restaurant. An der Jalan Bakung Sari findet man Restaurants im **Kuta Cottage, Ramayana Seaside Cottage** und im **Kuta Beach Club.** Hier serviert man Ihnen eine Mischung aus europäischer, chinesischer und indonesischer Küche. Im Kuta Beach Club bekommt man auf Bestellung *Babi Guling*. Gab es Ende der 60er Jahre nur zwei Restaurants, so kann man heute unter einer Vielzahl von Lokalen wählen. Seit langem gilt der Strand hier als „Anlaufstelle“ der Weltenbummler zwischen Sydney und San Francisco. Inzwischen stehen ihre Lieblingsgerichte auf den Speisenkarten in Kuta.

Nirgendwo sonst auf Bali gibt es so viele Imbißbuden, an denen man Erdnußbutter auf Toast, Sirup auf Kokoskuchen, Reispudding mit Zimt und Bananen erhält. Der Gesundheit förderlich sind der frischgepreßte Orangensaft, die gedünsteten Tomaten mit Knoblauch, eine kräftige Gemüsesuppe, *gado-gado,* der indonesische Salat, Rind-Sate bzw. Schildkrötensteak sowie alle Arten von Omelettes. Im folgenden die Namen einiger beliebter neuer Restaurants, wo man für ein ganze Mahlzeit kaum mehr als einen Dollar bezahlt:

Poppies, an der gleichnamigen schmalen Gasse, die von der Straße nach Legian abbiegt, liegt in einem üppiggrünen Garten. Die Wirtin Jenik betrieb Ende der 60er Jahre am Strand einen kleinen *warung* und machte dann weiter oben an der Straße Poppies auf. Ihre Hummer sowie die Fleisch- und Bohnentacos gehören zu den besten in Kuta.

Mama's (an der Straße zum Flughafen) war das zweite unter den Restaurants der „ersten Stunde“. Der Vorspeisenteller nach Sonnenuntergang ist noch heute ein Erlebnis. Wenn es dunkel wird, stellt Mama alles, was sie hat, auf den Tisch: Fisch, Sate, Gurkensalat, Krabbenchips und andere Delikatessen.

Asia (an der Ecke Jalan Pantai und der Straße zum Flughafen) führt chinesische Küche: Hummer, Krebse, Fisch und Frösche stehen auf der Speisekarte.

Mandarin (gegenüber der Tanzbühne in Banjar Buni) wartet mit chinesischen und indonesischen Gerichten auf.

Garden Restaurant (Pusuh Sari), an der Straße neben dem Restaurant Setera, lädt zum Aufenthalt bei guter Kuta-Küche.

Mandara Guest House (an der Jalan Pantai rechts) ist bekannt für gutes, billiges Essen. Zusammen mit Freunden können Sie sich *Babi Guling* (Spanferkel) leisten oder eine Grillente (*betutu*) mit balinesischen Gewürzen.

Restaurant Lenny (auf der linken Seite der Jalan Pantai) serviert chinesisches Essen und Fisch. **Made's Warung,** Jalan Pantai, ist Treffpunkt von Einheimischen wie von Touristen, die sich an den köstlichen westlichen und indonesischen Gerichten delektieren.

Das **Yasa Samudra Hotel** am Strand hat einen schlichten Speisesaal und Tische im Freien mit Blick aufs weite Meer. Der frische Hummer ist eine der Spezialitäten des Hauses, ebenso der gebratene Fisch. Im **Kuta Beach Hotel** gegenüber kann man in einem ruhigen, schattigen Innenhof speisen. Geboten ist eine Mischung aus indonesischer, chinesischer und europäischer Küche.

Zur Auswahl stehen noch **Perama** an der Straße nach Legian. Das **Kayu Api** in Legian (etwa 2 km von Kuta) hat Tische in Form von *junkung*-Booten und Reisschalen als Lampenschirme. Hier erwartet Sie gute europäische Küche mit französischem Einschlag.

Frische Obstsäfte bekommt man an mehreren Stellen. Die Mischung aus Banane, Papaya, Mango, Schokolade, Durian, Avokado, Jackfrucht, Tomate und Zurzak wird nach Ihren Wünschen zusammengestellt. Am besten, man nimmt zwei Sorten und läßt sie pressen. So kommt man z.B. zu seinem ersten Mango-Ananas-Saft.

Obstsäfte gibt es am **Selamat Restaurant** im Flughafen, am Ende der Jalan Pantai am Strand sowie am **Losmen Komala** in der Jalan Bakung Sari. Hier können Sie auch Zuckerrohrsaft kosten, der — pur oder vermischt mit anderen Säften — vorzüglich schmeckt.

UBUD

Wie das Dorf ist auch die Küche balinesisch-indonesisch geprägt; oft wird das Essen im offenen Gartenpavillon serviert. Hackfleischspießchen auf Bali-Art, Sate, weißer Reis und verschiedene Fischarten, Fleisch und Gemüse bekommt man täglich im **Tjampuhan Hotel** (gleich hinter der Hängebrücke) sowie im **Hotel Mutiara,** aus dessen Speisepavillon man in den Hof eines alten balinesischen Hauses und in die Arbeitsstätte eines greisen Holzschnitzers einsieht. Auch im **Puri**

Saren, wo einst Ubuds Herrscher residierten, kann man heute essen gehen.

Für den kleinen Imbiß ist die Snackbar vor dem **Hotel Munara** gerade das richtige. Im **Hotel Uboed** und im **Puri Sarawati Hotel** werden Sie auf Wunsch einheimisch verköstigt.

Auf der Straße zum „Affenwald" begegnet man Ibu, der Wirtin mit dem meisten „Lokalkolorit" in Ubud, die hinter ihren Kaffeekannen und Gebäckgläsern hervorsieht.

Am Fuß der Tjampuhanbrücke steht **Murni's Warung,** wo ein Werbeplakat (zu Recht!) die exzellenten Hamburger anpreist. Der Fruchtsalat und das Joghurt sowie normales chinesisches und westliches Essen sind hier gut und billig.

Cafe Lotus in Puri Saruswat sowie das **Bridge Restaurant** in Campuan führen westliche und indonesische Gerichte.

Am Ende der Brücke, gegenüber Murni's, steht Balis einziges echtes Pub: **The Beggar's Bush.** Das Restaurant in reizvoller Lage, an einem Hügel über dem Fluß, bietet westliche und balinesische Gerichte (eine Spezialität ist die geräucherte Grillente). Das Pub liegt direkt über dem Restaurant.

BEDULU

Ein paar Kilometer hinter Ubud finden Sie oberhalb der rätselhaften Elefantenhöhle das **Puri Suling Restaurant** („Palast der Flöten"). Das aus einheimischen Hölzern und Palmstroh gebaute Restaurant liegt über terrassenförmigen Reisfeldern und wäre bei einem Tagesausflug über die Insel ein lohnendes Ziel. Sate, Fisch vom Grill, Omelettes und die vielen schmackhaften kalten Getränke, dazu die dezente Flötenmusik, sind besonders hervorzuheben.

KINTAMANI

Oberhalb von Penelokan gibt es mehrere gute Restaurants mit Blick auf den Vulkan. Das **Puri Selera,** ein Ableger des beliebten Restaurants in Denpasar, offeriert chinesische, europäische und indonesische Gerichte. Das **Restaurant Kintamani** hat eine ebenso vielfältige Speisekarte. Auch das **Danali Batur Restaurant** am See oder das **Batur Garden Restaurant** sind zu empfehlen. In Penelokan und Kintamani gibt es darüber hinaus eine Reihe kleinerer Restaurants.

TAMPAKSIRING

Wenn man auf der Fahrt nach Kintamani eine Pause einlegen möchte, wäre das **Restaurant Tampaksiring,** das inmitten von Reisfeldern steht und von Palmen umgeben ist, die geeignete Station hierfür.

In Bezirksstädten

Klungkung, Amlapura, Bangli, Tabanan, Singaraja und andere große Ortschaften haben alle ihre chinesischen und indonesischen Restaurants, wo man zufriedenstellend ißt. Wer selbst eine geeignete Lokalität ausfindig machen möchte, frage einen Einheimischen: „*Di mana rumah makan?*" („Wo finde ich ein Restaurant?")

Wie überall in Asien, stärkt man sich fürs erste mit einem heißen Kaffee oder Tee. Auch das heiße Zitrusgetränk „Air Jeruk" (für „heiß" fügt man *panas* hinzu) schmeckt gut. In kleinen Dörfern bekommt man an den *warong*-Imbißbuden gebratenen Reis, frisches Obst, Erdnüsse, Kuchen und heiße Getränke. Nach 19.00 Uhr sind viele Stände jedoch geschlossen.

Fluglinien

Garuda Indonesian Airways, 61, Jalan Melati, Denpasar, Tel: 22788/24235.

Merpati, Jalan Melati 57, Tel: 22864.

Dirgantara Air Service, Jalan Veteran (Bali Hotel), Tel:22819.

Sempati, Hotel Bali Beach, Tel: 8511.

Thai International, Hotel Bali Beach, Tel: 8511.

Cathay Pacific, Hotel Bali Beach, Tel: 8576.

QANTAS, Hotel Bali Beach, Tel: 8511.

Ansett Airlines (Australia), QANTAS Offices, Hotel Bali Beach, Tel: 8511.

Trans-Australian Airlines, Garuda Office, 61 Jalan Melati, Tel: 22028/24235.

British Airways, Jalan Kamboja 43, Tel: 22252.

Medizinische Versorgung

AMBULANZEN

R.S.U.P. Sanglah (Public Hospital), Jalan Diponegoro, Denpasar, Tel: 24141/24142 (24 Stunden).

R.S. Wangaya (Public Hospital), Jalan Kartini, Denpasar, Tel: 22142.

R.S.A.D. (Army Hospital), Jalan Sudirman, Denpasar, Tel: 26521 (24 Stunden).

P.M.I. Badung (Red cross Rep.) Jalan Imam Bonjol, Denpasar, Tel: 26305.

In größeren Orten wie Mengwi, Bangli, Singaraja und Gianyar gibt es Hospitäler und Kliniken; in den Dörfern sind die PUSKESMAS-Krankenstationen mit je einem Arzt und einer qualifizierten Schwester ausgestattet.

Drogerien und Apotheken (Apotik/Rumah Obat)

Denpasar — Kimia Farma, Jalan Diponegoro No. 43, Tel: 22376, 22640.

Kosala Farma, Jalan Kartini No. 106, Tel: 22301

Ria Farma, Jalan Veteran No. 43, Tel: 22635/24154

Bali Farma, Jalan Melati No. 9, Tel: 22878/22918

Dirga Yusa, Jalan Surapati No. 23, Tel: 22267

Sadha Karya, Jalan Gajah Mada No. 85, Tel: 24009

Eng San Tong (Chines. Drog.), Jalan Gajah Mada No. 85, Tel: 24572

Po On (Chines. Drog.), Jalan Gajah Mada No. 55, Tel: 22812

Kuta-Apotheke an der Hauptstraße zum Flughafen

Sanur-Farmasari, Banjar Taman, Sanur

Adressen indonesischer Botschaften

Äthiopien — Mekanisa Road, P.O.Box 1004, Addis Abeba (Äthiopien), Tel. 44 84 55, 44 84 56, 44 34 12.

Afghanistan — Wazir Akhbar Khan Meina, P.O.Box 532, Kabul, Tel. 23334, 23338, 23752.

Algerien, Guinea und Mali — 6 Rue Etienne Bailac, B.P. 62 EL — Moradia, Algiers, Tel. 58 01 02 56 25 50.

Arabische Rep. Ägypten, Sudan und Libanon — 13, Rue Aisha El Taimouria, Garden City, Kairo, Tel. 27200, 27209, 27356.

Argentinien, Chile und Uruguay — 2901 Mariscal Ramon Castilla, Buenos Aires, Tel. 824-6622, 824-6655, 824-7142.

Australien — 8 Darwin Avenue, Jarrumla ACT, 2600 Canberra, Tel. 73-3222.

Bangladesh — 1075 CWS (A), Gulsham Avenue, Gulshan Model Town, Dhaka 12, Tel. 300131, 300132.

Belgien, Luxemburg und EG — 294, Avenue de Tervuaren, 1150 Brüssel, Tel. 771 20 12, 771 20 13, 771 20 14.

Brasilien und Bolivien — S.C.S.E.D. Central 50 Andar, Brasilia D.F. Cep. 70 000, Tel. 226-0382, 22226-1942, 226-2737.

Bulgarien — 32, Rue G. Gueorguiun — Dej., Sofia, Tel. 44-23-49, 44-17-87.

Bundesrepublik Deutschland — Bernkasteler Str. 2, 5300 Bonn 2, Tel. 31 00 91.

Burma und Nepal — 100 Pydaungsu Yeiktha Road, P.O.Box 1401, Rangun, Tel. 11714-71362.

Demokratische Volksrepublik Korea — 5 Foreigners Building Moon So Dong, Tai Dong Kang District, Pjöngjang, Tel. 206, 297, 298.

Dänemark und Norwegen — Orejoj Alle I 2900 Hellerup, Kopenhagen (Dänemark), Tel. (01) 62 44 22, (01) 62 54 39.

Deutsche Demokratische Republik — 110 Berlin-Pankow, Esplanade 9, Berlin (DDR), Tel. 482 6944, 482 4532.

Finnland — 37 Eerikinkatu, 00180 Helsinki 18, Tel. 64 42 21.

Frankreich — 49, Rue Cartambert, 75016 Paris, Tel. 503-07-06.

Großbritannien und Irland — 38 Grosvenor Square, London WIX 9 AD (England), Tel. 01 499 7661.

Heiliger Stuhl (Vatikan) — 42 Piazzale Roberto Ardigo, Rom (Italien), Tel. 542-0441.

Indien — 50-A Chanakyapuri, Neu-Delhi, Tel. 692392.

Irak — 24/6/33 Al-Wathiq Street Alwiyah, P.O.Box 420, Baghdad, Tel. 98677, 98679, 98680, 90260.

Iran — 210 Ghaem Magham Farahani Avenue, P.O.Box 1559, Teheran, Tel. 62 68 65, 62 72 51.

Italien — 53 Via Campania, Rom, Tel. 475 9251.

Japan — 9-2 Higashi Gotanda 5 Chome Shinagawa-Ku, Tokio, Tel. 441-4201.

Jugoslawien und Griechenland — Bulevar Oktobarshe Revolucije No. 18, 1104 Belgrade, Tel. 662-122.

Kanada — 225 Albert Street, Suite 1010, Kent Square Building ,,C" P.O.Box 430. Ottawa, Ontario, K.2.P.OL9., Tel. (613) 236-7403, 236-7404, 236-7405.

Kuwait, Qatar und Bahrain — 32 Nuzha Main Street Block 3, Nzha Dhohia P.O.Box 21560, Safat, Kuwait, Tel. 514588, 514658, 519923.

Laos — Route Phone Keng, Boite Postale 277, Vientiane, Tel. 2373, 2370.

Malagasy, Republik — 15, Rue Radama Ler Tsaralalana, Tananarive, Tel. 249 15.

Malaysia — P.O.Box 889, Kuala Lumpur, Tel. 421011, 421141, 421228.

Mexiko und Kuba — 27 Julio Verne, Colonia Polanco, Mexiko 5 DF, Tel. 5204167.

Neuseeland und Fidschis — 11 Fitzherbert Terrace, Thordon, Wellington P.O.Box 3543, Tel. 736669, 736670, 737119, 737370.

Niederlande — 8 Tobias Asserlaam, 2417 Kc. Den Haag, Tel. 070-633960.

Nigeria, Ghana und Liberia — 5/B Anifoswoshe Street, Victoria Island, P.O.Box 4373, Lagos (Nigeria), Tel. 614601, 610508.

Österreich — Gustav-Tschermak-Gasse 5-7, 1180 Wien, Tel. 0222/342533.

Pakistan — 10/12 Street 4, Shalinar 6/3, Islamabad (Pakistan), Tel. 202499.

Papua-Neuguinea — Henao Drive, Sec. 67 Lot. 6 Gordon Estate, Boroko, P.O.Box 7165.

Philippinen — Salcedo Street Legaspi Village, P.O.Box 372 MCC, Makati Metro Manila, Tel. 17 51 79, 17 84 5.

Republik Korea — 1-887 Yoido-Dong, Youngdeoungpo-ku, Seoul, Tel. 7825116, 51175118.

Rumänien — 18 Strada Biserica Popi Chitu, Bukarest, Tel. 11 77 20, 11 77 29, 11 74 50.

Saudi-Arabien — Khalid bin Wahid Street, Sharafiah, Dschidda, P.O.Box 10.

Schweden — 47/V Stradvägen 114 56, Stockholm, Tel. 63 54 70, 63 54 74.

Schweiz — Elfenauweg 51, 3006 Bern, Tel. 031/440983.

Singapur — 435 Orchard Road, ,,Wisma Indonesia Singapore" (0923), Tel. 7362422, 7377422.

Sowjetunion und Mongolei — 12 Novokusnetskaya Ulitsa, Moskau (U.S.S.R.), Tel. 2316262.

Spanien — Calle del Cinca 13, Madrid 2, Tel. 458 0640, 458 0567, 458 0948.

Sri Lanka und Malediven — 10 Independence Avenue, Colombo 7, Tel. 91392, 91485.

Surinam — 3 Van Brusslan, Uitvugt, P.O.Box 157, Paramaribo, Tel. 99900, 97070, 99516.

Syrien und Jordanien — 19 Jadet Al Amier, Izeddine Street Sahat Al-Madfa'a, Damaskus, Tel. 331237, 331238.

Tansania und Sambia — 299 Upanga Road, Dar-es-Salaam, Tansania, P.O.Box 572, Tel. 24086, 24087, 240997.

Thailand — 600-602 Petchburi Road, Bangkok, Tel. 252-3135.

Tschechoslowakei — Nad Budankaml II/7, 125.29, Prag 5, Smichov, Tel. 52 60 41, 52 60 42, 52 60 43.

Tunesien — 93 Avenue Jugurtha (Avenue de Lesseps), Mutuellville, Tunis, Tel. 284 359.

Türkei — Cankaya, Abdullah Cevdet Sokak 10, P.O.Box 506, Ankara, Tel. 271914, 273934.

Ungarn — 26 Gorji Fasor, 1068 Budapest, Tel. 428-508, k428-585, 428-308, 428-549.

Vereinigte Arabische Emirate — Mohammed Sa'if Buthy Building, App. 101, 102 Hamdan Street, P.O.Box 7256, Abu Dhabi, Tel. 825517.

Vereinigte Staaten von Amerika — 2020 Massachusetts Avenue, N.W. Washington/Washington D.C. 20036, Tel. (202) 293-1745.

Venezuela — Calle Roraima Con Avenida, Rio de Janeiro, Caracas, P.O.Box 67061, Tel. 91 04 11, 91 06 56.

Vietnam — 50 Pho Ngo Quyen, Hanoi, Tel. 56316, 53353, 53324.

Diplomatische Vertretungen in Indonesien

Botschaft der Arabischen Republik Ägypten, Jalan Teuku Umar 68, Jakarta Pusat, Tel. 345572, 348181. Von 9.00 bis 14.00 Uhr (Mo. bis Fr.).

Botschaft der Republik Argentinien, Jalan Panarukan 17, Jakarta Pusat, Tel. 348368, 253095. Mo. bis Fr. von 8.00 bis 13.30 Uhr.

Botschaft Australiens, Jalan M.H. Thamrin 15, Jakarta Pusat, Tel. 350511 (10 Anschlüsse). Von 8.30 bis 15.30 Uhr (Mo. bis Fr.).

Botschaft der Volksrepublik Bangladesch, Jalan Mendut 3, Jakarta Pusat, Tel. 324850, 321690, 325390. (Mo. bis Do. von 8.00 bis 15.00 Uhr, Fr. von 13.00 bis 15.30 Uhr.)

Botschaft des Königreichs Belgien, Jalan Cicurug 4, Jakarta Pusat, Tel. 348719, 351682, 354511. Mo. bis Fr. von 8.00 bis 14.00 Uhr.

Botschaft Brasiliens, Jalan Teuku Cik Ditiro 39, Jakarta Pusat, Tel. 344615, 358379, 358380. Mo. bis Fr. von 8.00 bis 15.00 Uhr geöffnet; Schalterverkehr von 8.00 bis 12.00 Uhr.

Botschaft der Volksrepublik Bulgarien, Jalan Imam Bonjol 34, Jakarta Pusat, Tel. 346725, 343926. Mo. bis Fr. von 8.00 bis 14.00 Uhr.

Botschaft der Sozialistischen Republik der Birmesischen Union, Jalan H. Agus Salim 109, Jakarta Pusat, Tel. 340440, 347204. Mo. bis Fr. von 8.00 bis 15.00 Uhr geöffnet.

Botschaft der Bundesrepublik Deutschland, Jalan M.H. Thamrin 1, Jakarta Pusat, Tel. 323908 (5 Anschlüsse). Mo. bis Fr. von 7.30 bis 14.00 Uhr, Sa. von 9.00 bis 13.00 Uhr geöffnet.

Botschaft der Republik Chile, Arthaloka Building 14. Stock, Jalan Jend. Sudirman No. 2, Jakarta Pusat, Tel. 584308, 587611-292. Mo. bis Fr. von 9.00 bis 16.00 Uhr.

Königliche Dänische Botschaft, Jalan Abdul Muis 34, Jakarta Pusat, Tel. 346615. Mo. bis Fr. von 8.00 bis 14.30 Uhr.

Botschaft der Deutschen Demokratischen Republik, Jalan Raden Saleh 56, Jakarta Pusat, Tel. 359547, 359548. Mo. bis Fr. ab 8.30 bis 13.00 Uhr.

Botschaft Finnlands, Jalan Dr. Kusuma Atmaja SH. 15-A, Jakarta Pusat, Tel. 346686, 445871. Mo. bis Fr. von 8.00 bis 14.00 Uhr.

Botschaft Frankreichs, Jalan M.H. Thamrin 20, Jakarta Pusat, Tel. 375311, 347871, 347j872, 360572. Mo. bis Do. von 8.00 bis 15.00 Uhr, Fr. von 8.00 bis 13.30 Uhr.

Botschaft Großbritanniens, Jalan M.H. Thamrin 75, Jakarta Pusat, Tel. 341091, 341098. Geöffnet von 8.00 bis 14.30 Uhr (Di.), von 8.00 bis 17.00 Uhr (Mo.).

Botschaft Indiens, Jalan Kebon Sirih 44, Jakarta Pusat, Tel. 342815, 365554. Mo. bis Fr. von 8.00 bis 16.30 Uhr.

Botschaft der Islamischen Republik Iran, Jalan H.O.S. Cokroaminoto 110, Jakarta Pusat, Tel. 347807, 347808, 359667. Mo. bis Fr. von 9.00 bis 14.00 Uhr.

Botschaft der Republik Irak, Jalan Teuku Umar 38, Jakarta Pusat, Tel. 343988, 344557, 348861. Mo. bis Fr. von 8.00 bis 13.30 Uhr; Sa. von 8.00 bis 13.00 Uhr.

Botschaft der Republik Italien, Jalan Diponegoro 45, Jakarta Pusat, Tel. 348339, 347907. 8.00 bis 13.30 Uhr von Mo. bis Fr.

Botschaft Japans, Jalan M.H. Thamrin 24, Jakarta Pusat, Tel. 324308, 324948, 325140, 325268. Mo. bis Fr. von 8.30 bis 15.00 Uhr, Sa. von 8.30 bis 12.30 Uhr.

Botschaft der Sozialistischen Bundesrepublik Jugoslawien, Jalan H.O.S. Cokroaminoto, Jakarta Pusat, Tel. 346411, 348450. Von 7.30 bis 14.30 Uhr (Mo. bis Fr.).

Botschaft Kanadas, Wisma Metropolit, 5. Stock, Jalan Jend. Sudirman Kav. 29, Jakarta Pusat, P.O.Box 52/JKT, Tel. 584030, 584039. Von 8.00 bis 16.45 Uhr (Mo. bis Do.), 8.00 bis 13.30 Uhr (Fr.).

Botschaft der Demokratischen Volksrepublik Korea, Jalan Teuku Umar 72-74, Jakarta Pusat, Tel. 346457, 349606. Mo. bis Fr. von 8.00 bis 13.00 Uhr.

Botschaft der Republik Korea, Jalan Jenderal Gatot Subroto, Jakarta Selatan, Tel. 512309 (4 Anschlüsse). Mo., Di., Do. von 8.00 bis 14.00 Uhr, Mi. und Sa. von 8.00 bis 12.00 Uhr.

Botschaft Malaysias, Jalan Imam Bonjol 17, Jakarta Pusat, Tel. 354945, 346770, 348243, 350176. Mo. bis Fr. von 8.00 bis 12.00 Uhr.

Botschaft Mexikos, Jalan M.H. Thamrin 59, Jakarta Pusat, Nusantara Building, 4. Stock, Tel. 348974, 37390-2151. Mo. bis Fr. von 9.00 bis 14.00 Uhr.

Botschaft der Niederlande, Jalan H.R. Rasuna, Said Kav. 5-3, Tel. 511515, 361808, Tlx. 46411. Mo. bis Fr. von 8.00 bis 14.00 Uhr.

Botschaft Neuseelands, Jalan Diponegoro

41, Jakarta Pusat, Tel. 357924, 359796. Mo. bis Fr. von 8.30 bis 15.30 Uhr.

Botschaft Österreichs, Jalan Diponegoro 44, Jakarta Pusat, Tel. 345811, 348568. Mo. bis Fr. von 8.30 bis 14.30 Uhr.

Botschaft der Islamischen Republik Pakistan, Jalan Teuku Umar 50, Jakarta Pusat, Tel. 377502, 350576, 350577. Mo. bis Do. von 7.30 bis 14.30 Uhr, Fr. von 7.30 bis 11.30 Uhr.

Botschaft von Papua-Neuguinea, Wisma Metropolitan, 4. Stock, Jalan Jenderal Sudirman Kav. 29, Jakarta Pusat, Tel. 584604, 584605. Mo. bis Fr. von 7.30 bis 14.30 Uhr.

Botschaft der Philippinen, Jalan Imam Bonjol 6-8, Jakarta Pusat, Tel. 343745, 348917, 349986, 351917. Mo. bis Fr. von 8.00 bis 16.00 Uhr.

Botschaft der Volksrepublik Polen, Jalan Diponegoro 65, Jakarta Pusat, Tel. 320509. Mo. bis Fr. von 8.00 bis 14.00 Uhr, Sa. von 8.00 bis 12.00 Uhr.

Botschaft der Sozialistischen Republik Rumänien, Jalan Teuku Cik Ditiro 42/a, Jakarta Pusat, Tel. 349524, 354847. Mo. bis Sa. 8.00 bis 12.00 Uhr.

Königliche Botschaft von Saudi-Arabien, Jalan Imam Bonjol 3 Pav., Jakarta Pusat, Tel. 346342, 346343, 359838. Mo. bis Sa. von 8.00 bis 15.00 Uhr.

Botschaft des Königreichs Schweden, Jalan Taman Cut Mutiah 12, Jakarta Pusat, Tel. 349121, 346953. Mo. bis Fr. von 9.00 bis 12.00 Uhr.

Botschaft der Schweiz, Jalan Latuharhary SH. 23, Jakarta Pusat, Tel. 347921, 347922. Mo. bis Fr. von 7.30 bis 14.00 Uhr.

Botschaft der Republik Singapur, Jalan Proklamasi 23, Jakarta Pusat, Tel. 346046, 342885. Mo. bis Fr. von 8.00 bis 16.30 Uhr, Sa. von 8.00 bis 13.30 Uhr.

Botschaft Spaniens, Wisma Kosgoro, 14. Stock, Jalan M.H. Thamrin 15, Jakarta Pusat, Tel. 325996, 321808-362, 322869, 322872. Mo. bis Fr. von 8.30 bis 13.30 Uhr.

Botschaft der Sozialistischen Republik Sri Lanka, Jalan Diponegoro 70, Jakarta Pusat, Tel. 321018, 321896, 321996. Mo. bis Fr. von 8.00 bis 13.00 Uhr und von 14.00 bis 16.15 Uhr.

Botschaft der Arabischen Republik Syrien, Gondangdia Lama No. 38, Jakarta Pusat, Tel. 354570. Mo. bis Fr. von 8.00 bis 14.00 Uhr, Sa. von 8.00 bis 13.00 Uhr.

Botschaft der Sozialistischen Republik der Tschechoslowakei, Jalan Prof. Moh. Yamin SH. 29, Jakarta Pusat, Tel. 346480, 344994, 340538. Von 8.00 bis 14.00 Uhr (Mo. bis Fr.)

Botschaft der Republik Türkei, Jalan Imam Bonjol 43, Jakarta Pusat, Tel. 349500, 349509, 353709. Mo. bis Fr. von 8.30 bis 14.00 Uhr.

Botschaft der Volksrepublik Ungarn, Jalan Rasuna Said, Kav. No. X3, Kuningan, Jakarta Pusat, Tel. 587521. Mo. bis Fr. von 8.00 bis 14.00 Uhr.

Botschaft der UdSSR, Jalan M.H. Thamrin 13, Jakarta Pusat, Tel. 351263, 351477, 342552. Mo. bis Fr. von 7.45 bis 14.14 Uhr.

Botschaft der Vereinigten Staaten von Amerika, Jalan Medan Merdeka Selatan 5, Jakarta Pusat, Tel. 340001. Mo. bis Fr. von 7.30 bis 16.00 Uhr.

Botschaft der Sozialistischen Republik Vietnam, Jalan Teuku Umar 25, Jakarta Pusat, Tel. 348759, 347325. Mo. bis Do. von 8.00 bis 14.00, Fr. und Sa. von 8.00 bis 12.00 Uhr.

Adressen deutscher Reiseveranstalter

(Nähere Auskünfte über Programme und Buchungsmöglichkeiten der nachfolgenden Veranstalter erhalten Sie in Ihrem Reisebüro.)

AIRTOURS INTERNATIONAL, Adalbertstraße 44-48, 6000 Frankfurt/M. 90, Tel. 069/7928-1, Tlx. 414 525.

AKADEMISCHE STUDIENREISEN, Wielandtstraße 20, 6900 Heidelberg 1, Tel. 06221/45093, Tlx. 461 791.

ASIEN REISEN, Europaplatz 20, 7000 Stuttgart 1, Tel. 0711/715 7994.

AWTS REISEN, Münchener Straße 35, 8035 Gauting bei München, Tel. 089/850 8084, Tlx. 521 6260.

ATHENA-REISEN GmbH, Adenauerallee 10, 2000 Hamburg 1, Tel. 040/245 243, Tlx. 216 2763.

BARAKUDA BERGMANN KG, Hamburger Straße 63-67, 2110 Buchholz bei Hamburg, Tel. 04181/8033/8038, Tlx. 218 9335.

DEUTSCHES REISEBÜRO, Rohrbacherstraße 6, 6900 Heidelberg, Tel. 06221/27043, Tlx. 461 873.

EURO LLOYD REISEBÜRO GmbH, Neumarkt 35-37, 5000 Köln 1, Tel. 0221/2028-0, Tlx. 888 2082.

FERIA REISEN GMBH Marktstr. 17, 8000 München 40, Tel. 089 /381920, Tlx. 521 6561 feri d

FRANKTOUR REISEN, Niddastraße 3, 6242 Kronberg/Ts., Tel. 06173/6907, Tlx. 415 462.

GASTAGER REISEN, Staufenstraße 2, 8221 Inzell, Tel. 08665/895, Tlx. 568 52.

GLOBE-JETER-REISEN GmbH, Kurfürstenplatz 3, 8000 München 40, Tel. 089/271 1810-8.

HAPAG-LLOYD REISEBÜRO, Gustav-Deetjen-Allee 2-6, 2800 Bremen, Tel. 0421/35001, Tlx. 246 691.

HAUSER EXKURSIONEN INTERNATIONAL, Marienstraße 17, 8000 München 2, Tel. 089/235 006-0, Tlx. 521 6475.

IKARUS TOURS, Fasanenweg 1, 6240 Königstein/Ts., Tel. 06174/7017, Tlx. 410 648.

INTER-AIR VOSS REISEN, Triftstraße 28-30, 6000 Frankfurt/M. 71, Tel. 069/6703-1, Tlx. 414 752.

INTERNATIONALE STUDIENREISEN Max Klingenstein, Thomas-Wimmer-Ring 8, 8000 München 22, Tel. 089/235 0810, Tlx. 529 648.

MARCO POLO REISEN GmbH, Dettweilerstraße 15, 6242 Kronberg/Ts., Tel. 06173/7060, Tlx. 415 427.

MEIER'S WELTREISEN GmbH, Monschauerstraße 1, 4000 Düsseldorf 11, Tel. 0211/507 088, Tlx. 858 7641.

MENZELL TOURS, Alter Wall 67-69, 2000 Hamburg 11, Tel. 040/370 070, Tlx. 214 502.

NOVA-REISEN, Herzog-Wilhelm-Straße 1, 8000 München 2, Tel. 089/237 080, Tlx. 522 092 und 528 176.

NUR Neckermann + Reisen, Hochhaus am Baseler Platz, 6000 Frankfurt/M. 2, Tel. 069/26 901, Tlx. 415 2970.

ROTEL TOURS, Georg Höltl GmbH & Co. KG, 8391 Tittling/Passau, Tel. 08504/2077, Tlx. 577 85.

SIV REISEN GmbH, Grafenstraße 26, 6100 Darmstadt, Tel. 06151/26561, Tlx. 419 7119.

STUDIOSUS REISEN GMbH, Luisenstraße 43, 8000 München 2, Tel. 089/654 888, Tlx. 522 156.

TUI GmbH, Karl-Wiechert-Allee 23, 3000 Hannover 61, Tel. 0511/567-0, Tlx. 923 231.

WINDROSE FERNREISEN GmbH, Kurfürstendamm 202, 1000 Berlin 15, Tel. 030/881 3059, Tlx. 185 492.

WORLD TRAVEL REISE ORGANISATION, Kurfürstendamm 206, 1000 Berlin 15, Tel. 030/883 3031, Tlx. 183 850.

Register

Kursive Stichworte sind Eigennamen; *kursive* Seitenangaben weisen auf Abbildungen hin, **fettgedruckte** Seitenangaben auf die wichtigsten Ausführungen zum jeweiligen Stichwort.